《中国法院2023年度案例》编委会

主　任　刘贵祥

副主任　李晓民　雷　鸿　胡田野　王晓芳　袁登明

成　员　赵海峰　王　立　梁　欣　程　瑛　王　锐
刘　畅　曹海荣　朱建伟　李晓果

《中国法院2023年度案例》编辑人员（按姓氏笔画）

王　锐　王翼妍　刘　畅　朱建伟　朱　琳　李晓果
李明桓　李　谦　宋　爽　林子雍　胡　岩　赵文轩
姜　丹　唐世银　唐鑫鑫　徐　汎　曹海荣　梁　欣
程　瑛　焦　颖　潘园园

编　务　赵文轩

本书编审人员　胡　岩

中国法院2023年度案例

国家法官学院　最高人民法院司法案例研究院 / 编

提供劳务者受害责任纠纷

中国法制出版社
CHINA LEGAL PUBLISHING HOUSE

《中国法院2023年度案例》通讯编辑名单

序

法治是治国理政的基本方式，司法是法治体系的重要基石。党的二十大报告指出，要坚持走中国特色社会主义法治道路，建设中国特色社会主义法治体系、建设社会主义法治国家。加快建设公正高效权威的社会主义司法制度，努力让人民群众在每一个司法案件中感受到公平正义。人民法院始终坚持以习近平新时代中国特色社会主义思想为指导，深入学习贯彻习近平法治思想，围绕“公正与效率”这一主题，践行新时代能动司法理念，把加强司法案例研究作为加快建设公正高效权威社会主义司法制度，坚持为大局服务、为人民司法的重要途径，通过发布具有普遍指导意义的典型案例，统一法律适用，提高审判质效，提升司法公信力，努力让人民群众在每一个司法案件中感受到公平正义。

“中国法院年度案例系列”丛书，是国家法官学院和最高人民法院司法案例研究院精选全国各高级人民法院每年选送的优秀案例，深入挖掘典型案例内在价值编辑的实用精品丛书，旨在总结提炼典型案例的裁判规则和裁判方法，发挥司法规范、指导、评价、引领的重要作用，大力弘扬社会主义核心价值观，增强全民法治意识和法治素养，展现新时代我国司法领域新发展、新成就。

本丛书自2012年编辑出版以来，已连续出版12年，每年年初出版，受到读者广泛好评。本丛书出版之初有15个分册。近年来，为顺应审判执行实践需要，更加全面反映我国司法审判执行工作的发展进程，响应读者需求，2014年度新增金融纠纷、行政纠纷、刑事案例3个分册，2015年度将刑事案例调整为刑法总则案例、刑法分则案例2个分册，2016年度新增知识产权纠纷分册，2017年度新增执行案例分册，2018年度将刑事案例扩充为4个分册，2022年度将土地纠纷（含林地纠纷）分册改为土地纠纷（含环境资源案例）分册。在全国各级人民法院的大力支持下，丛书编委会现编辑出版《中国法院2023年度案例系列》丛书，共23个分册。

“中国法院年度案例系列”丛书以开放务实的态度、简洁明快的风格，追求“好读有用”，主要体现出以下特色：一是选编案例来源广泛、时效性强。

国家法官学院和最高人民法院司法案例研究院每年通过各高级人民法院汇集全国范围内上一年度审结生效的典型案例近万件，使该丛书有广泛的精选基础，可及时、定期提供全国范围内新近发生的多种类型的新型、疑难案例。二是由法官释理说法，全方位深度挖掘案例价值。大多数案例由主审法官撰写"法官后语"，深入阐释案例的裁判思路和相关考量，充分发挥典型案例在司法裁判、类案参考、法学研究、行为指引、宣示教育等方面的价值，力求引发读者的共鸣与思考，为读者提供借鉴和启迪。三是编排依次以案由和法律适用问题为序，方便读者检索。丛书充分体现"以读者为中心"的理念，每册内容主要根据案由分类编排，每个案例主要围绕法律适用问题，用一句话精要概括裁判规则、裁判思路或争议焦点，以其作为主标题，让读者能一目了然，迅速找到所检索的目标案例。四是注重裁判文书再加工，高度提炼案例内容。案例编写突出争议焦点以控制篇幅，剔除无关信息，尽可能在有限的篇幅内为读者提供更多与争议焦点、所查类案相关的有效、有益信息。

中国法制出版社始终全力支持"中国法院年度案例系列"丛书的出版，给了作者和编辑们极大的鼓励。2023年，这套丛书将继续提供数据库增值服务。购买本书，扫描前勒口二维码，即可在本年度免费查阅往年同类案例数据库。我们在此谨表谢忱，并希望通过共同努力，逐步完善，做得更好，真正探索出一条编辑案例书籍、挖掘案例价值的新路径，更好地服务司法审判高质量发展、服务法治社会建设、服务学习研究法律的读者。

"中国法院年度案例系列"丛书既是法官、检察官、律师等法律工作者的办案参考和司法人员培训的实用教材，也是社会大众学法用法的经典案例读本，同时是教学科研机构与人员从事案例研究的良好系列素材。当然，案例作者和编辑在编写、编审过程中也难以一步到位实现最初的愿望，客观上会存在各种不足甚至错误，欢迎读者批评指正。我们愿听取各方建议，不断拓宽深化司法案例研究领域，立足新发展阶段，推动实现中国特色司法案例事业的高质量发展。

国家法官学院

最高人民法院司法案例研究院

2023年5月

目　录

Contents

一、雇佣关系的确定

二、雇佣关系与承揽关系的区分

三、雇主与雇员的责任划分

四、雇主与其他被告、第三人之间的责任划分

五、赔偿协议与标准

六、义务帮工的认定与责任承担

一、雇佣关系的确定

1

个人之间劳务关系的认定

——焦某某诉王某某等提供劳务者受害责任案

【案件基本信息】

1. 裁判书字号

河南省平顶山市中级人民法院（2021）豫04民终4817号民事判决书

2. 案由：提供劳务者受害责任纠纷

3. 当事人

原告（被上诉人）：焦某某

被告（上诉人）：王某某、某环卫服务公司、某建设集团公司

被告：某再生资源回收利用公司

【基本案情】

2020年3月2日，某置业公司与某建设集团公司签订《某小区项目建设工程施工承包合同》一份，某置业公司将某小区施工发包给某建设集团公司施工建设。2020年3月3日，某置业公司与某再生资源回收利用公司签订《某小区项目土方挖运工程施工合同》，将某小区项目土方开挖及外运工作，发包给某再生资源回收利用公司。2020年9月29日，某再生资源回收利用公司与某环

卫服务公司签订《渣土运输合同》，将土方清运工程分包给某环卫服务公司。

豫DW××号车登记所有人为某物流公司，该车系王某某出资购买，为某环卫服务公司承包项目提供运输服务。2020年8月18日下午1时许，王某某雇用司机焦某某驾驶豫DW××号车受某环卫服务公司及王某某指派前往某小区工地从事土方清运工作。在等待开工、装车过程中，焦某某从某建设集团公司已经部分拆除的安全通道行走时从一楼跌落负一楼摔伤。

焦某某受伤后，分别被送往甲医院抢救治疗，当天转至乙医院住院治疗，住院17天。2020年9月4日转至丙医院康复治疗，住院87天。2020年12月1日至2021年1月22日，焦某某再次入住丙医院康复治疗，住院52天。

另查明：1. 某司法鉴定所于2021年7月5日出具司法鉴定意见书，认定焦某某的损伤构成一级伤残。2. 焦某某的父亲焦某良、母亲徐某芝共育有子女两人，长子焦某某，长女焦某艳。焦某某与妻子谢某华育有子女两人，长子焦甲雨，长女焦乙雨。3. 焦某某认可，其受伤后王某某垫付医药费53000元，某建设集团公司及某再生资源回收利用公司认可某置业公司在事故发生后，以某再生资源回收利用公司的名义支付焦某某100000元。

【案件焦点】

焦某某与王某某、某环卫服务公司的关系应如何认定。

【法院裁判要旨】①

河南省叶县人民法院经审理认为：《中华人民共和国民法典》第一千一百九十二条规定，个人之间形成劳务关系，提供劳务一方因劳务造成他人损害的，由接受劳务一方承担侵权责任。接受劳务一方承担侵权责任后，可以向有故意或者重大过失的提供劳务一方追偿。提供劳务一方因劳务受到损害的，根据双方各自的过错承担相应的责任。焦某某作为完全民事行为能力人，在等待装车过程中，擅闯某建设集团公司的施工区域，应当能够预见到从已经部分拆除的

① 本书【法院裁判要旨】适用的法律法规等条文均为案件裁判当时有效，下文不再对此进行提示。

安全通道通行会有风险，但其过于自信从而放任危险结果的发生，其对损害的发生有不可推卸的责任。可以认定为《中华人民共和国民法典》第一千一百九十二条规定的“提供劳务一方因劳务受到损害的，根据双方各自的过错承担相应的责任”。

王某某雇用焦某某作为豫DW××号车的驾驶员，焦某某的工资由王某某负责发放。王某某出资购买的车辆及雇用的驾驶员焦某某均为某环卫服务公司提供服务，某环卫服务公司承包工程后，按照出车次数、路程远近给王某某结算费用后，剩下的部分作为公司的盈利。焦某某的工作任务实际是受到王某某及某环卫服务公司的指派。可以认定王某某和某环卫服务公司作为接受劳务一方，其没有对焦某某进行过相关培训、安全教育或书面约定，对本次事故的发生具有一定的过错。

某建设集团公司作为建设单位，在安全通道部分拆除后并未设置警示、提醒标志，也未采取任何安全防护措施，其辩称的对各承包单位劳务负责人的口头拆除通知也未能起到有效避免损害发生的效果，对本案事故的发生亦应当承担相应的责任。可以认定符合《中华人民共和国民法典》第一千一百七十五条规定“损害是因第三人造成的，第三人应当承担侵权责任”。

某再生资源回收利用公司与焦某某之间并不存在劳务关系，对本次事故的发生也并无过错，不承担本次事故责任。

河南省叶县人民法院依照《中华人民共和国民法典》第一千一百七十五条、第一千一百七十五条，《最高人民法院关于审理人身损害赔偿案件适用法律若干问题的解释》第六条、第七条、第八条、第九条、第十条、第十一条、第十二条、第十三条、第十七条、第十九条，《中华人民共和国民事诉讼法》第六十四条的规定，判决如下：

一、王某某、某环卫服务公司共同赔偿焦某某各项经济损失430919.64元；

二、某建设集团公司赔偿焦某某各项经济损失483916.64元；

三、驳回焦某某的其他诉讼请求。

王某某、某环卫服务公司与某建设集团公司均不服一审判决，提起上诉。

河南省平顶山市中级人民法院同意一审法院的裁判意见，依照《最高人民法院关于适用〈中华人民共和国民事诉讼法〉的解释》第三百三十四条、《中华人民共和国民事诉讼法》第一百七十条第一款第一项的规定，判决如下：

驳回上诉，维持原判。

【法官后语】①

近年来，随着民营经济的快速发展，个人与个人之间的劳务关系、个人与非个人之间的劳务关系逐渐成为民事法律关系中的重要内容，如何认定个人之间的劳务关系，对明确各主体赔偿范围，保护各方当事人的合法权益意义重大。个人劳动关系的认定应当具备以下两个条件：

一是劳务关系一般具有临时性用工性质。劳务关系是由两个或两个以上的平等主体通过书面或口头形式建立的一种民事权利义务关系。司法实践中，大多劳务关系具有临时用工性质，工作任务不固定、工作时间不固定、工作地点不固定。通常情况下，劳务主体之间没有书面合同、没有明确双方的权利义务，因此劳务关系的认定存在难度，特别是在建筑装修行业，可能存在多重发包承包关系与劳务关系并存的情况，需要综合多种因素考虑。双方是否存在劳务关系首先看有无约定或合同，若没有书面的证据可以证明和谁存在劳务关系，看是否有电话录音、短信微信聊天记录、报酬支付凭证等，如若以上都没有的，应当考虑按承揽合同纠纷审查处理。

二是个人劳务关系对于提供劳务方的管理相对松散。个人与非个人之间的劳务关系区分于劳动关系，即具有提供临时性劳务性质，劳务者留去自由，没有严格的规章制度或双方权利义务合同条款约束。个人之间形成的劳务关系接受劳务方主要处理自身或者家庭事务为主要目的。若提供劳务涉及多方发包人或承包人，看他们是否对提供劳务者进行监督和管理，是否提供一定的场所、限定时间完成并提供劳动工具和设备，是连续性劳务还是一次性劳务、是否收

---

① 本书【法官后语】对此类法律问题涉及的法律法规等内容进行了时效性更新，下文不再对此进行提示。

到对方工作指示及时回复或完成劳务后向其报告，来判断双方的劳务关系和劳动关系。

本案中，焦某某为王某某开车，王某某每月为其支付报酬，名义上王某某是接受劳务一方，但是某环卫服务公司的车辆通过王某某认购获得所有权，挂靠后为某环卫服务公司所用，并每月支付车主王某某报酬，焦某某通过某环卫服务公司所建微信工作群中发布的任务指示开车到指定地点进行工作，并在微信群中及时回复。因此，可以认定王某某和某环卫服务公司对其工作安全负直接管理责任。王某某向焦某某发出工作指令，并向其支付报酬，双方指向形成个人之间劳务关系，焦某某与王某某、某环卫服务公司均形成个人劳务关系。

编写人：河南省平顶山市中级人民法院　于帆

河南省叶县人民法院　魏巾涵

2

个人之间形成的劳务关系中“劳务活动”的界定

——柏某扣诉袁某海、花某林海上人身损害责任案

【案件基本信息】

1. 裁判书字号

江苏省高级人民法院（2020）苏民终 698 号民事判决书

2. 案由：海上人身损害责任纠纷

3. 当事人

原告（上诉人）：柏某扣

被告（被上诉人）：袁某海、花某林

【基本案情】

柏某扣、袁某海、袁某新曾受雇于花某林在“03678”号渔船上工作，袁某海任船长，袁某新任大副，柏某扣任船员。2017年11月22日上午，“03678”船在142#渔区作业时船舱突然漏水，船上工人进行抽水，下午柏某扣、袁某新为如何快速排水发生口角继而发生肢体冲突，在争斗过程中袁某新咬伤了柏某扣的右手食指。柏某扣受伤后要求袁某海将其送回岸上，当时尚有渔网在海里未收，袁某海打电话给花某林，花某林称“03609”船正好要返港，请“03609”船来接柏某扣回港。大约过了一个小时，“03609”船到位。因“03678”船的螺旋桨被渔网缠住，“03609”船对“03678”船进行了约半个小时的拖拉施救，之后载着柏某扣回港。“03609”船于23日上午5时左右即将到达港口时，因系低潮期，船舶无法进港遂停泊在“吕四港亭子处”，柏某扣儿子柏某卫于上午10时用小船将柏某扣驳接上岸，并送往甲医院治疗，因采用保守治疗未果，嗣后柏某扣在乙医院行部分切除右手食指的手术治疗。柏某扣委托某司法鉴定所对其伤残等级等事项进行司法鉴定，司法鉴定所评定柏某扣构成十级伤残，误工期限90日，护理期限30日（2人护理6日，1人护理24日），营养期限30日。

另查明，袁某新与柏某扣相互殴打过程中，袁某新咬伤柏某扣右手食指，致柏某扣的伤情构成轻伤二级，袁某新被指控犯故意伤害罪，2017年11月26日，袁某新给付柏某扣10000元，该案审理期间，2018年8月10日袁某新再次向柏某扣赔偿了42000元，得到了柏某扣的谅解，法院据此判决袁某新犯故意伤害罪，判处有期徒刑七个月，缓刑一年。

【案件焦点】

1. 花某林是否应当承担赔偿责任；2. 若须承担责任，责任比例如何认定。

【法院裁判要旨】

南京海事法院经审理认为：结合查明的事实，对柏某扣、袁某新、花某林各方在2017年11月22日柏某扣受伤事故中的法律行为进行准确评价认定，是确定各方民事责任的依据。

首先，柏某扣、袁某新为如何快速排水发生口角继而发生肢体冲突，在争斗过程中袁某新咬伤柏某扣的右手食指，该行为是否属于雇员在从事雇佣活动中致人损害以及遭受损害的认定。花某林辩称，柏某扣受伤是袁某新故意伤害的侵权行为所致，花某林作为雇主不应当承担责任。法院认为，《最高人民法院关于审理人身损害赔偿案件适用法律若干问题的解释》第九条规定，“从事雇佣活动”是指从事雇主授权或者指示范围内生产经营活动或者其他劳务活动。雇员的行为超出授权范围，但其表现形式是履行职务或者与履行职务有内在联系的，应当认定为“从事雇佣活动”。因海上作业的特殊性，船员工作、生活均在船上，在海上作业期间处于随时待命状态，柏某扣、袁某新两人在舱底进行排水是从事雇佣活动，两人为如何快速排水产生争执进而发生肢体冲突，柏某扣在此过程中被袁某新咬伤手指，应当认定为雇员在从事雇佣活动中遭受损害的情形，袁某新的行为亦应认定为雇员在从事雇佣活动中致人损害的情形，花某林作为侵权人袁某新及受害人柏某扣的雇主，无论从雇员受害角度还是从雇员致害角度，其均应当承担赔偿责任。

其次，柏某扣持有船员证书，理应胜任海洋捕捞、渔业生产活动等水上作业事务，在渔船上从事相关劳务时应根据渔船作业的特殊性，与其他雇员一起通力合作，冷静、准确、合理处置突发情况，确保及时完成工作。但柏某扣在船舱进行排水时，却与袁某新为具体的处置方式发生争执，甚至相互殴打造成自身损害，本身存在一定的过错。

综上，综合考虑本起人身损害事故形成原因及柏某扣、袁某新、花某林各自的过错程度，法院酌定柏某扣的合理损失由花某林承担60%的赔偿责任，柏某扣自负40%的责任。

南京海事法院依照《中华人民共和国侵权责任法》第十六条、第三十五条，《最高人民法院关于审理人身损害赔偿案件适用法律若干问题的解释》第九条、第十九条、第二十条、第二十一条、第二十二条、第二十三条、第二十四条、第二十五条第一款，《最高人民法院关于确定民事侵权精神损害赔偿责任若干问题的解释》第十条，《中华人民共和国民事诉讼法》第一百四十四条之规定，判决如下：

一、花某林于本判决生效之日起十五日内赔偿柏某扣各项损失合计28216.21元；

二、驳回柏某扣的其余诉讼请求。

柏某扣不服一审判决，提起上诉。

江苏省高级人民法院经审理认为：一审判决认定事实基本清楚，适用法律并无不当，但因当事人提供新证据医疗费发票导致事实认定发生变化，依法改判。

江苏省高级人民法院依照《中华人民共和国侵权责任法》第二十条、第三十五条，《最高人民法院关于审理人身损害赔偿案件适用法律若干问题的解释》第九条第一款，《中华人民共和国民事诉讼法》第一百七十条第一款第二项的规定，判决如下：

一、撤销一审民事判决；

二、花某林于本判决生效之日起十五日内赔偿柏某扣各项损失合计29513元；

三、驳回柏某扣的其他诉讼请求。

【法官后语】

该案法律事实虽然发生在《中华人民共和国民法典》和《最高人民法院关于审理涉船员纠纷案件若干问题的规定》实施之前，但一审法院就船员在海上互殴、打架引起的人身损害，是否可以认定为“劳务活动”，即是否属于履行职务进行了精准的评价和判断。首先，个人之间形成雇佣关系与个人劳务关系的内涵基本一致。《最高人民法院关于审理人身损害赔偿案件适用法律若干问题的解释》（2003年12月颁布）第九条、第十一条，《中华人民共和国侵权责任法》第三十五条，《中华人民共和国民法典》第一千一百九十二条第一款分别是对个人之间形成的雇佣关系、个人劳务关系情形下雇员对外侵权、自身受损害时的责任承担进行规定。在《中华人民共和国民法典》第一千一百九十二条吸收、整合《最高人民法院关于审理人身损害赔偿案件适用法律若干问题的解释》《中华人民共和国侵权责任法》相关规定、将规则统一以后，劳务与雇佣的细致区分在实务中意义不大。其次，对“因劳务”“从事雇佣活动”的判断标准是相通的，应当结合行为人主观意思、利益归属和行为外观综合判断，但凡从事雇主授权或者指示范围内生产经营活动或者其他劳务活动的，均应认定为从事雇佣活动范围。雇员的行为超出授权范围，但其表现形式是履行职务或者与履行职务有内在联系的，也应当认定为“从事雇佣活动”。因海上作业的特殊性，船员工作、生活均在船上，在海上作业期间处于随时待命状态，两雇员在舱底进行排水是从事雇佣活动，两人为如何快速排水产生争执进而发生肢体冲突，雇员柏某扣在此过程中被雇员袁某新咬伤手指，应当认定为雇员在从事雇佣活动中遭受损害的情形以及雇员在从事雇佣活动中致人损害的情形。

该案属于两雇员互殴受损的特殊情形，对于提供劳务者的柏某扣而言，其因劳务受损，应与接受劳务一方花某林，根据双方各自的过错承担相应的责任。对于提供劳务者的袁某新而言，因劳务造成他人损害的，由接受劳务一方花某林承担侵权责任，花某林承担侵权责任后，可以向有故意或者重大过失的提供劳务一方袁某新追偿。基于柏某扣、袁某新两人均是向花某林提供劳务者，柏某扣的合理损失在袁某新不足赔偿的范围内向花某林主张，有法律依据，应予以支持。

涉渔船员人身损害纠纷案件是海事法院受案的主要类型之一，船上工作具有周期长、条件艰苦、风险大等特点，涉船员纠纷系关乎民生的案件，应妥善处理。渔船多为个人经营，加之不少渔民法律意识不强，签订劳动合同或劳务合同的少之又少，在发生船员人身损害的情况下，对船员与船方之间具体何种法律关系的界定成为审理此类案件的难点之一。另外，船员属于特殊的职业，往往需要相应适任资质证书，提供劳务一方亦需要持有与船长、轮机长等相适格的船员证书，受聘为相应职务的，理应胜任海洋捕捞、渔业生产活动等水上作业事务，在渔船上从事相关劳务时应根据渔船作业的特殊性尽到足够的谨慎注意义务，否则对自身的损害后果承担相应的责任。

编写人：南京海事法院　董士玲

3

提供劳务者受害责任纠纷的法律关系认定

——刘某姑等诉某养殖专业合作社、林某鹏提供劳务者受害责任案

【案件基本信息】

1. 裁判书字号

湖北省仙桃市人民法院（2021）鄂9004民初2933号民事判决书

2. 案由：提供劳务者受害责任纠纷

3. 当事人

原告：刘某姑、万甲、万乙

被告：某养殖专业合作社、林某鹏

【基本案情】

2021年4月9日，林某鹏因为自家鸡棚棚顶需要维修找到万某国帮忙维修。4月10日上午9时许，万某国与其妹夫林某清一起来鸡棚查看情况，双方约定由万某国帮林某鹏购买好维修材料，林某鹏支付工钱700元。4月11日，万某国将维修材料送至林某鹏处，林某鹏于下午5时许将材料款1100元通过微信转给万某国。4月12日早上8时许，万某国与林某清来到某村一组为林某鹏维修鸡棚，施工时现场未采取任何安全措施。施工至10时许万某国踩破石棉瓦从高约3.2米的棚顶跌落摔下，林某清听到响声发现万某国已躺在地上，遂拨打120急救电话，由救护车将万某国送至医院抢救，4月13日凌晨3时41分，万某国经抢救无效死亡，死亡原因“多发伤、心脏钝挫伤、多发肋骨骨折、呼吸循环衰竭”，万某国在医院抢救共花费医疗费11908.66元。4月13日8时，林某清到派出所报警，派出所民警对林某清、林某鹏二人进行询问并制作询问

笔录。之后，万某国的妻子刘某姑、女儿万甲、儿子万乙多次与林某鹏协商赔偿事宜未果，遂诉至法院。

【案件焦点】

1. 该案法律关系是提供劳务者受害责任纠纷还是承揽合同纠纷；2. 林某鹏应承担的责任如何划分。

【法院裁判要旨】

湖北省仙桃市人民法院经审理认为：根据《中华人民共和国民法典》第一千一百九十二条第一款“个人之间形成劳务关系……提供劳务一方因劳务受到损害的，根据双方各自的过错承担相应的责任”的规定，万某国为林某鹏修理鸡棚属于个人之间提供劳务，应根据各自的过错承担责任。林某鹏主张双方之间属于承揽关系，但其所举证据不足以证明双方之间符合承揽合同的特征，法院依法不予采纳。

万某国在3.2米的高处施工，没有高空作业资质，操作不符合安全生产相关规范。林某鹏作为接受劳务一方，在选任方面没有审查对方的资质，没有采取任何安全生产措施，保障现场施工安全。双方对此次事故的发生均有较大过错，法院酌情认定负同等责任，各自应对损害后果承担50%的责任。

根据当事人提交的证据和相关法律规定，万某国的损失为：1. 医疗费11908.66元；2. 死亡赔偿金660708元；3. 丧葬费32330.5元；4. 精神抚慰金法院依据本地平均生活水平酌情认定40000元，各项损失共计744947.16元。由林某鹏承担372473.58元。

湖北省仙桃市人民法院根据《中华人民共和国民法典》第一千一百七十九条、第一千一百八十三条、第一千一百九十二条，《最高人民法院关于审理人身损害赔偿案件适用法律若干问题的解释》第六条、第十四条、第十五条、第二十二条、第二十三条，《最高人民法院关于确定民事侵权精神损害责任若干问题的解释》第五条，《中华人民共和国民事诉讼法》第六十四条第一款，《最高人民法院关于适用〈中华人民共和国民事诉讼法〉的解释》第九十条的规定，作出如下判决：

一、林某鹏于判决生效之日起十日内赔偿刘某姑、万甲、万乙各项经济损失共计 372473.58 元；

二、驳回刘某姑、万甲、万乙的其他诉讼请求。

判决作出后，当事人未上诉，判决已经发生法律效力。

【法官后语】

提供劳务者受害者责任纠纷与承揽关系纠纷虽有一定的相似性，但又有根本不同。劳务关系是提供劳务一方为接受劳务一方提供劳务服务，由接受劳务一方按照约定支付报酬而建立的一种民事权利义务关系。但要注意的是，个人之间劳务关系的损害，提供劳务的一方仍有较大的自主权，并不能使接受劳务的一方承担无过错责任，这样对接受劳务一方来说承担的责任过重，所以根据双方的过错来处理比较合理。承揽关系是承揽人按照定作人的要求完成工作，交付成果，定作人给付报酬的关系。承揽包括加工、定作、修理、复制、测试、检验等工作，在实践中，承揽人主要是依靠自己的技术和专业技能独立完成承揽工作，不受定作人支配，承揽人对第三人造成损害或者造成自身损害时，不应要求定作人承担侵权责任，但定作人对定作、指示或者选任存在过错的，需要承担相应的过错责任，这是定作人的指示过失责任。

需要注意的是，《中华人民共和国民法典》关于对个人之间形成劳务关系造成的损害责任的规定，不适用因承揽关系产生的纠纷。在实践中，判断个人之间形成劳务关系造成的损害与承揽关系造成的损害时，要根据不同法律关系的特征及最终的法益保护目的作出准确判断，而不能相互混淆最终损害当事人的法律权益。在审理侵权案件中，对于受害者面对痛苦、损失等审理者虽要有同理心，但绝不能受到个人的情绪的左右，首先判断出双方之间属于什么法律关系，根据不同法律关系的特征及归责原则，尤其在侵权类案件中，事故发生的原因往往不只是一方面，要综合判断双方是否都有责任、责任大小、再结合实践，平衡各方，才能取得良好的裁判效果。当然在案件的审理过程中，也绝不能就案办案，要充分与当事人沟通，将调解、释法工作贯穿始终，取得较好的法律效果与社会效果。

在本案的审理过程中，审判法官与双方当事人进行充分沟通，并且多次组织调解，虽然结果并不是以调解方式结案，但在整个过程中经过法官的释法明理，双方当事人已从最初的谴责、对抗状态恢复到平静理性，能够认真分析和敢于承担自己在此次事故中的责任，并且能带着相互理解的心态参与法庭庭审，最终本案的裁判结果双方均没有提起上诉，被告方也在积极履行判决结果，说明双方都意识到自己行为的不妥之处。通过本案，能更好地给用工者与提供劳务一方起到警示作用，不管是用工方还是提供劳务的一方，从开始的选人用人到施工过程中的安全措施对双方来说都是非常重要的，任何一方的不注意都会造成不可估量的损失，可能是以健康甚至生命为代价，所以提醒各方要积极履行好各自的安全义务，避免安全事故的发生。

编写人：湖北省仙桃市人民法院　井娟娟

4

提供劳务者受害责任纠纷中当事人的法律关系及责任认定

——周某某诉某建设公司某项目部等提供劳务者受害责任案

【案件基本信息】

1. 裁判书字号

湖北省恩施土家族苗族自治州中级人民法院（2021）28 民终 3205 号民事判决书

2. 案由：提供劳务者受害责任纠纷

3. 当事人

原告（被上诉人）：周某某

被告：某建设公司某项目部

被告（被上诉人）：向某某

被告（上诉人）：阳某

【基本案情】

某建设公司某项目部系某小区的施工单位，阳某在某建设公司某项目部处承包了某小区二期项目7万平方米的木工工程。阳某再将其承包的木工工程分给各个班组完成，由班组头组织工人施工。向某某是其中一个班组头，周某某经他人介绍到向某某班组中做工。阳某按月给向某某班组发放两次生活费，剩余未支付的工资按27元/平方米的价格另行与向某某结算，向某某负责记录工人的工时及人员管理。阳某向其支付工资后，向某某以25元/平方米的价格向班组成员支付工资。向某某知晓周某某在其班组做工时已年满60周岁且无法购买保险。2020年5月1日下午，周某某在做工过程中，被锯子致伤右上肢，被送往医院住院治疗，共计住院15天，在周某某住院期间，阳某花费医疗费10601.6元及住院生活补助费1000元。诉讼中，阳某对周某某委托甲司法鉴定所鉴定意见不服，申请对周某某的伤残程度等进行重新鉴定，乙司法鉴定所于2020年7月15日作出司法鉴定意见书，鉴定周某某的致残程度评定为十级，误工期为200日，护理期为150日，营养期为90日（均自受伤之日起计算），阳某为此花费鉴定费4000元。周某某因做鉴定从恩施往返武汉支出交通费361元。另查明，某建设公司某项目部已依法领取营业执照，其载明的类型为有限责任公司分公司。诉讼中，周某某申请追加向某某为本案被告参加诉讼，法院予以准许。

【案件焦点】

1. 某建设公司某项目部是否是本案适格的诉讼主体；2. 本案各方当事人在本次事故中的责任承担比例；3. 周某某主张赔偿数额的确定。

【法院裁判要旨】

湖北省来凤县人民法院经审理认为：1. 关于某建设公司某项目部是否是本

案适格的诉讼主体的问题。某建设公司某项目部已在登记机关依法领取了营业执照，其属于法律规定的其他组织类型，可以作为民事诉讼的当事人参加诉讼。2. 关于各方当事人在本次事故中的责任承担比例。阳某承包工程后，周某某与阳某形成劳务关系。周某某在施工过程中遭受人身损害，阳某作为雇主应承担赔偿责任，某建设公司某项目部明知阳某没有相应建筑资质，仍将木工工程发包给阳某，应与阳某承担连带赔偿责任。周某某与向某某应承担相应的民事责任。对于周某某的损害赔偿责任划分比例，法院酌情确定为：周某某承担30%，某建设公司某项目部与阳某连带承担60%，向某某承担10%。3. 关于赔偿项目及数额的认定。周某某的医疗费用10601.6元、检查费265.4元，残疾赔偿金75202元、鉴定费1560元、住院伙食补助费750元、误工费19648.77元、护理费17538.49元、营养费2700元、交通费641元，法院予以确认。周某某的损失共计128907.26元，法院予以支持。

湖北省来凤县人民法院依照《中华人民共和国侵权责任法》第十六条、第三十五条，《最高人民法院关于审理人身损害赔偿案件适用法律若干问题的解释》第十一条、第十七条、第十九条、第二十条、第二十一条、第二十二条、第二十三条、第二十四条、第二十五条，《最高人民法院关于适用〈中华人民共和国民法典〉时间效力的若干规定》第二条，《中华人民共和国民事诉讼法》第四十八条、第六十四条、第一百四十四条的规定，判决如下：

一、某建设公司某项目部、阳某在本判决生效后十日内连带赔偿周某某各项损失共计77344.35元，阳某已先行向周某某垫付的医疗费10601.6元及住院伙食补助费1000元在执行中予以扣减；

二、向某某在本判决生效后十日内赔偿周某某各项损失共计12890.72元；

三、驳回周某某的其他诉讼请求。

阳某不服一审判决，提出上诉。

湖北省恩施土家族苗族自治州中级人民法院同意一审法院裁判意见，依照《中华人民共和国民事诉讼法》第一百七十条第一款第一项之规定，作出如下判决：

驳回上诉，维持原判。

【法官后语】

现在很多人选择外出打工，但是在外从事务工工作时虽然从事的是危险作业却不注意自身的安全防范措施，继而发生意外，造成自身伤害或者他人损害的事件时有发生。法院经审理该案后发现，阳某以周某某是向某某雇用且自己已明确拒绝周某某用工为由拒绝赔偿；向某某以周某某不是自己安排用工为由拒绝赔偿。本案在审理中厘清了当事人之间的法律关系并划分了责任比例、明确了当事人的损失，为类案分析提供了有益的借鉴。

本案是关于提供劳务者受害责任纠纷的一起典型案例。本案的重点是提供劳务者受害责任纠纷中当事人的法律关系及责任认定。“提供劳务的一方因劳务关系自身受到伤害的，由双方根据各自的过错程度承担相应的民事责任”适用的是《中华人民共和国民法典》（以下简称《民法典》）第一千一百七十三条过失相抵规则。提供劳务者因劳务自身受到损害的，应当由接受劳务者承担赔偿责任，这符合报偿原则和利益、风险一致原则，但是，如果提供劳务者自身对损害发生也有过错的，应当减轻接受劳务者的责任。在确定双方责任的具体比例时要考虑过错行为对损害后果发生因果关系上的原因力大小和过错的具体程度与情形。应当注意的是，提供劳务者受害责任针对的是雇佣关系内部雇主与雇员即提供劳务者与接受劳务者之间的责任分担，在责任归责原则上适用过错责任原则。另外《最高人民法院关于审理人身损害赔偿案件适用法律若干问题的解释》（法释〔2003〕20 号）第十一条“雇员在从事雇佣活动中遭受人身损害，雇主应当承担赔偿责任”的规定已在 2021 年新的司法解释中被删去，因此，原雇佣关系应承担的法律责任已被新的劳务关系所替代，适用《民法典》第一千一百九十二条的规定。

本案中，周某某在为阳某提供劳务的过程中受伤，阳某应承担赔偿责任，由此而产生的纠纷应当属提供劳务者受害责任纠纷，适用过错责任原则。某建设公司某项目部出现选任过失应与阳某承担连带赔偿责任，周某某与向某某也应承担相应的责任。法院结合本案实际情况综合考虑，酌情确定了各方当事人在本次事故中的责任承担比例，这种划分责任的方式既体现了过错责任原则，也体现了公平原则，较好地平衡了当事人之间的利益冲突。法院在审理该类案件时需根据当事人诉求全盘考虑，精准把握法律规定，对各方当事人在事故中承担的责任合理划分，切实保护劳动者的合法权益，从而使裁判更符合社会主义核心价值观的要求与民事法律关系的价值导向，努力促进法律效果与社会效果的高度统一。

编写人：湖北省来凤县人民法院　杨静波

5

劳务关系的界定及损害责任的划分

——郑某友诉郑某国、汪某新提供劳务者受害责任案

【案件基本信息】

1. 裁判书字号

湖北省罗田县人民法院（2021）鄂1123民初883号民事判决书

2. 案由：提供劳务者受害责任纠纷

3. 当事人

原告：郑某友

被告：郑某国、汪某新

【基本案情】

汪某新经吴某朝介绍，将其私人住宅的二楼吊顶包给郑某国施工，双方口头约定报酬按40元/平方米结算，汪某新不包伙食，另每平方加1元至2元费用给郑某国，施工材料由汪某新提供，承包方式为包工不包料。郑某友与郑某国系师徒关系，2020年9月10日7时许，郑某国邀约郑某友，叶某胜二人到汪

某新私人住宅施工，同日 12 时 30 分许，郑某友与郑某国、叶某胜中午就餐时，每人喝了一易拉罐啤酒，下午 4 时许，郑某友在施工过程中因搭建的桁条（汪某新提供的材料）断裂，从桁条上坠落地上受伤，被送往医院治疗 30 日，经诊断为左胫腓骨下段粉碎性骨折。2021 年 2 月 1 日，经某法医司法鉴定所鉴定郑某友左踝关节受限伤残程度评定为十级，其后期治疗费约需要 13000 元（或据实结算），其伤后护理期限评定为 90 日，营养期限评定为 90 日。

【案件焦点】

郑某友与郑某国之间是否属于劳务关系及损害赔偿问题。

【法院裁判要旨】

湖北省罗田县人民法院经审理认为：本案中，汪某新与郑某国之间形成了加工承揽关系。郑某国在吊顶施工时雇请郑某友、叶某胜二人为其施工作业，郑某友、叶某胜与郑某国之间形成劳务关系。郑某国作为接受劳务的一方在郑某友发生事故摔伤的过程中缺乏监管，未提供安全防护措施，未尽到安全防范义务，其对导致提供劳务的郑某友发生人身损害的后果存在较大过错，应承担主要民事责任。

汪某新作为定作人，明知工程施工具有一定危险性，还将其私人住宅二楼吊顶工程交给没有相应安全防范措施的郑某国施工，且没有提供相关安全施工条件，在选任及指示上存在过失，对本案损害的发生亦应承担相应的责任。

郑某友在此次受伤过程中，其作为具有完全民事行为能力人，明知施工具有一定的危险性，仍中餐饮酒，且在不采取安全保护措施的情况下从事吊顶工作，应当预见到安全风险而未尽到谨慎义务，自身对损害发生也存在过错，应当减轻二被告的赔偿责任。

对于本案损害后果的发生，三方均有过错，法院综合考虑本案实际情况，确定郑某国承担郑某友损失的责任比例为 50%，汪某新承担郑某友损失的责任比例为 20%，余下的 30%为减轻二被告的责任比例。

湖北省罗田县人民法院依照《中华人民共和国民法典》第一千一百七十九

条、第一千一百八十三条、第一千一百九十二条、第一千一百九十三条，《最高人民法院关于审理人身损害赔偿案件适用法律若干问题的解释》第六条、第七条、第八条、第九条、第十条、第十一条、第十二条、第二十三条之规定，判决如下：

一、郑某国赔偿郑某友的各项损失 71001. 11 元；

二、汪某新赔偿郑某友的各项损失 18725. 44 元；

三、驳回郑某友的其他诉讼请求。

判决作出后，当事人未上诉，判决已经发生法律效力。

【法官后语】

本案的处理重点在于，郑某友与郑某国是否构成劳务关系，损害赔偿责任如何划分。郑某友与郑某国为师徒关系，郑某国邀约郑某友、叶某胜二人到汪某新私人住宅施工，三人未对此次的工价进行约定，此次仍依照惯例：工价在年终进行结算，按各自在对方承接工程中施工的天数，一天折抵一天，如果不足折抵天数，按每天 200 元计算，郑某国承包工程的价款由郑某国自己负责结算。

本案中工程由郑某国负责承接，其承接工程的价款由自己负责结算，郑某友、叶某胜不参与，虽其未及时对工价进行约定和结算，但依三人做工的惯例，三人未实行利益共享，风险共担，结算工价的方式实质上仍是按天数计算工价，郑某友、叶某胜与郑某国之间形成劳务关系，即郑某国是接受劳务方，郑某友、叶某胜均是提供劳务方。根据《中华人民共和国民法典》第一千一百九十二条“个人之间形成劳务关系，提供劳务一方因劳务造成他人损害的，由接受劳务一方承担侵权责任。接受劳务一方承担侵权责任后，可以向有故意或者重大过失的提供劳务一方追偿。提供劳务一方因劳务受到损害的，根据双方各自的过错承担相应的责任”之规定，本案郑某国作为接受劳务的一方在郑某友发生摔伤的事故过程中缺乏监管，未提供安全防护措施，未尽到安全防范义务，其对导致提供劳务的郑某友发生人身损害的后果存在较大过错，应承担主要民事责任。

《中华人民共和国民法典》第一千一百九十三条规定，“承揽人在完成工作过程中造成第三人损害或者自己损害的，定作人不承担侵权责任。但是，定作人对定作、指示或者选任有过错的，应当承担相应的责任”，汪某新作为定作人，明知工程施工具有一定危险性，还将其私人住宅二楼吊顶工程交给没有相应安全防范措施的郑某国施工，且没有提供相关安全施工条件，在选任及指示上存在过失，对本案损害的发生亦应承担相应的责任。

《中华人民共和国民法典》第一千一百七十三条规定，“被侵权人对同一损害的发生或者扩大有过错的，可以减轻侵权人的责任”，本案中郑某友在此次受伤过程中，其作为具有完全民事行为能力人，明知施工具有一定的危险性，仍在就餐过程中饮酒，且在不采取安全保护措施的情况下从事吊顶工作，应当预见到安全风险而未尽到谨慎义务，自身对损害发生也存在过错。

编写人：湖北省罗田县人民法院　管海林　肖映婷

6

工伤认定能否作为认定劳动关系的依据

——王某兰诉某物业服务公司提供劳务者受害责任案

【案件基本信息】

1. 裁判书字号

江苏省响水县人民法院（2021）苏0921民初3148号民事判决书

2. 案由：提供劳务者受害责任纠纷

3. 当事人

原告：王某兰

被告：某物业服务公司

【基本案情】

2020年11月底，王某兰到某物业服务公司从事保洁工作，届时王某兰已满61周岁。12月29日，王某兰在搬运垃圾的过程中，因地面湿滑而摔倒。事发后，王某兰到医院治疗。2021年6月，王某兰经某人力资源和社会保障局认定为工伤。2021年7月，经某劳动能力鉴定委员会鉴定伤残等级为八级。王某兰在审理过程中申请对其伤残等级及三期进行鉴定，某司法鉴定所于2021年11月3日作出鉴定意见书，鉴定意见为王某兰构成十级伤残，误工期150日，护理60日，营养60日。

【案件焦点】

1. 已达法定退休年龄人员与用人单位形成何种关系；2. 工伤的认定能否推定形成劳动关系。

【法院裁判要旨】

江苏省响水县人民法院经审理认为：公民的生命健康权受法律保护。王某兰受某物业服务公司雇用，在从事保洁工作过程中受伤，王某兰享有请求赔偿的权利。根据《最高人民法院关于审理人身损害赔偿案件适用法律若干问题的解释》第十一条的规定，某物业服务公司作为接受劳务一方，享受王某兰所提供的劳务带来的利益，对王某兰的劳务活动理应负起安全注意和劳动保护义务，对于王某兰的年龄、身体状况、劳动能力、工作环境、劳动强度等均具有审查、保障和合理安排的义务。而王某兰在劳务过程中受伤，某物业服务公司应承担赔偿责任，王某兰自身亦应尽到安全注意义务。故认定某物业服务公司对王某兰因受伤产生的损失承担80%的赔偿责任，王某兰自身承担20%的赔偿责任。王某兰的各项损失共计107362.3元，某物业服务公司应赔偿85889.84元（107362.3元×80%）。对王某兰主张的精神损害抚慰金，法院支持3000元。某物业服务公司支付医疗费6095.02元，其中王某兰应自行承担1219元（6095.02元×20%），该费用应予扣减。故某物业服务公司应当赔偿王某兰各项损失共计87670.84元（85889.84元+3000元-1219元）。

江苏省响水县人民法院依照《最高人民法院关于适用〈中华人民共和国民法典〉时间效力的若干规定》第一条第二款，《中华人民共和国侵权责任法》第二条、第五条、第十五条第六项、第十六条、第二十二条，《最高人民法院关于审理人身损害赔偿案件适用法律若干问题的解释》第十一条、第十七条、第十八条、第二十一条、第二十二条、第二十三条、第二十四条、第二十五条之规定，判决如下：

一、某物业服务公司于本判决生效后十五日内赔偿王某兰护理费、残疾赔偿金等费用合计 87670.84 元；

二、驳回王某兰的其他诉讼请求。

判决作出后，当事人未上诉，判决已经发生法律效力。

【法官后语】

一、已达法定退休年龄人员与用人单位形成何种关系

《中华人民共和国劳动合同法》第四十四条第二项规定，劳动者开始依法享受基本养老保险待遇的，劳动合同终止。《中华人民共和国劳动法》第七十三条规定，劳动者退休的，依法享受社会保险待遇。我国法律并未规定劳动者的劳动年龄不得超过法定退休年龄。法律赋予用人单位在劳动者达到法定退休年龄即可解除劳动关系的权利，但如果劳动者一直在用人单位工作至退休，此时，用人单位应当明确向劳动者提出解除劳动关系，如果用人单位不明确提出解除劳动合同而继续用工，实际上是有可能损害劳动者的合法权益的。现实中，很多用人单位不为劳动者办理基本养老保险，如果劳动者达到法定退休年龄，其与用人单位的劳动关系即转为劳务关系，劳动者若在劳动过程中受到伤害，其合法权利势必会被侵犯。即使用人单位为劳动者办理了基本养老保险，但不办理退休，劳动者也不能享受养老保险待遇。故用人单位必须为劳动者办理基本养老保险，这不仅是对劳动者亦是对自身的保护，用人单位在劳动者达到法定退休年龄后不明确提出解除劳动合同而继续用工，在此期间应当仍然是劳动关系。在用人单位未办理基本养老保险的情况下，劳动者因工受伤的合法权利可以得到更好的保障。本案中的王某兰并非在某物业服务公司一直工作至达法

定退休年龄后未办理退休手续，而是在达到法定退休年龄后再至某物业服务公司工作。按照有关规定，社会保险机构不允许退休人员缴纳社会保险费，即使想缴纳也缴不上。而缴纳社会保险是劳动者和用人单位的法定义务。据此，王某兰已经不具备构成劳动关系的劳动者资格，故双方之间形成的是劳务关系。

二、工伤的认定能否推定形成劳动关系

劳动者与用人单位形成劳动关系后，根据《工伤保险条例》第十四条的规定："职工有下列情形之一的，应当认定为工伤：（一）在工作时间和工作场所内，因工作原因受到事故伤害的；（二）工作时间前后在工作场所内，从事与工作有关的预备性或者收尾性工作受到事故伤害的；（三）在工作时间和工作场所内，因履行工作职责受到暴力等意外伤害的；（四）患职业病的；（五）因工外出期间，由于工作原因受到伤害或者发生事故下落不明的；（六）在上下班途中，受到非本人主要责任的交通事故或者城市轨道交通、客运轮渡、火车事故伤害的；（七）法律、行政法规规定应当认定为工伤的其他情形。"而工伤的认定并不必然要求劳动者与用人单位之间形成劳动关系才能认定，无论是在劳务关系中还是在劳动关系中，实际上劳动者的本质并未发生改变，均是提供劳动，劳动者因提供劳动而受伤，均是为了用人单位的利益，认定工伤是符合法理的。最高人民法院行政审判庭《关于超过法定退休年龄的进城务工农民因公伤亡的，应否适用〈工伤保险条例〉请示的答复》规定，用人单位聘用的超过法定退休年龄的进城务工农民，在工作时间内、因工作原因伤亡的，应当适用国务院《工伤保险条例》的有关规定进行工伤认定。该条规定保护了已达法定退休年龄人员再就业时的权益，但不能就此推定双方之间就形成了劳动关系。现实社会中，仍存在很多已达退休年龄的人员并未享受养老保险待遇或领取养老金，根据原《最高人民法院关于审理劳动争议案件适用法律若干问题的解释（三）》第七条的规定，已经依法享受养老保险待遇或者领取养老金的人员与用人单位形成劳务关系。如果未享受养老保险待遇或领取养老金的人员因工负伤，被认定为工伤就此推定形成劳动关系，用人单位的责任加重，其势必会更加倾向于招用已经依法享受养老保险待遇或者领取养老金的人员，不利于未享受养老保险待遇或领取养老金人员的再就业，实际上破坏了国家法律的平等原则，不利于社会的发展及稳定。工伤的认定与劳动关系是可分的，并不矛盾。对已达法定退休年龄的人员参加务工后可认定工伤，但用劳务关系来对其权利进行保护，而不必认定劳动关系，利益也能得到均衡，也符合国家的立法本意。

编写人：江苏省响水县人民法院　徐开红

7

雇员从事雇佣活动受伤后责任人的界定

——任某刚诉某文化艺术服务公司等提供劳务者受害责任案

【案件基本信息】

1. 裁判书字号

北京市第三中级人民法院（2021）京 03 民终 6340 号民事判决书

2. 案由：提供劳务者受害责任纠纷

3. 当事人

原告（被上诉人）：任某刚

被告（被上诉人）：某文化艺术服务公司、某科技公司

被告（上诉人）：某人力资源顾问公司

被告：某体育馆舞美工程部

【基本案情】

某体育馆舞美工程部委托某科技公司完成演唱会项目的结构、机械设备安装及技术服务，任某刚经某人力资源顾问公司招聘，某文化艺术服务公司用工，于 2018 年 8 月 16 日凌晨 1 点，任某刚在体育馆进行搬运工作时，吊车吊运的铝合金桁架突然掉落将任某刚砸伤。事故发生后，任某刚被送往医院急诊治疗

并住院手术。后经鉴定为九级伤残，综合赔偿指数30%，误工期为180日，护理期为90日，营养期为90日。

任某刚称某体育馆舞美工程部是项目的主体单位，吊车及驾驶员是某科技公司的，捆绑铝合金桁架是某文化艺术服务公司人员或某人力资源顾问公司招聘人员，均应担责。某科技公司认可吊车及驾驶员是其公司的，但事故是某文化艺术服务公司人员捆绑铝合金桁架时，绳子没挂好导致铝合金桁架滑落造成。某文化艺术服务公司称捆绑铝合金桁架吊绳有通过某人力资源顾问公司招聘人员，也有其公司人员，但事故是某科技公司雇用的驾驶员操作失误，导致铝合金桁架坠落造成。某人力资源顾问公司及某体育馆舞美工程部均表示事发经过不清楚。某体育馆舞美工程部提交某科技公司的舞美工程企业综合资质证书，证明了某科技公司具有相应资质。

某人力资源顾问公司及某文化艺术服务公司均称，某文化艺术服务公司是按每天每人180元与某人力资源顾问公司结算工人报酬，某人力资源顾问公司按每天每人150元给工人结算报酬。

【案件焦点】

如何确定承担赔偿责任的主体。

【法院裁判要旨】

北京市朝阳区人民法院经审理认为：某人力资源顾问公司招聘了任某刚等人员并支付报酬，若无某人力资源顾问公司指示，任某刚等招聘人员不会去本案施工现场工作，且某人力资源顾问公司从中获取收益，故某人力资源顾问公司是任某刚等招聘人员的雇主。任某刚进行搬运工作时被砸伤，根据现有证据及当事人陈述，无法确定其受伤是某文化艺术服务公司人员或者某人力资源顾问公司招聘人员捆绑铝合金桁架不当造成，还是某科技公司的吊车吊运铝合金桁架不当造成，故某文化艺术服务公司、某人力资源顾问公司及某科技公司之间不能确定具体侵权人，应承担连带赔偿责任。某科技公司的证人与其有利害关系，证言法院不予采信。某体育馆舞美工程部并非侵权人，其虽为发包人，但其提交某科技公司的综合资质证书证明了某科技公司具有相应资质，故某体育馆舞美工程部不应承担连带赔偿责任。

北京市朝阳区人民法院依照《中华人民共和国侵权责任法》第十条、第十六条、第二十二条，《最高人民法院关于审理人身损害赔偿案件适用法律若干问题的解释》第十一条之规定，判决如下：

一、某文化艺术服务公司、某人力资源顾问公司、某科技公司于本判决生效后七日内连带赔偿任某刚医疗费 858.6 元、住院伙食补助费 20300 元、营养费 4500 元、误工费 29880 元、护理费 13500 元、残疾赔偿金 443094 元、精神损害抚慰金 15000 元、交通费 2000 元、鉴定费 4550 元；

二、驳回任某刚的其他诉讼请求。

某人力资源顾问公司不服一审判决，提出上诉。

北京市第三中级人民法院同意一审法院的裁判意见，依照《中华人民共和国民事诉讼法》第一百七十条第一款第一项的规定，判决如下：

驳回上诉，维持原判。

【法官后语】

劳动者的合法权益受法律保护，在提供劳务过程中遭受人身损害，亦应由责任主体承担法律责任。本案基本法律关系是某体育馆舞美工程部发包给某科技公司，某科技公司现场进行吊车吊运铝合金桁架，同时找到某文化艺术服务公司来捆绑铝合金桁架，某文化艺术服务公司除有其人员现场工作外，还找来某人力资源顾问公司招聘的任某刚等人捆绑铝合金桁架，任某刚在进行搬运工作时，吊车吊运的铝合金桁架突然掉落将任某刚砸伤。

一、就本案而言

本案事发在 2018 年，一审判决作出在 2020 年 12 月 22 日，根据当时的《最高人民法院关于审理人身损害赔偿案件适用法律若干问题的解释》（以下简称旧人身损害赔偿司法解释，2020 年 12 月 23 日、2022 年 2 月 15 日最高人民法院审判委员会分别予以修正，以下简称新人身损害赔偿司法解释），本案涉及雇主责任、侵权人责任和发包人责任。

1. 雇主责任。旧人身损害赔偿司法解释第十一条第一款规定，雇员在从事雇佣活动中遭受人身损害，雇主应当承担赔偿责任。雇佣关系以外的第三人造成雇员人身损害的，赔偿权利人可以请求第三人承担赔偿责任，也可以请求雇主承担赔偿责任。雇主承担赔偿责任后，可以向第三人追偿。本案中，某人力资源顾问公司招聘了任某刚等人员并向其支付报酬，并指示任某刚等招聘人员参与本案施工现场工作，某人力资源顾问公司与任某刚之间构成雇佣关系，故某人力资源顾问公司作为雇主应承担赔偿责任。

2. 侵权人责任。根据前述规定，本案中，任某刚进行搬运工作时被砸伤，现无法确定其受伤是某文化艺术服务公司人员或者某人力资源顾问公司招聘人员捆绑铝合金桁架不当造成，还是某科技公司的吊车吊运铝合金桁架不当造成，故某文化艺术服务公司、某人力资源顾问公司及某科技公司之间不能确定具体侵权人，应承担连带赔偿责任。

3. 发包人责任。旧人身损害赔偿司法解释第十一条第二款规定，雇员在从事雇佣活动中因安全生产事故遭受人身损害，发包人、分包人知道或者应当知道接受发包或者分包业务的雇主没有相应资质或者安全生产条件的，应当与雇主承担连带赔偿责任。本案中，某体育馆舞美工程部既无人参与捆绑铝合金桁架，也无人参与吊车吊运铝合金桁架，并非侵权人，但其是涉案施工的发包人，亦有可能与雇主承担连带赔偿责任。某体育馆舞美工程部提交某科技公司的综合资质证书证明了某科技公司具有相应资质，亦可体现具有安全生产条件，故某体育馆舞美工程部不应承担连带赔偿责任。

二、新旧法的衔接

需要指出的是，根据《中华人民共和国民法典》，制定出台了新人身损害赔偿司法解释，但该解释删除了上述第十一条的规定，那么再遇到本案类似案件，该如何解决该条款法律适用的衔接问题，值得研究。

《中华人民共和国民法典》第一千一百九十一条规定，用人单位的工作人员因执行工作任务造成他人损害的，由用人单位承担侵权责任。用人单位承担侵权责任后，可以向有故意或者重大过失的工作人员追偿。劳务派遣期间，被派遣的工作人员因执行工作任务造成他人损害的，由接受劳务派遣的用工单位承担侵权责任；劳务派遣单位有过错的，承担相应的责任。

雇员对因从事雇佣活动所受损害享有请求赔偿的权利，是其享有的劳动保护权利的自然延伸，并非基于雇佣合同产生的。雇员所享有的劳动保护的权利是宪法赋予的，任何人不能剥夺。上述条款从实施侵权行为一方的角度体现了责任承担，体现了对工作人员的保护，故本案情形仍然可以依据《中华人民共和国民法典》第一千一百九十一条作出判决。

编写人：北京市朝阳区人民法院　任征远

8

业主代表聘请的物业人员非职务行为的认定

——代某某诉吴某提供劳务者受害责任案

【案件基本信息】

1. 裁判书字号

河南省信阳市中级人民法院（2021）豫15民终1335号民事判决书

2. 案由：提供劳务者受害责任纠纷

3. 当事人

原告（上诉人）：代某某

被告（被上诉人）：吴某

【基本案情】

吴某为案涉某小区业主，同时也是该小区其他业主推选的临时物业服务管理负责人。该小区业主每年向吴某交纳300元物业费，由吴某及其他业主代表进行分配、使用、监督、管理。代某某经他人介绍来到某小区工作，主要负责小区门卫和保洁工作，每月工资为1400元。2019年9月6日清晨，代某某因在小区附近的自来水收费大厅后面的垃圾中转站旁摔倒而受伤，所以使用从旁经过的吴某之妻的手机报警。县公安局指挥中心于2019年9月6日6时46分制作的报警记录显示：（报警人）称施工的人未把水泥清理干净，导致有人摔伤；同时制作的报警录音中，由代某某自认的证人丁某称有人在自来水交费大厅后面因电业施工有水泥，在倒垃圾的时候不慎滑倒。派出所接处警登记表载明“接警时间2019年9月6日6时52分，处警到达现场后，经了解该情况系民事纠纷，走路摔伤，告知其到法院起诉”。代某某随即被送到医院进行治疗，入院诊断为：1. 左侧髌骨骨折；2. 高血压病。代某某为此住院治疗11天，花费医疗费用11399.61元。2020年6月20日，某司法鉴定所受法院委托，就代某某伤情等情况作出司法鉴定意见书认定：1. 代某某左侧髌骨骨折构成十级伤残；2. 代某某伤后误工期为150日，护理期为60日，营养期为60日；3. 代某某术后需要取出内固定物，所需医疗费用根据当地医疗机构产生费用（约为5000元）。代某某为此花费鉴定费2018元。另查明，事故发生后，代某某未从某小区离职，2020年6月3日，代某某与吴某因打扫卫生工资发生纠纷而报警，某派出所处警，到达现场后，经调解，吴某等业主代表现场付给代某某2800元（四月、五月）工资，代某某保证从某小区搬走不再从事门岗工作。

【案件焦点】

1. 案涉某小区全体业主与吴某的法律关系为何；2. 代某某的雇主为何人；3. 代某某受伤之事实与从事雇佣活动是否有关联。

【法院裁判要旨】

河南省息县人民法院经审理认为：关于争议焦点一，法院认为吴某作为某小区业主，经过推选和社区确认，作为业主代表对案涉小区物业进行管理，系某小区对吴某的委托，业主将物业费交纳至吴某处，应视为对委托事务的预付费用，吴某并未因此获利。通过审理可以确认吴某是代表某小区业主行使自我管理的权利。

关于争议焦点二，法院认为代某某在某小区工作，直接联系人为吴某，批准人也是吴某，但吴某作为某小区全体业主的受托人，其在委托管理小区物业的事项范围内处理了委托事务，即雇用代某某为小区门卫兼保洁，该雇佣行为应直接约束某小区全体业主，故代某某的雇主应为某小区全体业主。

关于争议焦点三，法院认为代某某主张其因为执行工作任务即在倾倒垃圾时摔伤，其因此提供的证据均为间接证据、传闻证据，无直接证据证明其受伤之事实发生于其工作时间或者于执行工作任务之时，因此应当承担举证不能的法律后果，法院对其该项主张不予支持。

综上所述，当事人对自己提出的主张，有责任提供证据，代某某未能提供证据证明其受伤是因从事雇佣活动所致，故法院对其诉讼请求不予支持，对吴某合理的答辩意见予以采信。

河南省息县人民法院依照《中华人民共和国民事诉讼法》第六十四条、《最高人民法院关于民事诉讼证据的若干规定》第六十八条第三款的规定，经法院审判委员会讨论并决定，判决如下：

驳回代某某的诉讼请求。

代某某某不服一审判决，提出上诉。

河南省信阳市中级人民法院经审理认为：当事人对自己主张的事实和反驳对方诉讼请求所依据的事实，应当提供证据加以证明，否则负有举证证明责任的当事人承担不利的后果。本案争议的焦点为代某某诉讼吴某赔偿其人身损害的请求应否支持。经查，代某某诉讼吴某赔偿其人身损害的请求，未提供充足证据证明被上诉人吴某系案涉小区物业服务经营人和管理者，也未提供充足证据证明其受伤系发生在履行案涉小区物业服务职务过程中，基于此，原判以"代某某对其主张的事实未提供证据证明"为由驳回代某某的诉讼请求并无不当。二审中，代某某也未提供证明其诉讼请求成立的相关证据，应承担举证不能的不利后果。代某某的上诉请求不成立，法院不予支持。

河南省信阳市中级人民法院依照《中华人民共和国民事诉讼法》第一百七十条第一款第一项之规定，作出如下判决：

驳回上诉，维持原判。

【法官后语】

关于本案的处理，曾有三种不同意见：第一种意见认为吴某是79户业主选出的物业管理代表，其行为代表了79位业主的意愿和利益，应追加79位业主为共同被告，推选3-5名代表参与诉讼。本案虽然没有代某某因倾倒垃圾而摔伤的直接证据，但可以适用过错推定原则，推断代某某在从事雇佣劳动中受伤，按过错适当分摊原则，判令吴某等80位业主共同赔偿代某某合理的经济损失。

第二种意见认为，代某某为吴某所雇请从事门卫和卫生等工作的人员，事实清楚，证据充分，代某某在早晨推着垃圾车在垃圾中转站摔倒致伤，应认定在从事雇佣劳务过程中受伤。由于包含吴某本人在内的80位业主每年300元均已交给吴某支配，80位业主已履行完毕缴费的主要义务，应享受在整洁、安全环境中生活的权利，所以代某某摔伤所产生的合理损失，在适用公平原则分摊后，由吴某个人赔偿，不应由另外79位业主赔偿，否则就会将简单案件复杂化，引发群体性事件发生。

第三种意见认为，从《中华人民共和国民事诉讼法》第六十四条和《关于民事诉讼证据的若干规定》的相关规定来看，代某某负有举证证明其在执行工作任务的过程中倾倒垃圾导致受伤的义务，否则应承担不利的法律后果。本案没有直接证据证明代某某是在倾倒垃圾时受伤，吴某一直强烈抗辩称代某某是在拾捡垃圾中转站中的废旧物品时摔伤，旁边还有电业部门施工时留下的水泥等杂物，有可能绊倒摔伤，也无人证明其同时在倒垃圾，所以代某某起诉的事实不清，证据不足，应判决驳回其诉讼请求。

结合本案审理查明的事实及证据分析，显然第三种处理意见是正确的，其理由如下：

1. 本案不适用过错推定原则，从而推断吴某具有过错。《中华人民共和国民法典》第一千一百六十五条第二款（原《中华人民共和国侵权责任法》第六条第二款）规定，依照法律规定推定行为人有过错，其不能证明自己没有过错的，应当承担侵权责任。这就是传统民法上的过错推定原则。所谓过错推定，是指根据法律规定，推定行为人有过错，行为人不能证明自己没有过错的，应当承担相应的侵权责任的一种审判原则。过错推定实质就是从侵权事实中推定行为人有过错，从而免除了受害人对过错的举证责任，加重了行为人的证明责任，更有利于保护受害方的利益，以有效惩治侵权行为，节省了大量司法资源。过错推定原则虽然包含于过错原则中，适用过错原则的法理，但却与纯粹的过错原则有较大的差异，从过错推定原则法理特征看，其后果是一种加重赔偿责任的承担，不宜被滥用，需有严格限定，否则可能对司法裁判造成不利影响。据此，其适用须同时满足下列条件：(1) 根据法律规定，此处的“法律”指民事基础法律、行政法律及行政法规、最高人民法院的司法解释等，如医疗食品损害、铁路、电业损害侵权、物业管理损害侵权，机动车交通事故侵权、物件损害、无民事行为能力人在幼儿园、学校或其他教育机构内受到的侵权等，均可适用过错推定，即具有法律明文规定。(2) 行为人不能证明自己没有过错，即通过审理，行为人不能证明其与该事件的发生无关联性，不能证明事件发生时间段内，其在其他地方活动，其对受害方的指控不能作出合理的说明和解释，提不出有力的抗辩意见，不能排除自己的侵权行为产生。最后法官确信：除了侵权人的行为，受害人的损害后果无其他因素介入所致，侵权人的侵害因素成了唯一可能。(3) 过错推定不适用自然人自己受到损害的情形。自伤有两种情况，一是自己故意伤害自己，包括自杀未遂；二是在平时生活工作中因疏忽大意或过于自信的过失所致的伤害。从本案来看，代某某自己不小心摔伤（骨折），非他人直接侵害所致，不适用过错推定原则。

2. 提供劳务一方向接受劳务一方主张损害赔偿的，必须提供证据证明自己是因劳务受到损害。除法律规定的几种特殊侵权案件是“举证责任倒置”，一般是谁主张谁举证，否则不能举证一方承担败诉风险。提供劳务一方因劳务自己受到损害的，根据双方各自过错承担相应的责任，是法律的明文规定，但适用这一规定的前提必须是受害者因劳务受伤，否则便不能让接受劳务一方承担侵权赔偿责任。劳务者因劳务受到损害的情况比较复杂，司法实践中常见的有以下几种情形：(1) 受他人雇请，在他人承包的工地上工作而受伤或被脱落的坠物砸伤；(2) 在雇主明确指示、安排的工作中伤者疏忽大意受伤；(3) 在承揽或委托方交付的定作活动中受到损害；(4) 具有物业管理性质的人员（指未设立物业公司的住宅小区管理人员）在执行物业事务中自己受伤。

本案中，伤者代某某在早晨6点30分左右在垃圾中转站旁边摔伤，旁边还有空着的垃圾车，但却无人目击其当时是在从事倒垃圾或其他与工作有关的事务。吴某之妻看见其倒在地上，并率先报警救人，事发地段天眼摄像仅有6个月期限的存储材料功能，而代某某起诉时间离受伤时间已一年多，摄像监控已失去证明功能。除代某某本人陈述外，无任何直接或间接证据证明其因劳务受伤。相反，吴某抗辩所称："代某某经常于早晨到垃圾中转站捡垃圾放垃圾车上，以便于出售获利。代某某早上倒垃圾违反其工作规律和工作习惯，代某某负责的事务就是打扫卫生，对本小区的外来人员进行盘查登记，维护小区平时的治安秩序，其不能举证证明是为了进行工作而受伤，肯定不能让我承担赔偿责任。"吴某的抗辩意见具有合理性，且也被小区众多业主证实，结合上述举证情况，法院不支持代某某的诉求是完全正确的。

3. 应从公平原则出发，倡导公平诚信的社会主义核心价值观。如果推断代某某是因从事吴某指派的物业管理工作而受伤，判令吴某和其他79位业主承担赔偿责任，或者判令吴某个人承担相应的赔偿责任不仅没有事实依据，也与民事诉讼证据规则相违背，不仅会使简单案件复杂化，更会引发群体性事件发生，不利于社会和谐与稳定，使人不敢再为公众利益主动提供无偿服务，同时也易使公众对法院判决的公信力产生疑问。因为本案吴某是全体业主推选的物业管理人员，其为了全体业主利益而行使物业管理权，并雇请代某某从事卫生和门卫及小区安全防护工作，用79位业主及其本人每年所交的300元合计24000元，给代某某发放工资（每月1600元，包住于门岗，不包吃喝等消费），下余4800元，用于购买物业管理工具和公共设施维修，吴某不获取任何报酬，为无偿管理行为。此外，包含吴某在内的80位业主已交纳每年的物业费用300元，履行缴费义务，应当接受相应的物业服务，当然，如果代某某因在物业管理服务中致自身受到损害，除其自己未尽安全义务应免于损害赔偿责任外，吴某及另外79位业主依法应负相应的赔偿责任。

编写人：河南省息县人民法院　徐无己　王淑娟

9

为个体工商户提供劳务受害的，个体工商户应承担无过错责任

——郑某某诉某锅炉厂提供劳务者受害责任案

【案件基本信息】

1. 裁判书字号

山东省威海市中级人民法院（2021）鲁10民终2928号民事判决书

2. 案由：提供劳务者受害责任纠纷

3. 当事人

原告（被上诉人）：郑某某

被告（上诉人）：某锅炉厂

【基本案情】

2021年1月8日，某锅炉厂（系个体工商户）法定代表人安排郑某某等三人到某公司安装锅炉，在安装锅炉过程中，郑某某从高处跌落摔伤，并到医院就诊。1月13日，郑某某转院住院治疗，共住院26天，花费医疗费38320.04元。经诊断，郑某某右内踝骨折、右腓骨骨折、右后踝骨折、右跟骨骨折、右下肢肌间静脉血栓。2021年7月5日，郑某某委托司法鉴定机构对其伤残等级、误工、护理期、后续诊疗项目进行鉴定。2021年7月8日，该鉴定机构出具司法鉴定意见书，鉴定意见为：1. 被鉴定人郑某某本次外伤致右内踝骨折、右腓骨骨折、右后踝骨折，目前遗留右踝关节功能障碍，评定为十级伤残。

2. 郑某某本次外伤后休息（误工）期为180天；护理期为90天，包括住院期间。3. 郑某某本次外伤后行右内、后踝骨折闭合复位内固定等手术，存在后续治疗情况，择期手术将内固定装置取出（建议：其后续治疗费可按实际支出计算）。本次鉴定花费鉴定费2860元。事故发生后，某锅炉厂为郑某某垫付医疗费11000元。

【案件焦点】

郑某某与涉案锅炉厂（系个体工商户）之间是否属于个人之间形成的劳务关系，某锅炉厂应对郑某某的损失承担何种责任。

【法院裁判要旨】

山东省乳山市人民法院经审理认为：《中华人民共和国民法典》第一千一百九十二条规定，个人之间形成劳务，提供劳务一方因劳务受到损害的，根据双方各自的过错承担相应的责任。本案中，郑某某受锅炉厂雇用从事锅炉安装工作，某锅炉厂对郑某某有监督管理职责，有义务为郑某某提供安全培训及设施，以保障郑某某的人身财产安全。对双方的责任划分，应当采用过错责任原则来明确双方的责任，郑某某在从事高空作业时从空中摔落受伤，对造成的损害，其本身不存在故意或重大过失，作为接受劳务一方的某锅炉厂，对郑某某的损伤应承担主要责任。某锅炉厂辩解郑某某的损伤系第三方造成，但其未提交相关证据证实，对其辩解意见，不予采纳。郑某某作为提供劳务一方，向接受劳务一方的某锅炉厂主张权利，于法有据，予以支持。结合案情，以某锅炉厂承担70%的赔偿责任为宜。

郑某某主张医疗费，并有门诊病历、住院病历、门诊收费票据佐证，予以认定，某锅炉厂垫付的11000元医疗费应当予以扣除。郑某某主张的住院伙食补助费、伤残赔偿金、护理费、误工费、鉴定费，均有证据予以证实，予以采信。郑某某主张的精神损害抚慰金，酌定1000元。

山东省乳山市人民法院依据《中华人民共和国民法典》第一千一百九十二条，《最高人民法院关于审理人身损害赔偿案件适用法律若干问题的解释》第六条、第七条、第八条、第十条、第十二条、第二十三条，《中华人民共和国民事诉讼法》第六十四条之规定，判决如下：

一、某锅炉厂赔偿郑某某医疗费15824.03元；住院伙食补助费1820元；伤残赔偿金55094.76元；误工费15120元；护理费7560元；精神损害抚慰金700元；鉴定费2002元，共计98120.79元，限某锅炉厂于判决生效后十日内付清；

二、驳回郑某某的其他诉讼请求。

某锅炉厂不服一审判决，提起上诉。

山东省威海市中级人民法院经审理认为：《中华人民共和国民法典》第一千一百九十二条规定的适用情形为“个人之间形成劳务关系”，其中“接受劳务一方”仅指自然人，包括家庭和农村承包经营户。个体工商户、合伙的雇员因工作发生的纠纷，不适用本条规定，而应按照《中华人民共和国民法典》第一千一百九十一条规定的精神，适用无过错责任原则处理。本案中，某锅炉厂系个体工商户，在郑某某不存在故意或重大过失的情况下，不论是否存在第三人侵权，其均应对郑某某在从事雇佣活动中遭受的人身损害承担赔偿责任。如确实存在第三人侵权的情形，某锅炉厂承担赔偿责任后，可以向第三人追偿。一审法院适用《中华人民共和国民法典》第一千一百九十二条规定有误，应予以纠正。一审判决虽然适用法律有误，但鉴于郑某某并未提出上诉，对一审判决结果应予维持。

山东省威海市中级人民法院依照《中华人民共和国民事诉讼法》第一百七十条第一款第一项、《最高人民法院关于适用〈中华人民共和国民事诉讼法〉的解释》第三百三十四条的规定，判决如下：

驳回上诉，维持原判。

【法官后语】

近年来，提供劳务者受害责任纠纷案件持续呈现多发态势，司法实践中对于各种情形下适用何种归责原则也时常存在不同意见。考虑到我国当前特殊的社会经济状况和劳动法律制度，《中华人民共和国民法典》对用人单位侵权责任和个人劳务侵权责任作了区分，其中第一千一百九十一条是关于用人单位责任的规定，第一千一百九十二条是关于个人之间形成劳务关系的规定。那个体工商户是属于第一千一百九十一条中规定的“用人单位”还是第一千一百九十二条中的“个人”？个体工商户与雇员之间的劳务关系应当适用其中哪一条规定？对此，最高人民法院编发的《中华人民共和国民法典侵权责任编理解与适用》指出，第一千一百九十二条中的“提供劳务一方”仅指自然人，包括家庭和农村承包经营户；个体工商户、合伙的雇员因工作发生的纠纷，按照第一千一百九十一条关于用人单位责任的规定处理。[①] 因此，个体工商户与雇员之间的关系不属于个人之间形成的劳务关系，而是非个人之间的劳务关系。

根据《中华人民共和国民法典》第一千一百九十二条的规定，个人之间形成劳务关系的，提供劳务一方因劳务受到损害时，接受劳务一方承担的是过错责任。但个体工商户与雇员之间不属于个人之间形成的劳务关系，而《中华人民共和国民法典》第一千一百九十一条仅规定了雇员造成他人损害时用人单位应当承担的责任，并未对雇员自己受到损害和遭受第三人侵害时应承担何种责任作出规定，导致司法实践中适用的归责原则存在较大差异。对此，从立法沿革、立法目的和司法导向等角度看，非个人之间的劳务关系应当适用无过错责任原则，由用人单位对提供劳务者的损害承担赔偿责任，若提供劳务者存在故意或重大过失，则减轻或免除用人单位的赔偿责任。首先，《中华人民共和国民法典》第一千一百九十二条的规定并非对雇主无过错责任的改变，而是针对家政服务等日常生活中个人之间的劳务关系所具有的特点，根据权利义务对等、风险收益相当原则作出的特别规定，非个人之间的劳务关系不具有比照适用的空间。其次，《中华人民共和国民法典》之所以对个人之间的劳务关系与非个人之间的劳务关系予以区分，原因即在于用人单位相对于个人在风险防控和负担方面具有明显优势，且提供劳务者为用人单位提供的劳务多为营利性活动，而为个人提供的劳务多是为了满足个人或家庭日常生活需要，不属于营利性活

① 最高人民法院民法典贯彻实施工作领导小组主编：《中华人民共和国民法典侵权责任编理解与适用》，人民法院出版社2020年版，第248页。

动，因此《中华人民共和国民法典》第一千一百九十二条规定的立法目的，是为了免于个人雇佣劳务时承担过大的风险和责任，而没有降低用人单位风险和责任的意图。最后，在非个人之间的劳务关系中适用无过错责任原则，可以避免用人单位通过建立劳务合同关系的方式规避劳动关系、转嫁用工风险，也有助于引导用人单位规范用工形式、完善劳动保护措施。

本案中，某锅炉厂系个体工商户，其与郑某某之间应当属于非个人之间的劳务关系，郑某某系因劳务而受到损害，且郑某某不存在故意或重大过失，因此某锅炉厂应当对郑某某承担无过错责任。某锅炉厂主张本案中存在第三人侵权，但是否存在第三人侵权均不影响其应向郑某某承担的责任，如果确实存在第三人侵权，其可以在向郑某某赔偿后，向第三人追偿。

编写人：山东省威海市中级人民法院　王红云

10

提供劳务者之间关系的认定

——李某魁诉李某亮等提供劳务者受害责任案

【案件基本信息】

1. 裁判书字号

河南省洛阳市中级人民法院（2021）豫03民终2179号民事判决书

2. 案由：提供劳务者受害责任纠纷

3. 当事人

原告（被上诉人）：李某魁

被告（上诉人）：李某亮、李某伟等十一人，魏某莉

【基本案情】

李某亮等十一人经常在一起合伙承揽农村建筑，平时以李某亮为首去承揽一些农村建筑的施工。2020年5月，李某亮等十一人共同承揽了本村白某川家及魏某莉家的建筑施工工程，承揽白某川家的工程是二楼主体工程，承揽魏某莉家的工程是地下室及一楼的粉刷、门楼建造。因施工人员不足，李某亮便找到李某魁，让李某魁去干活。由于李某魁也是从事砌墙和粉刷的熟练工，因此，李某亮当时给李某魁承诺，每天的工钱不会低于280元。李某魁来了之后，先被安排在白某川家砌了一天多墙后，便被李某亮安排到魏某莉家去施工，主要是给魏某莉家的门楼及厨房进行粉刷和贴瓷砖，李某魁先后共在魏某莉家干了十多天。5月12日上午，当李某魁和李某伟一起在给魏某莉家的大门两边砌花池时，李某伟便让李某魁先去将魏某莉家上房的一个架杆窝填补一下。由于该上房的粉刷工程也是由他们所施工的，于是，李某魁便到上房去填补架窝。而在填补架窝时，由于架窝离地面太高，而且当时现场只有李某亮所提供的一个铁合梯，于是李某魁便站到了合梯上去施工。李某魁在合梯上填补架窝时，由于合梯的突然滑脱，李某魁便被摔倒在了地上。李某魁倒地后，李某伟便赶紧将李某亮和另一个工地的工友叫了过来，之后，魏某莉便找了一辆三轮车，和李某魁的家属一起，将李某魁送到了医院进行救治。经医院诊断为：（1）L1椎体爆裂性骨折并椎管狭窄；（2）右侧椎弓根、左侧横突、椎弓板骨折。李某魁在住院期间，魏某莉共给李某魁交纳了住院费1300元。李某魁出院后，就赔偿问题曾多次通过村委与李某亮及魏某莉进行沟通无果，李某魁认为李某亮与其余被告是合伙关系，那么其在从事合伙事务的过程中所受到的伤害，各合伙人是理应予以补偿的，而魏某莉在选任中存在过失，亦应承担相应的补偿责任。

【案件焦点】

1. 李某亮等十一人是否构成合伙关系；2. 李某魁的各项损失，双方应如何承担。

【法院裁判要旨】

河南省宜阳县人民法院经审理认为：本案中虽然李某亮等十一被告对事故发生不存在过错，但李某魁与十一被告系共同受益人，依照利益共享、损失共担的原则及公平责任原则，应当给予一定的经济补偿，法院酌定由十一被告共同补偿李某魁 40%损失为宜。李某魁与魏某莉之间并不存在控制、支配和从属关系，故魏某莉与李某魁之间构成承揽关系。魏某莉作为定作人明知李某魁违反操作规程，未有效采取防护措施及时制止承揽人的错误行为，对事故也负有一定的责任，法院酌定其承担 20%责任为宜。李某魁作为成年人，未尽到安全注意义务，自身存在重大过错，应承担一定责任，法院酌定其承担 40%责任为宜。

河南省宜阳县人民法院依照《最高人民法院关于审理人身损害赔偿案件适用法律若干问题的解释》第十七条、第十九条、第二十条、第二十一条、第二十三条、第二十四条、第三十五条之规定，作出如下判决：

一、限李某亮等十一被告于本判决生效之日起十五日内各自补偿李某魁 1675.9 元，共计 18435 元；

二、限魏某莉于本判决生效之日起十五日内赔偿李某魁 7917.5 元。

李某亮、魏某莉等人不服一审判决，提起上诉。

河南省洛阳市中级人民法院经审理认为：从李某亮等人与李某魁建房的过程来看，建房工程的施工过程是李某亮等人与李某魁提供的劳务的叠加，双方均是对自己提供的劳务负责，不存在因为增加或者减少其中一个人而造成建房无法继续进行，建房过程中每人按照各自的分工进行施工，每人以实际提供的劳务平等计算报酬，故本案中李某亮等人与李某魁系共同承揽人，形成的是一种松散型的劳务合作关系，一审法院将其认定为合伙关系不准确。共同承揽人的总目标是相同的，李某魁在为共同承揽人的共同利益进行活动的过程中受到损害，依据公平原则，对李某魁的损失各上诉人应当给予一定的补偿。一审法院酌定各上诉人共同补偿李某魁 40%的损失，处理并无不当。

河南省洛阳市中级人民法院依照《中华人民共和国民事诉讼法》第一百七十条第一款第一项的规定，判决如下：

驳回上诉，维持原判。

【法官后语】

本案的第一个审理重点是需要认定各劳务者之间的关系。从李某亮等人与李某魁共同为魏某莉与白某川家建房的过程来看，建房工程的施工过程是李某亮等人与李某魁提供的劳务的叠加，李某亮等人与李某魁均是对自己提供的劳务负责，也不存在因为增加或者减少其中一个人而造成建房无法继续进行，建房过程中每人按照各自的分工进行施工，每人以实际提供的劳务平等计算报酬，故本案中李某亮等人与李某魁系共同承揽人，形成的是一种松散型的劳务合作关系。共同承揽人的总目标是相同的，即以自己提供的劳务共同合作建房，交付工作成果给房主。虽然李某亮等人对李某魁的受伤不存在过错，也不是致害人，但李某魁在为共同承揽人的共同利益进行活动的过程中受到损害，依据公平原则，对李某魁的损失各上诉人应当给予一定的补偿。

在本地的农村地区，农民自建民房的建设、修缮、改造的需求量较大，而民房建设工程的资质管理较为宽松，有一定粉刷、泥瓦手艺的农民工，农闲时承包民房建筑工程，分工协作，按提供劳务数量平等分配劳务报酬的现象十分普遍。这种工程承包模式，既能满足农民的建房需求，又能解决一部分就业问题，具有一定的积极意义。但他们在施工过程中，也缺乏一定的安全意识和注意义务。且各劳务者之间的关系较为松散，在出现安全事故、侵权责任等纠纷后，责任的认定和划分问题就需要格外注意。

第二个审理重点是对于“带头人”性质的认定。一般情况下，最先与定作人或发包方进行联系，并告知其他承揽人或劳务者工作机会的人，或是在各承揽人或劳务者心中具有一定威望的承揽人或劳务者通常为“带头人”。本案中，各劳务承揽人之间为松散的劳务合作关系，“带头人”并未因为组织其他承揽人施工而获得额外利润，因此不应认定该“带头人”为劳务承包方，而应认定为共同承揽人。

而部分案件中，“带头人”的劳务费、承揽费往往会高于其他劳务者，在劳务工程中，不参加劳务工作，仅负责考勤、分工、监工等工作，且长年以承包、组织劳务者施工为生，具有一定的承包资质，此时，则应该认定“带头人”为工程的承包者，对受害人应当承担赔偿责任。

编写人：河南省宜阳县人民法院　王小飞

11

雇员的行为未得到雇主授权但与履行职务有内在联系的，应当认定为从事雇佣活动

——黄某萍等诉傅某辉等通海水域人身损害责任案

【案件基本信息】

1. 裁判书字号

广西壮族自治区高级人民法院（2021）桂民终356号民事判决书

2. 案由：通海水域人身损害责任纠纷

3. 当事人

原告（上诉人）：黄某萍、傅某林、傅某深

被告（上诉人）：傅某辉

被告（被上诉人）：某船务公司

被告：傅某升、李某清

【基本案情】

2017年7月4日上午8时许，“6688”号船船长陈某新借用停靠在一旁的“678”号船的工作艇，安排该船水手陈某宏驾驶工作艇送驾驶员黄某杰离职上岸。工作艇启动后，中途发生故障失去动力，在湍急水流作用下顺水漂向下游，压靠在下游约200米处锚泊的“8898”号船艏和“688”号船的锚缆上，并开始进水，随时有翻沉的危险。“678”号船上的水手傅某军（受害人）、驾驶

员余某森与其他船舶人员一同搭载工作艇前去救援，因水流湍急导致工作艇翻沉，傅某军落水后失踪。海事部门的事故结论认定本次事故系一宗在自发救助的过程中发生人员伤亡的意外事件。傅某军落水失踪后，傅某军家属黄某萍等人向法院申请宣告傅某军死亡。法院于 2019 年 1 月 24 日作出宣告傅某军死亡的判决。2020 年 10 月 16 日，黄某萍等人向北海海事法院提起诉讼，请求“678”号船的船舶所有人及该船舶挂靠公司连带赔偿因傅某军死亡造成的经济损失 910122.5 元。

【案件焦点】

受害人傅某军在未得到雇主的授权指挥下，自发对遇险的本船附属工作艇及艇上非本船人员进行救援的行为，是否属于职务行为。

【法院裁判要旨】

北海海事法院经审理认为：傅某军受傅某辉雇用在“678”号船担任水手，双方之间形成船员劳务合同关系。傅某军的自发救援行为虽然未得到雇主的授权或指示，但已得到本船值班驾驶员余某森的安排和认可；两人前往救助的落水人员虽然不是本船人员，但其救助的对象同时包括本船的附属工作艇，且整个救援行为与履行其船员职责有内在联系，故该救援行为属于履行职务行为，傅某辉作为雇主应对傅某军的死亡承担赔偿责任；某船务公司作为“678”号船的被挂靠企业，对傅某军的死亡承担连带赔偿责任。但在救援过程中，受害人傅某军未规范穿着救生衣，自身也存在过错，应自行承担相应的赔偿责任。综合各方的过错程度，认定傅某辉对傅某军的死亡应承担 70%的赔偿责任，某船务公司承担连带赔偿责任。

北海海事法院依照《中华人民共和国侵权责任法》第六条第一款、第十六条、第二十二条、第二十六条、第三十五条，《最高人民法院关于确定民事侵权精神损害赔偿责任若干问题的解释》第十条，《最高人民法院关于审理涉船员纠纷案件若干问题的规定》第十五条之规定，作出如下判决：

一、傅某辉和某船务公司向黄某萍、傅某林、傅某深连带赔偿死亡赔偿金、丧葬费、办理丧葬事宜支出的交通费、住宿费及误工损失、精神损害抚慰金合计442355.42元；

二、驳回黄某萍、傅某林、傅某深的其他诉讼请求。

黄某萍、傅某林、傅某深及傅某辉不服一审判决，提出上诉。

广西壮族自治区高级人民法院经审理认为：傅某军的救援行为是其作为船员的基本职责，与履行职务有内在联系，理应属于雇佣活动范围，其自发救助他人的行为更是应予以肯定与弘扬的义勇之举。一审判决认定其救助行为属于履行职务行为，并判令傅某辉对傅某军的死亡承担70%的赔偿责任正确。

广西壮族自治区高级人民法院依照《中华人民共和国民事诉讼法》第一百七十条第一款第一项之规定，作出如下判决：

驳回上诉，维持原判。

【法官后语】

本案是一起非典型的内河船舶船员在履行职责过程中遭受人身损害引发诉讼的案例。如何认定雇员的活动是否属于职务行为，这在法律实务中历来是一个难题。一般情况下，对于雇主有明确授权或指示的事项，雇员为完成此事所进行的活动当然是雇佣行为。对于雇员未得到雇主指示或者超越授权范围的行为是否属于从事雇佣活动，学术界有不同意见，司法实务中也有不同的观点。本案中，受害船员发现他人借用本船的附属工作艇发生险情后，在未得到雇主的授权和指示下，自发地开展救助，对于该行为如何定性，能否认定为职务行为系本案的关键问题。从字面上看，“从事雇佣活动”是指从事雇主授权或者指示范围内的生产经营活动或者其他劳务活动，在对雇员行为进行判断时，应当结合雇佣活动的性质或者范围，以及雇员行为与雇主利益的主观联系和客观联系等因素，综合予以认定。如雇员的行为未得到雇主指示或者超出授权范围，但属于通常可以预见的合理行为，或者是为了雇主利益、与雇主利益有客观联系的行为，或者其表现形式是执行职务或者与执行职务有内在联系的行为，也应认定为从事雇佣活动①。综上，本案判决认定受害船员的救援行为是否属于职务行为时，主要从以下三个方面进行考量：

1. 受害人系船员，救助遇险人员属于船员的基本职责，与履行职务有内在联系。根据《中华人民共和国船员条例》第三章“船员职责”第十六条“船员在船工作期间，应当符合下列要求：……（六）在不严重危及自身安全的情况下，尽力救助遇险人员”的规定可知，救助遇险人员属于船员的基本职责。本案中，被救助的人员虽然不属于本船人员，但受害人负有基于自身职业职责自发前往救助的义务，无论从工作时间、场所、内容等客观外在表现予以考量，还是从救助遇险财产、人员的主观意愿判断，其救助行为均属于通常可以预见的合理行为，也属于雇佣活动的范畴，故应认定受害船员的救援行为属于职务行为。

2. 受害船员救助的对象不仅包括艇上人员，还包括其雇主的财产，系为了雇主利益。案涉的附属工作艇属于雇主的财产，该财产在借给他人使用过程中发生了险情，受害船员前往救助的对象理应包含该附属工作艇。雇员对雇主的财产进行救助，保障了雇主的财产权益，该行为与雇主利益有客观联系，即使未得到雇主的授权或指示，也应当认定为职务行为。

3. 受害船员的自发救助行为，属于义勇之举，应当对此予以肯定。受害船员积极救助雇主的财产和其他遇险人员的义勇之举，与敬业、互助的社会主义核心价值观相呼应，司法机关对此进行肯定有助于在船员等广大雇员群体中形成正确价值导向，传递社会正能量，弘扬乐于助人的中华传统美德。同时，对于受害人个体而言，认定其救助行为属于职务行为，并由雇主承担相应的赔偿责任，有利于保障受害人及其亲属的合法权益。

编写人：北海海事法院　梁向明　何鹏

---

① 《最高人民法院关于审理人身损害赔偿案件适用法律若干问题的解释》第九条第二款规定，“从事雇佣活动”，是指从事雇主授权或者指示范围内的生产经营活动或者其他劳务活动。如雇员的行为超出授权范围，但其表现形式是履行职务或者与履行职务有内在联系的，应当认定为“从事雇佣活动”。该司法解释于2020年进行了修正并删除了该条规定，但在《中华人民共和国民法典》以及修订后的相关司法解释对于雇员的行为超出授权范围如何定性的问题均未作出明确规定。

二、雇佣关系与承揽关系的区分

12

承揽关系和雇佣关系如何界定

——黄某云、张某妹诉某车辆接送服务公司、某保险公司提供劳务者受害责任案

【案件基本信息】

1. 裁判书字号

重庆市第五中级人民法院（2021）渝 05 民终 9735 号民事判决书

2. 案由：提供劳务者受害责任纠纷

3. 当事人

原告（被上诉人）：黄某云、张某妹

被告（上诉人）：某车辆接送服务公司、某保险公司

【基本案情】

2019 年 10 月 15 日，某车辆接送服务公司作为投保人在某保险公司投保了雇主责任险，保单载明了保险期间及赔偿限额，保单后附 50 名雇员的名单。2020 年 6 月 29 日，某车辆接送服务公司向某保险公司书面申请，对雇员人员名单进行调整，调整后的雇员名单中包括黄某阳。

2020 年 7 月 1 日，某车辆接送服务公司作为甲方与“黄某阳”作为乙方签

订了《商品车承揽运输协议》约定：甲乙双方基于本协议建立委托运输关系，乙方运输甲方的商品车从贵阳普天运至西藏那曲，运输过程中若商品车发生损坏或丢失的以及乙方承运车辆事故、自身人员伤亡或造成第三人伤亡的，由乙方承担全部的经济赔偿及法律责任。此次协议运输包干费 4200 元（其中油费占比 50%），上述费用包含乙方所有运输过程中的一切安全、保险及罚款和利润等费用。该份协议盖有某车辆接送服务公司的印章与“黄某阳”的签字和捺印。黄某阳驾驶车辆前往西藏那曲途中，因车辆故障在西藏色尼区达前乡 4 村 317 国道旁加水站处休息及等待车辆救援期间死亡。某司法鉴定中心于当日对黄某阳进行尸表检验鉴定，并于 2020 年 8 月 5 日出具《法医学尸体检验意见书》，载明：死者黄某阳高原反应引起猝死的可能性极大。

本案一审期间，同行送车的驾驶员出庭作证，陈述未签过类似的承揽协议。死者黄某阳的父母即本案原告申请对前述协议是否为黄某阳签订申请鉴定。

【案件焦点】

黄某阳与某车辆接送服务公司建立的是承揽关系还是雇佣关系。

【法院裁判要旨】

重庆市九龙坡区人民法院经审理认为：根据双方当事人以及证人对黄某阳为某车辆接送服务公司运送车辆行为的陈述，再结合某车辆接送服务公司针对此次运送车辆为包括黄某阳在内的若干驾驶员在某保险公司投保了雇主责任险，可以认定黄某阳受某车辆接送服务公司雇用，以提供自身劳务为形式，为某车辆接送服务公司将车辆运送至目的地，某车辆接送服务公司向其支付相应报酬，双方系提供与接收劳务关系。某车辆接送服务公司虽举示了《商品车承揽运输协议》以证明黄某阳与某车辆接送服务公司系承揽关系，即使该协议真实，协议内容中约定黄某阳的义务应属提供劳务性质，结合前述意见，该运输协议名为承揽性质，而实为提供劳务。雇员在从事雇佣活动中遭受人身损害，雇主应当承担赔偿责任。某车辆接送服务公司雇用黄某阳从贵州省贵阳市运送车辆至西藏那曲市，因车辆发生故障，黄某阳在等待救援过程中因高原反应引起猝死，某车辆接送服务公司作为黄某阳的雇主应当对黄某阳的死亡承担赔偿责任。某车辆接送服务公司针对此次运送车辆为包括黄某阳在内的若干驾驶员在某保险公司投保了雇主责任险，因在本案中审理黄某阳与某车辆接送服务公司之间的提供劳务关系，而某车辆接送服务公司与某保险公司之间系保险合同关系，黄某阳与某保险公司之间并无直接法律关系，故在本案中对黄某云、张某妹要求某保险公司在雇主责任险范围内承担赔偿责任的问题不作处理。

重庆市九龙坡区人民法院依照《最高人民法院关于适用〈中华人民共和国民法典〉时间效力的若干规定》第一条，《中华人民共和国侵权责任法》第六条、第十六条，《最高人民法院关于审理人身损害赔偿案件适用法律若干问题的解释》（法释〔2003〕20号）第十七条、第十八条、第二十七条、第二十八条、第二十九条、第三十五条的规定，判决如下：

一、某车辆接送服务公司于本判决生效后十日内向黄某云、张某妹赔偿各项损失共计1382657元；

二、驳回黄某云、张某妹的其他诉讼请求。

某车辆接送服务公司、某保险公司不服一审判决，提出上诉。

重庆市第五中级人民法院经审理认为：首先，当事人就承揽与雇佣的性质发生争议，人民法院应该结合当事人之间是否存在控制、支配关系，是否定期给付劳动报酬还是一次性结算，当事人一方提供的劳动是独立的业务还是属于合同相对方经营的业务等因素予以综合认定。一审庭审中，黄某云、张某妹申请证人桂某出庭作证，桂某陈述：黄某阳于2020年3—4月即进入了某车辆接送服务公司，足以证明黄某阳给某车辆接送服务公司运送车辆相对固定。其次，某车辆接送服务公司举示的《商品车承揽运输协议》中载明：黄某阳需要按照某车辆接送服务公司指令的路线运送商品，某车辆接送服务公司也可要求黄某阳随时提供相关情况，足以认定黄某阳运输车辆过程中仍接受某车辆接送服务公司的控制。再次，黄某阳事发时运送车辆到西藏更是某车辆接送服务公司的经营业务范围。再结合某车辆接送服务公司为黄某阳投保了雇主责任险，一审法院认定黄某阳受某车辆接送服务公司的雇用，以提供自身劳务为形式，为某车辆接送服务公司将车辆运送至目的地，并无不当。最后，某车辆接送服务公司举示的《商品车承揽运输协议》虽约定包干费用4200元，但前述费用中50%为油费，再结合此次运输车辆的距离及所需的时间等因素，并不影响某车辆接送服务公司与黄某阳雇佣关系的认定。

重庆市第五中级人民法院依照《中华人民共和国民事诉讼法》第一百七十条第一款第一项的规定，作出如下判决：

驳回上诉，维持原判。

【法官后语】

现实生活中，用人单位与工作人员不签订书面合同的情况仍然存在，更有个别单位为了降低用人成本或者规避法律责任，故意不与工作人员签订劳动合同或者劳务合同，而订立承揽合同。不同法律关系下归责原则、举证责任不同影响案件的裁判结果，更直接关系当事人的合法权益能否得到有效保障。本案中，黄某阳的亲属并未向有关部门提出申请或者向人民法院提起诉讼，请求确认黄某阳与某车辆接送服务公司存在劳动关系，而是直接以提供劳务者受害责任纠纷提起本案诉讼。

从法律适用的角度看，本案纠纷发生在《中华人民共和国民法典》正式实施以前，应该适用当时的法律、司法解释审理本案。根据《最高人民法院关于审理人身损害赔偿案件适用法律若干问题的解释》（法释〔2003〕20号）第九条、第十一条的规定，雇员从事雇佣活动中致人损害或自身遭受人身损害，雇主承担的均是无过错责任，而第十条规定，定作人对承揽人在完成工作过程中造成第三人损害或者自身损害承担的则是过错责任。《最高人民法院关于审理人身损害赔偿案件适用法律若干问题的解释》（法释〔2020〕17号）已经删除了单位工作人员提供劳务过程中因工作自伤，单位承担无过错责任之规定，《中华人民共和国民法典》亦未规定单位雇员提供劳务过程中自伤如何承担责任。在无法律明确规定的情况下，侵权案件适用过错原则，故未形成劳动关系的单位雇员因工作遭受损害，单位应当承担的是过错责任。但是《中华人民共和国民法典》第一千一百九十一条规定，用人单位的工作人员因执行工作任务造成他人损害的，由用人单位承担侵权责任。故未建立劳动关系的情形下，个人为单位提供劳务过程中造成第三人损害的，单位承担的是无过错责任，故准确区分当事人之间系提供劳务关系还是承揽关系仍有重要意义。

雇佣合同与承揽合同均属诺成、不要式、双务、有偿的合同。但二者有如下区别：首先，当事人在完成工作中的地位与关系不同，劳务活动中是支配和从属的关系，具有一定人身关系从属性，承揽合同的当事人之间是相互独立的；其次，雇佣合同以劳务为标的，不论有无工作成果，均需定期支付报酬，而承揽合同则以劳动成果为标的，无成果则不应得到报酬，一般也是一次性结算劳务报酬；再次，劳务提供者的亲历性要求不同。提供劳务合同中，劳务提供者一般不可将劳务转由他人提供，而承揽合同中，承揽人得到定作人的同意，可以将承揽的主要工作交由第三人完成。最后，雇佣合同中，雇员提供的劳动一般构成雇主的业务或者经营活动的组成部分，而承揽关系中，承揽人所提供的劳动是其独立的业务或者经营活动。

本案，某车辆接送服务公司举示的《商品车承揽运输协议》虽约定包干费用4200元，但前述费用中50%为油费，且协议约定送车过程中的食宿等所有费用均包含在其中，贵阳到西藏那曲全程约为2500公里，根据同行送车的其他驾驶员陈述，此次送车来回的时间约为10天左右，承揽协议约定的费用明显不合理。合议庭综合考虑，运输车辆是某车辆接送服务公司经营业务范围、黄某阳运输车辆过程中仍受该公司控制，黄某阳进入公司后就相对固定给公司运送车，某车辆接送服务公司也为黄某阳购买雇主责任险等因素，最终认定黄某阳与公司建立了劳务关系。

随着网络技术的发展，很多新兴职业与传统就业模式相比已经呈现出许多新特点，外卖小哥按单计酬，网络主播通过打赏获得报酬等情况大量存在，个人与单位的从属性更弱，单位不直接发放薪酬，日常管理也比较松散，区分当事人之间的法律关系越发复杂。为了维护广大劳动者的合法权益，劳动者应留意与用人单位签订的书面合同，合同中应明确双方的法律关系。用人单位也要加强管理防止意外发生，并通过购买保险等措施分散风险。

编写人：重庆市第五中级人民法院　万前程

13

承揽关系与雇佣关系的区别适用

——阳某德诉张某宏等提供劳务者受害责任案

【案件基本信息】

1. 裁判书字号

湖南省衡阳市雁峰区人民法院（2021）湘0406民初1811号民事判决书

2. 案由：提供劳务者受害责任纠纷

3. 当事人

原告：阳某德

被告：张某宏、袁某清、某房地产开发公司

【基本案情】

某房地产开发公司开发的某小区5号楼5C单元1212房、4012房、6012房飘窗松动需要拆除。2020年5月29日，张某宏手写了报价单，内容为："5C单元1212房、4012房、6012房飘窗松动需拆除计3000元。"某房地产开发公司员工根据张某宏手写的报价打印了《飘窗松动拆除工程签订单》，但最终某房地产开发公司意见为"同一个单元按贰仟元包干"。2020年5月，张某宏电话通知阳某德到某小区从事外墙高空作业，工资为800元/天，阳某德不具有高空作业资质。阳某德同其弟媳欧某丽于5月27日开始到某小区做事，29日下午张某宏通知阳某德拆除上述飘窗，工钱按一整天算，阳某德同欧某丽将一根绳子系在楼顶的混凝土做的烟囱和晾衣用的铁杆上，阳某德沿绳索的另一头下放到12层施工，在施工过程中，阳某德未佩戴安全绳，欧某丽根据阳某德的指示到楼下制止行人经过，后因系在阳某德身上的绳索随着阳某德的身体摆动被17

楼的铁皮割断致阳某德从11楼坠落摔伤。阳某德受伤后，在医院住院治疗84天，花费医疗费348162.23元，其中张某宏支付50000元、某房地产开发公司支付170000元、阳某德自行支付128162.23元。出院后，阳某德花费门诊费用621.5元。

2021年8月25日，甲司法鉴定中心出具司法鉴定意见书，内容为：1. 阳某德，男，32岁，（1）重型颅脑损伤：左侧额顶枕部硬膜下血肿；蛛网膜下腔出血；轴索损伤；脑肿胀；脑疝；颅底骨折；（2）胸主动脉损伤？纵膈及主动脉旁少量积血；心包少量积血；多发肋骨骨折；肺挫伤；（3）右侧耻骨上下支骨折，右骶骨翼骨折；右髂骨后缘骨折；盆腔少量积血；（4）腰1右侧横突骨折；腰3左侧横突骨折；（5）右侧肱骨上段骨折；2. 伤后误工期360天，护理期150天，营养期90天；3. 预计后续医疗费用为14000元。阳某德支付鉴定费1400元。

2021年9月10日，乙司法鉴定中心出具司法鉴定意见书，内容为：被鉴定人阳某德目前诊断为脑外伤所致精神障碍，精神伤残评定为八级。阳某德支付鉴定费及检查费3892.8元。因张某宏、某房地产开发公司对上述鉴定意见有异议，于2021年11月11日向法院申请对阳某德目前的精神状态及精神伤残程度进行重新鉴定，法院依法委托丙司法鉴定中心进行鉴定，该中心于2022年3月14日出具司法鉴定意见书，内容为：根据材料及检查，被鉴定人阳某德目前诊断为脑外伤所致精神障碍，精神损伤评定为九级伤残。张某宏、某房地产开发公司分别支付重新鉴定的各项费用1986.2元。

【案件焦点】

1. 阳某德与张某宏之间的关系；2. 张某宏、某房地产开发公司之间是承揽关系还是承包关系；3. 各方责任的认定。

【法院裁判要旨】

湖南省衡阳市雁峰区人民法院经审理认为：根据《最高人民法院关于审理人身损害赔偿案件适用法律若干问题的解释》第十条的规定："承揽人在完成

工作过程中对第三人造成损害或者造成自身损害的，定作人不承担赔偿责任。但定作人对定作、指示或者选任有过失的，应当承担相应的赔偿责任。”本案中，张某宏与某房地产开发公司双方虽未签订书面协议，但某房地产开发公司将案涉工程承揽给张某宏，庭审中从各方陈述得知，某房地产开发公司并未实际参与工程施工，也并不干预雇员的工作，而是交由张某宏自行雇请相关工人施工，通过提供工作成果不仅取得劳务的对价，还从中获取利润的事实可以看出，张某宏与某房地产开发公司之间不存在身份上的支配及从属关系，双方的上述行为特征符合承揽合同法律关系。张某宏所承揽的工作需要高空作业，具有相当的危险性，需要一定的专业技能和经过相关的培训，具备相关资质。某房地产开发公司明知或应知张某宏没有相关资质，在未进行相关审查或培训的情况下，仍然将工程承揽给张某宏，对损害的发生具有一定的过错，应当承担相应的责任。而阳某德向张某宏提供劳务，张某宏负责支付其报酬，阳某德与张某宏之间形成劳务关系，阳某德因劳务自己受到损害，应根据双方各自的过错承担相应的责任。张某宏作为没有施工资质的个人安排工人施工，在工人进行高空作业时，未尽到安全管理义务，致使工人施工过程中安全绳断裂跌落受伤，应承担相应的责任。阳某德作为完全民事行为能力人又长期从事高空作业，其因不具备高空作业资质、操作不当和自身安全防范措施不足造成本次事故，其自身对损害后果的发生亦有较大过错，可以适当减轻张某宏和某房地产开发公司的赔偿责任。在综合考量各方的过错程度、行为方式与损害后果之间的因果关系等因素的情况下，法院依法认定对阳某德因受伤所产生的各项损失708673.73元，酌定由阳某德自负30%为212602.12元；张某宏承担40%为283469.49元，扣除张某宏之前已支付的51986.2元，张某宏还应承担231483.29元；某房地产开发公司承担30%为212602.12元，扣除某房地产开发公司之前已支付的171986.2元，某房地产开发公司还应承担40615.92元。虽然袁某清与张某宏系夫妻关系，但张某宏的侵权行为与家庭共同生活或夫妻共同利益无关，袁某清也没有实施侵权行为，主观上不具有过错，阳某德亦没有举证证明该债务用于夫妻共同生活、共同生产经营或基于夫妻双方共同意思表示，故对于阳某德要求袁某清承担连带责任的诉请，法院不予支持。因阳某德的报酬由张某宏支付，故对张某宏提出的其只是介绍阳某德到某房地产开发公司做事的抗辩意见，法院不予采纳。

湖南省衡阳市雁峰区人民法院依照《中华人民共和国侵权责任法》第二条、第三条、第六条、第十六条、第二十六条、第三十五条，《最高人民法院关于审理人身损害赔偿案件适用法律若干问题的解释》（法释〔2003〕20 号）第十条、第十一条第一款、第十七条、第十八条、第十九条、第二十条、第二十一条、第二十二条、第二十三条、第二十四条、第二十五条、第二十八条，《最高人民法院关于确定民事侵权精神损害赔偿责任若干问题的解释》第十条，《中华人民共和国民事诉讼法》第六十七条，《最高人民法院关于适用〈中华人民共和国民法典〉时间效力的若干规定》第一条第二款之规定，判决如下：

一、张某宏于本判决书生效之日起十日内赔付阳某德损失 231483.29 元；

二、某房地产开发公司于本判决书生效之日起十日内赔付阳某德损失 40615.92 元；

三、驳回阳某德的其他诉讼请求。

判决作出后，当事人未上诉，判决已经发生法律效力。

【法官后语】

目前司法实践中，法院审理的提供劳务者受害责任纠纷案件中，劳务者在提供劳务过程中受害之后承担责任的主体因不同的合同关系导致而不同。根据《最高人民法院关于审理人身损害赔偿案件适用法律若干问题的解释》（法释〔2003〕20 号）第十条的规定："承揽人在完成工作过程中对第三人造成损害或者造成自身损害的，定作人不承担赔偿责任。但定作人对定作、指示或者选任有过失的，应当承担相应的赔偿责任。"该条是承揽关系中对劳务者在提供劳务过程中受害之后承担责任的主体的规定。其明确了该条适用的前提是因承揽关系的成立，故要认定承揽关系是否成立，应当区分承揽关系和雇佣关系。虽然《最高人民法院关于审理人身损害赔偿案件适用法律若干问题的解释》在 2020 年修订时删除了第十条，但《中华人民共和国民法典》第一千一百九十三条吸收了上述解释的精神和内涵。

本案中，张某宏与某房地产开发公司双方虽未签订书面协议，但某房地产开发公司将案涉工程承揽给张某宏，庭审中从各方陈述得知，某房地产开发公司并未实际参与工程施工，也并不干预雇员的工作，而是交由张某宏自行雇请相关工人施工，通过提供工作成果不仅取得劳务的对价，还从中获取利润的事实可以看出，张某宏与某房地产开发公司之间不存在身份上的支配及从属关系，双方的上述行为特征符合承揽合同法律关系。张某宏所承揽的工作需要高空作业，具有相当的危险性，需要一定的专业技能和经过相关的培训，具备相关资质。某房地产开发公司明知或应知张某宏没有相关资质，在未进行相关审查或培训的情况下，仍然将工程承揽给张某宏，对损害的发生具有一定的过错，应当承担相应的责任。而阳某德向张某宏提供劳务，张某宏负责支付其报酬，阳某德与张某宏之间形成劳务关系，阳某德因劳务自己受到损害，应根据双方各自的过错承担相应的责任。张某宏作为没有施工资质的个人，安排工人施工，在工人进行高空作业时，未尽到安全管理义务，致使工人施工过程中安全绳断裂跌落受伤，应承担相应的责任，亦无不妥。

承揽合同与雇佣合同的区别：1. 实质不同。雇佣合同具有强烈人身依附性，雇员与雇主存在隶属关系，在一定程度上服从雇主支配、管理及监督；承揽合同具有较强的独立性，定作人与承揽人不存在支配与服从的关系，承揽人可自行决定如何做工。2. 合同目的不同。雇佣合同以提供劳务为目的，雇员提供劳务，雇主支付劳动报酬；承揽合同则以完成工作成果为目的，定作人根据技术成果支付报酬。3. 劳动条件的提供及劳动方式不同。雇佣合同由雇佣者指定工作场所、提供劳动工具或设备，限定工作时间；承揽合同则一般不指定工作场所，提供劳动工具或设备，限定工作时间。4. 劳动报酬支付方式不同。雇佣合同一般具有固定的标准，如按日支付，按月支付等，且雇佣合同不需要对劳动成果进行验收；承揽合同一般是一次性支付报酬，且需要经过定作人对工作成果进行验收后才会给付报酬。5. 承担责任不同。雇佣关系中所产生的风险由接受劳务的雇主承担，雇主对雇员的人身损害承担的是无过错责任；承揽关系中所生风险由完成工作成果的承揽人承担，承揽关系定作人承担的是违约责任和过错责任。

雇佣和承揽都是用工的形式，但发生纠纷后，两者的法律性质和诉讼结果却有天壤之别。人民法院在审理人身损害赔偿案件中，认定当事人之间是雇佣关系还是承揽关系往往是案件争议的焦点，对当事人的利益产生重大影响。因此，一方面从雇员或者承揽人角度来看，当代城市的建设发展离不开雇员、农民工的辛勤付出，雇员、农民工在提供劳务过程中和承揽人在交付劳动成果过程中，自身要倍加注意，严格遵守操作规程，增强安全防范意识，尽量避免身体受到伤害；另一方面从雇主或者定作人角度来看，房地产开发商、建筑公司、置业公司、项目部等市场经济参与主体，在发包、分包工程，雇佣劳动者等工作中，应做好自身保障工作，如采取签订权利义务明确的合同、将工程发包给有资质的企业、为工作人员投保人身保险分散风险、提供安全的劳动工具、劳动场所、在规定的时间内施工、加强职业保护等措施，最大限度地降低工作风险，保护劳动者的人身安全。

在社会经济不断发展过程中，越来越多的提供劳务者与承揽人因此而产生纠纷，提供劳务者提起赔偿诉讼的案件范围正在逐步扩大，但在认定承担责任主体存在一定的困难，本案即具有典型意义。如何认定法律关系，则成为法院裁判认定承担责任主体的基础。当前学术界和司法实务界对于承担责任主体规定了其构成要件，因此，严格适用和规范承担责任主体的构成要件，才能更有效地规范相关责任主体的行为、保护提供劳务者的合法权益，同时为全社会营造良好的工作环境和营商环境。

编写人：湖南省衡阳市雁峰区人民法院　张宝发

14

人身损害纠纷中雇佣关系与承揽关系的认定辨析

——王某诉任某等提供劳务者受害责任案

【案件基本信息】

1. 裁判书字号

山东省威海市中级人民法院（2021）鲁10民终2954号民事判决书

2. 案由：提供劳务者受害责任纠纷

3. 当事人

原告（被上诉人）：王某

被告（上诉人）：任某

被告：时某、某温室设备公司

【基本案情】

某科技公司与某温室设备公司于2020年6月16日签订《工程项目合同书》，约定其将某农业园区的种植温室项目发包给该温室设备公司施工。2020年9月30日，该温室设备公司与时某签订《安装合同书》，约定某温室设备公司将其承包施工的工程中的10座大跨度温室（温室的骨架，覆盖膜，保温被，端面墙体等）分包给时某。后时某又将温室的骨架工程分包给任某，时某与任某均无工程分包资质。

王某称，其受任某雇用、安排在工地负责给大棚棚头烧电焊。2020年11月30日下午5时许，其在焊接时站在梯子上，梯子搭在大棚的称上，佩戴的安全带的安全扣也扣在大棚的称上。当时大棚的拱已经竖好，当王某在焊接最高层的称时，因拱太窄，便想将两边的拱弄宽，但因下层的称不稳，所以王某从高处坠落受伤。王某之伤在诉前自行委托鉴定，后因某温室设备公司对鉴定意见有异议并申请重新鉴定，法院重新委托后鉴定意见为：1. 被鉴定人王某其损伤构成九级伤残。2. 被鉴定人王某护理期为 60 日（含住院期间）；误工期为 180 日（含住院期间）。王某、任某、以及某温室设备公司对该鉴定意见均无异议。

另查，2020 年 9 月，王某经人介绍受任某雇用，到工地上从事电焊工工作，双方约定报酬为 200 元/天。后工地因缺料停工，复工后也就是事发前 3—4 天左右，即 2020 年 11 月 27 日左右，任某称其与王某协商一致将大棚棚头的焊接工程分包给王某，双方约定 350 元/个，王某是在完成承揽活动中受伤。王某则称其到工地干活后，任某就与其商量，想将温室棚包给王某，但考虑活儿不挣钱干不了，也即事发时，王某与任某仍为劳务关系。

【案件焦点】

人身损害赔偿纠纷中，如何认定基础法律关系的性质系雇佣抑或承揽。

【法院裁判要旨】

山东省乳山市人民法院经审理认为：首先，《最高人民法院关于适用〈中华人民共和国民事诉讼法〉的解释》第九十条规定……在作出判决前，当事人未能提供证据或者证据不足以证明其事实主张的，由负有举证证明责任的当事人承担不利的后果。第九十一条规定，人民法院应当按照下列原则确定举证证明责任的承担，但法律另有规定的除外……（二）主张法律关系变更、消灭或者权利受到妨害的当事人，应当对该法律关系变更、消灭或者权利受到妨害的基本事实承担举证证明责任。具体到本案中，任某认可王某到工地工作之初双方存在劳务关系，但称事发前 3—4 天，双方协商一致将温室棚头焊接工作包给王某，因此事发时双方的法律关系变更为承揽关系。对此事实，任某应当提供证据证实。

其次，任某申请证人田某出庭作证，田某陈述听到任某与王某协商将温室大棚棚头以 350 元/个包给王某，但在法庭询问证人是否听到王某明确表示同意时，田某使用推测性语言称，“若是王某不同意不会去干的，我认为王某去干就是同意”，后又称其听到王某同意承包。对此，证人应当客观陈述其亲身感知的事实，田某在作证时使用猜测、推断性语言，故该证人证言不能作为单一证据证实任某的主张。且从姜某的陈述可以看出，王某与任某未就是否承包协商一致，“干不好保底200元/天给你”应当视为按照劳务合同履行。

最后，区别承揽关系与劳务关系应当审查以下要素：1. 是否存在管理、监督关系；2. 是否由一方指定工作场所、限定工作时间、提供劳动工具或设备；3. 是以时间计付报酬还是一次性交付劳动成果等。因任某并未向王某支付复工至事发时3天的报酬，故无法以此判断双方的关系。但本案从实际履行情况来看，事发时，王某的劳动工具由任某提供。且工地应当有负责考勤、记工的人员或相关的记录，法院要求任某提供记工本以证实王某是否受任某管理、监督。但任某先是称工地无记工人员，后又称是任某本人负责记工，但没有记工本，这明显与常理、日常经验不符。再结合，任某称要求王某在保险生效后再上班以及证人姜某、钟某出庭作证，任某要王某帮忙找人干活儿并且任某与王某商量小工的工资。以上符合劳务法律关系的特征。故应当认定，事发时，王某与任某成立劳务关系。

山东省乳山市人民法院依照《中华人民共和国侵权责任法》第三十五条，《最高人民法院关于审理人身损害赔偿案件适用法律若干问题的解释》第十一条第二款，《最高人民法院关于适用〈中华人民共和国民事诉讼法〉的解释》第九十条、第九十一条，《中华人民共和国民事诉讼法》第一百四十四条的规定，判决如下：

一、任某于本判决生效之日起十日内赔偿王某医疗费、误工费、护理费、伤残赔偿金、住院伙食补助费共计145812.5元；

二、某温室设备公司、时某对上述损失与任某承担连带赔偿责任；

三、驳回王某多诉部分的诉讼请求。

任某不服一审判决，提起上诉。

山东省威海市中级人民法院同意一审裁判意见，依照《中华人民共和国民事诉讼法》第一百七十条第一款第一项的规定，判决如下：

驳回上诉，维持原判。

【法官后语】

雇佣关系与承揽关系作为生活中较为常见的两种法律关系，其实质都来源于契约关系，并主要表现为意思自治、合同自由。同时，也正是因合同主体有着较高的自主性，在约定合同主要内容时通常仅考虑便利性，并不会仔细考量合同的性质与分类，由此便可能导致双方的约定既具有雇佣关系的部分特征，也具备承揽关系的部分外在表现，二者相互交融，如何判断基础法律关系便成为案件的难点，本案即为一个典型。例如，本案要想清楚、准确地厘清责任承担的主体，便需要明晰本案当事人间的法律关系归属于雇佣还是承揽，在厘清本案法律性质的基础上再明确归责原则，方能清晰地判断责任承担主体。

一、雇佣关系与承揽关系的表征相似性

雇佣关系与承揽关系之所以难以区分，在于二者之间高度的相似性，具体而言，其相似性表现为以下三个方面：

（一）二者均为双务、有偿合同

无论是雇佣合同还是承揽合同，其合同目的集中表现于合同一方主体以提供劳务来换取另一方主体的报酬，此时劳务提供者一方有权向对方主张合同约定的对价，合同相对方也有权对其要求依照约定提供劳务。合同双方权利义务对等，且不可分割。

（二）二者均为诺成、不要式合同

区别于以借款合同为代表的实践合同，该两种合同均为诺成合同，即雇员与雇主、定作人与承揽人在意思达成一致后合同便成立，无须以交付特定标的物为合同成立生效的必要条件。且无论是雇佣合同还是承揽合同既可以通过口头形式订立，也可以通过书面形式订立，无论订立形式为何，只要双方意思表示真实且一致，无法定无效的情形，便不会影响合同效力。

（三）合同目的均在于用劳务换取报酬

雇佣合同与承揽合同最根本的相似性，便在于其目的均是以劳务来换取报酬。提供劳务方依照合同的约定，根据合同相对方的要求提供劳务，用劳务换取报酬；而接受劳务一方则需要支付约定好的对价，用报酬购买劳务。

二、雇佣关系与承揽关系的特征互异性

我们要想对雇佣关系与承揽关系进行明确的界定，还需要从差异性出发，明确区分之处。

（一）系属“从属性”还是“独立性”

雇佣关系中的雇员所提供的是一种“从属性”劳动，而承揽关系中的承揽人所提供的是一种“独立性”劳动。雇佣关系中的雇主拥有劳动过程中的指挥权，雇员在劳动的时间、地点、具体内容、方式方法、进度等诸多方面都在很大程度上受制于雇主的安排，也就是说，在此基础上的雇员对于雇主具有人格上的从属性，雇员所提供的劳动是一种从属性劳动。

而在承揽关系中，承揽人只要最终能够完成工作、交付成果，其在劳动过程中具有相当程度上的独立性与自主权。当然，在某些行业或领域，尤其是涉及一些专业性较高的工作，雇员在劳动过程中较少受到来自雇主指示命令的约束，也具有较强的独立性和自主权，其从属性体现得不是那么突出，因此单纯依靠这一标准还不足以完全将雇佣关系与承揽关系区分开来。

（二）劳动工具等生产资料由谁提供

雇佣本身就是将雇主的生产资料与雇员的劳动力相结合的一种劳动方式，因此雇员除了自身的劳动力之外，不再负有提供任何其他生产要素或经济资源的义务。也就是说，在雇佣关系中，一般由雇主向雇员提供劳动过程中所需的包括劳动工具在内的全部生产资料。而承揽关系中的承揽人往往负有自行准备完成工作过程中所必需的劳动工具或附属材料的义务。

（三）劳动成果是否占据主导地位

在雇佣关系中，只要雇员按照约定提供了劳务，无论工作成果如何，则雇主都须支付报酬。因为，雇佣作为一种劳动方式，是基于拥有较多生产资料的雇主为弥补自身和家庭成员劳动力不足而产生的将自己的生产资料与他人的劳动力相结合的需求而产生的。因此，雇佣关系中的雇主看重的是雇员劳务的提供，以此作为自身劳动的一种替代或者延伸。事实上，如果雇员在提供了劳务之后未能完成理想的工作成果，则意味着即使雇主以自己的劳动力与生产资料相结合的后果亦然，更何况雇员在整个劳动过程中都服从于雇主的指挥，则未能完成理想工作成果之风险不应该由雇员承担，雇主无权拒付报酬。

而承揽关系中定作人看重的是工作的完成与成果的交付，且承揽人在整个劳动过程中具有相当程度上的独立性与自主性，因此承揽人应当承担未能完成理想工作成果之风险，定作人有权拒付报酬。也即，承揽关系中即使承揽人按照约定提供了劳务，只要未能完成工作成果，则定作人可以不支付报酬。

（四）责任由谁承担

在责任承担人员及方式上，雇佣关系与承揽关系也存在差异。雇佣关系当中的雇员在雇佣劳动的过程当中受到伤害、致他人损害，除非是雇员的故意或重大过失所致，均由雇主承担责任；而承揽关系中的承揽人在工作过程中所受到的伤害、致他人损害，则不涉及定作方，均由承揽人自己承担责任。

本案中，王某的工作地点系任某指定的某工业园内，王某从事焊接工作所需要的劳动工具如电焊机、电焊帽等也由任某提供，王某从事的棚头焊接工作也是任某承包时某业务的组成部分，由此可见，二者具有一定程度的“从属性”特征。

三、区分雇佣关系与承揽关系的位阶方法

（一）有约定的从约定

法律制度的核心任务便在于确保个体的自由和自主决定权得以实现。[①] 也就是说，对于自己的行为，任何个体都享有在法律框架下进行自主决定的权利，即私法自治。私法自治的重要意义在于承认民事主体基于自由意思作出的意思表示具有法律上的约束力，在此基础上形成的私法关系不受不当的干涉和强制，受到法律的平等保护。因此，如果双方当事人就合同明确约定了类型，如约定了合同名称，或者在合同条款中明确使用了“雇佣”或“承揽”等字眼，那么原则上就应当遵从该约定。

---

① 迟颖：《法律行为之精髓——私法自治》，载《河北法学》2011年第1期。

但是如果约定的合同名称或用于与合同实际内容不吻合，且双方当事人对此存在争议，那么应当以合同内容为准。如果当事人没有事先约定合同类型，但是事后能够通过协商确定合同类型，那么也应当遵从当事人的意思表示。

（二）无约定的依照前文互异标准予以综合考虑

如果当事人之间既没有对合同类型进行约定，也无法在纠纷产生之后经协商对合同类型达成一致意见，那么我们就应当按照上文分析的互异标准进行逐一判断。具体而言，我们应当深入考察双方当事人约定的具体内容，比照相关标准。如果从表面上看便能够适用多项标准，且标准均指向同类型的合同，那么我们即可径直确定合同类型；如果不同标准指向的类型互异，那么我们应当结合上述标准予以综合判断。

具体到本案中，因双方当事人并没有明确约定且经协商也无法达成一致，故我们不妨按照上述互异标准进行评判。继续第二部分的综合判断，本案中，任某主张其已经将案涉棚头的焊接以300元/个的价格发包给王某，但根据姜某的证人证言同时可知，王某与任某并未就承包协商一致，任某承诺若工作任务完成不了的情况下可按照200元/天计算报酬，也就是说双方仍然有按日计工的意思表示，上述情形符合雇佣法律关系的认定标准。任某主张其与王某之间变更为承揽关系，但并未提供足以推翻双方协商变更法律关系的证据，故应当承担举证不能的法律后果。

编写人：山东省乳山市人民法院　袁菁

15

区别雇佣关系和承揽关系要综合考虑人身依附性、合同标的、劳务专属性、劳动报酬支付方式等因素

——余某芬等诉宋某英等提供劳务者受害责任案

【案件基本信息】

1. 裁判书字号

四川省内江市中级人民法院（2021）川 10 民终 12 号民事判决书

2. 案由：提供劳务者受害责任纠纷

3. 当事人

原告（被上诉人）：余某芬、李某梅、李甲、李乙

被告（上诉人）：宋某英、李某良

被告（被上诉人）：张某才

【基本案情】

李某楷系余某芬之子、李某梅配偶、李甲和李乙之父。2020 年 8 月 1 日，宋某英因其房屋漏雨委托其姐夫张某才找工人换瓦，相关事宜由张某才安排照看，并转款 3000 元给张某才。张某才与李某良电话联系找人换瓦事宜，报酬按大工 200 元/天、小工 120 元/天计算。2020 年 8 月 4 日，李某良邀约组织了长期一起从事换瓦等工作的胞兄李某楷、陈某平、李某林、罗某四人为宋某英的房屋安装树脂瓦。到达作业现场后，张某才、李某良均提醒作业人员注意安全。张某才与李某良将树脂瓦购买到作业现场后，李某良安排换瓦作业，由李某楷与李某林、罗某三人在五楼房顶作业，李某良与陈某平在地面作业，所有作业人员均未采取任何安全防护措施。10 时许，李某楷从房顶坠落死亡。事故发生

后，宋某英预支了余某芬、李某梅、李甲、李乙 50000 元。

【案件焦点】

宋某英与李某良、李某楷是承揽关系还是雇佣关系。

【法院裁判要旨】

四川省威远县人民法院经审理认为：宋某英因房屋漏雨，委托张某才找工人换瓦和具体安排照看，双方形成委托代理关系，本案涉及的民事法律行为对宋某英发生效力，并承担因此产生的法律后果。张某才与李某良联系找人换瓦事宜，并按天计酬。李某良邀约组织了李某楷等四人为宋某英的房屋安装树脂瓦，宋某英与李某良等四人形成劳务关系。依照《中华人民共和国侵权责任法》第三十五条“个人之间形成劳务关系，提供劳务一方因劳务造成他人损害的，由接受劳务一方承担侵权责任。提供劳务一方因自己受到伤害的，根据双方各自的过错承担相应的责任”的规定，宋某英应承担本案相应责任。

四川省威远县人民法院依照《中华人民共和国民法总则》第一百六十二条，《中华人民共和国侵权责任法》第六条“行为人因过错侵害他人民事权益，应当承担侵权责任”、第十六条“侵害他人造成人身损害的，应当赔偿医疗费、护理费、交通费等为治疗和康复支出的合理费用，以及因误工减少的收入。造成残疾的，还应当赔偿残疾生活辅助具费和残疾赔偿金。造成死亡的，还应当赔偿丧葬费和死亡赔偿金”、第三十五条、第二十六条，最高人民法院《关于审理人身损害赔偿案件适用法律若干问题的解释》第十七条、第十八条、第二十七条、第二十八条、第二十九条，《中华人民共和国民事诉讼法》第一百四十二条之规定，判决如下：

一、宋某英于本判决生效之日起十五日内支付余某芬、李某梅、李甲、李乙赔偿款 273363.59 元；

二、李某良于本判决生效之日起十五日内支付余某芬、李某梅、李甲、李乙赔偿款 242522.69 元；

三、张某才不承担本案赔偿责任；

四、驳回余某芬、李某梅、李甲、李乙的其他诉讼请求。

宋某英、李某良不服一审判决，提出上诉。

四川省内江市中级人民法院经审理认为：宋某英与李某良之间法律关系的认定，即双方之间是承揽关系还是雇佣关系的认定问题。雇佣关系与承揽关系的区别在于：1. 标的不同。雇佣的标的是提供劳务，承揽的标的是完成工作成果；2. 主体地位不同。雇佣具有从属关系，由雇主决定如何提供劳务，雇主需对雇员进行管理；而承揽无从属关系，由承揽人自行决定如何提供劳务。根据本案已查明的事实，张某才受宋某英委托，与李某良电话联系找人换瓦事宜，报酬按大工200元/天、小工120元/天计算，李某良邀约组织了长期一起从事换瓦等工作的胞兄李某楷（死者）、陈某平、李某林、罗某四人为宋某英的房屋安装树脂瓦，且张某才在公安机关陈述，材料自己买，人工钱200元/天或250元/天，生活和烟酒费由自己支付，李某林也在公安机关陈述按200元/天计算工钱，生活和烟酒不出钱。以上事实可以反映出宋某英委托张某才支付报酬的内容是李某良等五人提供的劳务活动，而非交付工作成果的计价标准。张某才作为宋某英的委托人，参与材料购买、确定工作时间、提醒作业人员注意安全以及事后支付人工钱等，属于对劳务工作的安排以及雇员的管理。

四川省内江市中级人民法院依照《中华人民共和国民事诉讼法》第一百七十条第一款第一项之规定，作出如下判决：

驳回上诉，维持原判。

【法官后语】

长期以来，农民工独自或几人成群地“揽活”，从事建筑施工、装修、搬运、家政服务等工作的情况是存在的。由于此类工作具有松散性、临时性，如发生人身伤亡事故，他们一般只能通过向业主或“工头”主张损害赔偿从而获得法律救济。从法律关系的角度来看，就必然涉及雇佣关系/承揽关系的认定，两者的区别适用直接决定了是由承揽人（本人或“工头”）自行承担损害后果，还是由雇主承担侵权责任。而司法实践中，雇佣与承揽两种法律关系有较多的相似，在具体案件中如何定性成为法院审理的难点。本案就是这方面的一个典型案例。一般来讲，区分两者可以参考以下几个标准：

1. 人身依附性不同。在雇佣关系中，雇员对雇主有较强的人身依附性，雇员处于从属地位，在雇主控制、管理、指示下开展工作，具体劳动内容、劳动地点、劳动时间、劳动方式均由雇主一方指定；而在承揽合同中，承揽人依靠自己的设备、技术和劳力独立完成定作人交给其的特定工作成果，与定作人之间无从属关系，由承揽人自行决定如何提供劳务。

2. 标的不同。雇佣关系仅需要雇员向雇主提供一定的劳务即可，并不要求特定的劳动成果，更注重劳动过程，而非劳动成果；而在承揽关系中需要承揽人按照定作人的要求完成工作，向定作人交付特定工作成果。

3. 劳动条件的提供及劳动方式不同。在雇佣关系中，由雇主向雇员提供各种劳动条件，主要有劳动场所、劳动工具和相关的劳动资料等。而承揽关系中，承揽人则以自己的设备、技术和劳力完成承揽工作，工作场地、生产条件一般由承揽人本人自行负责，承揽人只要向定作人交付工作成果即可。

4. 劳务专属性不同。雇佣关系具有较强的人身专属性，原则上雇员须亲自为雇主提供劳务，不可将劳务工作交由他人；承揽关系要求承揽人具备完成承揽工作所必备的技术、设备和技能等条件，且承揽人可将承揽工作的一部或全部交由第三人完成，即次承揽。

5. 劳动报酬支付方式不同。雇佣关系以劳务活动为目的，报酬多按照固定的时间发放，采取计时方式；承揽关系以劳动成果为目的，报酬多按完成工作成果的情况一次性或阶段性支付。

本案中，张某才受宋某英委托找人换瓦。宋某英委托张某才支付报酬的内容是李某良等五人提供的劳务活动，而非交付工作成果的计价标准，具体劳动内容、劳动地点、劳动方式均由宋某英一方指定，材料由宋某英一方提供，报酬按实际提供劳务的天数计算，更符合雇佣关系的主要特征，宋某英与李某良、李某楷之间是雇佣关系。

司法实践中，单一的要素考量具有局限性，对雇佣关系和承揽关系的界定更需要结合各种要素进行综合判断，甚至在多种要素指向不同的时候，还要进一步考虑各个因素的权重和分量，进行综合的、符合法律价值的考虑，有力地维护农民工的合法权益。

编写人：四川省内江市中级人民法院　雷琳

16

雇佣关系与承揽关系的区分标准及雇员受害时赔偿责任的承担

——李某金诉某商贸中心提供劳务者受害责任案

【案件基本信息】

1. 裁判书字号

北京市第一中级人民法院（2021）京 01 民终 2675 号民事判决书

2. 案由：提供劳务者受害责任纠纷

3. 当事人

原告（被上诉人、再审被申请人）：李某金

被告（上诉人、再审申请人）：某商贸中心

【基本案情】

某商贸中心系个体工商户，经营范围为销售家用电器及配件、空调制冷设备安装服务等，经营者为李某星。李某金长期从事空调安装工作，拥有特种作业操作证，准操项目为高处安装、维护、拆除作业。

2019 年 3 月 13 日，李某星打电话给李某和韩某，告知二人延庆区靳家堡村有 10 台空调需要安装。当日下午，李某金应李某电话要求和韩某到靳家堡村入户安装空调，房主提供脚手架。在安装最后一台空调外机时，李某金没有系安全带，由于脚手架倒塌，李某金坠落受伤。事故发生当日，李某金家属与韩某将李某金送至甲医院，后因伤势过重，由李某星开车将李某金送至乙医院救治，被诊断为左侧眼球破裂等。2019 年 3 月 15 日，李某和韩某将最后一台空调安装完毕，李某星将空调安装费用支付给韩某，韩某将部分费用支付给李某金。2019 年 12 月 23 日，李某金的伤情被鉴定为十级伤残。

【案件焦点】

1. 李某金与某商贸中心形成何种法律关系；2. 某商贸中心是否承担赔偿责任。

【法院裁判要旨】

北京市延庆区人民法院经审理认为：李某金提交的证据能够相互印证，形成较为完整的证据链，证明其与某商贸中心之间存在劳务关系。某商贸中心作为雇主应对雇员李某金的损失承担赔偿责任。李某金作为长期从事空调安装工作且有特种作业操作证的专业人员，应认识到高处作业的危险性，具有相应的安全保障意识并采取相应的安全防护措施，然而其在高处作业时，未采取佩戴安全帽、系安全带等必要的安全防护措施，对其损害的发生存在一定的过错。法院酌定李某金对其受伤产生的合理损失承担 30%的责任，某商贸中心承担 70%的责任。

北京市延庆区人民法院依照《中华人民共和国侵权责任法》第六条第一款、第十六条、第二十二条、第二十六条，《最高人民法院关于审理人身损害赔偿案件适用法律若干问题的解释》第十一条、第十七条，《最高人民法院关于确定民事侵权精神损害赔偿责任若干问题的解释》第十条、第十一条以及《最高人民法院关于适用〈中华人民共和国民事诉讼法〉的解释》第九十条、第一百零八条第一款之规定，作出如下判决：

一、某商贸中心于本判决生效后七日内赔偿李某金医疗费 14313. 33 元、住院伙食补助费 980 元、营养费 1400 元、护理费 7000 元、误工费 17500 元、交通费 700 元、残疾赔偿金（含被扶养人生活费）113123. 78 元、精神损害赔偿金 3500 元、鉴定费 3045 元，以上共计 161562. 11 元；

二、驳回李某金的其他诉讼请求。

某商贸中心不服一审判决，提出上诉。

北京市第一中级人民法院同意一审法院裁判意见，依照《中华人民共和国民事诉讼法》第一百七十条第一款第一项之规定，作出如下判决：

驳回上诉，维持原判。

某商贸中心不服二审判决，申请再审。

北京市高级人民法院同意二审法院裁判意见，依照《中华人民共和国民事诉讼法》第二百零四条第一款、《最高人民法院关于适用〈中华人民共和国民事诉讼法〉的解释》第三百九十五条第二款之规定，作出如下裁定：

驳回某商贸中心的再审申请。

【法官后语】

在司法实践中，雇佣关系与承揽关系常常容易混淆。对于这两种法律关系的判断应主要考量下列因素：1. 当事人之间存在控制、支配和从属关系的程度，雇佣关系在人身依赖、控制上较承揽关系更强、更紧密。2. 是否在一方指定的工作场所、规定的工作时间、由其提供劳动工具或设备。雇佣关系中，一般由雇主指定工作场所、规定具体的工作时间等。3. 给付劳动报酬的方式，是一次性结算还是长期固定劳动报酬。雇佣关系中，雇员在较长的时间内将取得稳定的报酬，报酬的数额是根据市场劳动力的价格结合相应的行业标准而确定，雇员较少有收益减少的风险。而承揽关系中的劳动报酬是基于自身的技能或生产规模，原材料的价格等确定的，承揽方有潜在的亏损风险。4. 提供劳务时间的长度，通常提供连续性劳务的为雇佣，而一次性地提供劳动成果的则常常为承揽。5. 雇佣关系中，雇主关注雇员的劳动技能，雇员关注劳动报酬；而承揽关系中，定作人选任承揽方时，主要考察承揽方的技能、生产设备或生产规模、信誉等能否提供交付相应的劳动成果，而承揽方关注自己的技能或生产能力能否完成工作，交付工作成果。6. 雇佣关系中，雇员只能自己完成提供劳务的义务，一般不能再行委托他人；承揽关系中，如无特殊约定，承揽人可以将承揽的辅助工作交由第三人完成，也可以与人合伙完成工作，还可以雇佣他人完成工作。

雇主在雇佣关系中作为劳务活动的组织者、指挥者、监督者和风险的防控者，对提供劳务者的活动应负有安全注意和劳动保护的义务，应提供必要的安全设备和保障措施，对雇员的损害应承担赔偿责任。雇员从事雇佣活动，亦应当尽到合理、必要的注意义务，未尽到相应义务造成其自身损害的，其应承担一定的责任。

就本案而言，根据庭审查明的事实，李某金系通过李某到涉案现场进行空调安装，安装时一同作业的人员韩某出具证人证言称，本次安装后韩某到李某星处结账，并将所结费用转交给李某金。应当说，李某金到现场进行安装工作并非李某给其限定工作时间，劳动报酬亦非李某支付，而是由某商贸中心给付，李某金所提供的此次劳务恰恰是某商贸中心生产经营获得的组成部分，并非属于李某生产经营所得，即使某商贸中心认为并未从此次安装过程中获利，但安装行为本身即对安装人员的支配、控制。因此，综合某商贸中心享有对李某金工作的支配权，按李某金提供工作量的多少支付劳动报酬等事实特点，双方之间已形成事实上的劳务关系。李某金在此次提供劳务活动中遭受人身损害，某商贸中心作为雇主应当承担责任。考虑到李某金作为具有相应资质的安装人员，未能尽到合理、必要的注意义务，自身存在一定过错，应承担相应的责任。

编写人：北京市延庆区人民法院　严玉婷　施振伟

17

雇佣及承揽关系中各方责任的认定

——冀某磊诉杨某开等提供劳务者受害责任案

【案件基本信息】

1. 裁判书字号

山东省新泰市人民法院（2021）鲁0982民初号4332号民事判决书

2. 案由：提供劳务者受害责任纠纷

3. 当事人

原告：冀某磊

被告：杨某开、某建设集团公司、某新能源公司

【基本案情】

2020年3月23日，王某宾代表某建设集团公司与某新能源公司签订初冷器管道更换协议，约定某建设集团公司承揽某新能源公司的三台初冷器三段管道更换业务，某建设集团公司向某新能源公司提供了相应资质。同日，某建设集团公司将承揽的某新能源公司的三台初冷器三段换管业务交由王某宾经办，与杨某开签订承揽合同，约定杨某开作为承揽方，负责旧管清理拆除及安装，应有施工技术协议及安全措施。之后，杨某开雇用冀某磊等人在某新能源公司维修初冷器。同年6月10日，冀某磊、于某朋在维修初冷器时，与平台下面阀门管理人员未进行充分沟通，因阀门管理人员打开阀门后管道内的水蒸气、热水涌出，致使冀某磊受伤。2020年6月10日至7月24日，冀某磊在医院住院治疗44天，经诊断为面部、躯干部、上肢等多处二度烧伤；鼻骨骨折、面部塌陷、椎体（T12）骨折等伤情。冀某磊住院期间由其妻于某兰护理，杨某开支付冀某磊医疗费56261.34元，出院后另支付冀某磊19000元。

2020年10月10日，经冀某磊委托，甲司法鉴定所出具司法鉴定意见书，评定：被鉴定人冀某磊误工期限120日、护理期限60日、营养期限60日，冀某磊支出鉴定费2860元。杨某开对冀某磊伤残等级及后续治疗费用申请重新鉴定，经法院委托，乙司法鉴定所出具司法鉴定意见书，评定：1. 被鉴定人冀某磊二椎体压缩性骨折构成九级伤残，鼻梁塌陷畸形构成十级伤残，全身皮肤疤痕构成十级伤残；2. 后续治疗鼻梁塌陷整复费用约需40000元，杨某开支付鉴定费2080元。

【案件焦点】

冀某磊受伤的事实经过及杨某开等承担责任是否有事实及法律依据。

【法院裁判要旨】

山东省新泰市人民法院经审理认为：公民的生命健康权受法律保护。本案中，杨某开雇用冀某磊从事初冷器维修作业，双方形成雇佣关系。冀某磊作为提供劳务一方在从事劳务时自己受到人身损害，杨某开作为接受劳务一方，应承担相应责任。冀某磊作为完全民事行为能力人，在未确保安全的情况下作业施工，没有尽到安全谨慎义务，对损害的发生具有过错，双方根据各自的过错承担相应的责任。对冀某磊的损失可酌定其自行承担20%的责任，杨某开承担80%的责任。某建设集团公司与杨某开签订承揽合同成立承揽关系。某建设集团公司将所承揽的某新能源公司的初冷器管道维修项目，发包给没有相应资质的杨某开导致发生安全事故给冀某磊造成损害，违反了《中华人民共和国安全生产法》等相关规定，应与杨某开一起对冀某磊的损失承担连带赔偿责任。某新能源公司与某建设集团公司签订协议形成承揽关系，在签订承揽合同时审查了某建设集团公司具有相应的作业资质，对定作、选任等没有过错，故某新能源公司不应承担责任。关于冀某磊请求的赔偿款项，根据法院认定有效的甲司法鉴定所和乙司法鉴定所的鉴定意见，冀某磊二椎体压缩性骨折构成九级伤残、鼻梁塌陷畸形构成十级伤残、全身皮肤疤痕构成十级伤残；误工期限120日、护理期限60日、营养期限60日；后续治疗鼻梁塌陷整复费用约需40000元，按照人身损害赔偿有关法律规定进行相应赔偿。杨某开已支付冀某磊的医疗费56261.34元及出院后支付冀某磊的19000元，应从其赔偿款项中予以扣除。

山东省新泰市人民法院依照《最高人民法院关于适用〈中华人民共和国民法典〉时间效力的若干规定》第一条、第二条，《中华人民共和国民法典》第一千一百九十三条，《中华人民共和国侵权责任法》第十五条、第十六条、第三十五条，《中华人民共和国安全生产法》第四十六条、第一百条之规定，判决如下：

一、杨某开于判决生效之日起十日内赔偿冀某磊各项经济损失181374.29元；

二、某建设集团公司对第一项承担连带赔偿责任；

三、驳回冀某磊的其他诉讼请求。

判决作出后，当事人未上诉，判决已经发生法律效力。

【法官后语】

本案涉及雇佣关系的同时还涉及与他人的承揽、发包问题，同时承包方还是没有相应资质的个人，在雇佣他人工作的时候，受雇人受伤且存在一定过错，责任该如何承担成为本案关注的焦点，也关系各方当事人的合法权益。

随着经济社会的发展及法治社会的建设，社会公众的法律维权意识越来越高，知道出现问题拿起法律武器维护自己的合法权益，近年来，随着外出务工人员的增多，有关提供劳务者受害责任纠纷的案件也越来越多，提供劳务者往往分不清谁是真正的用工主体，因为他们一般没有签订相应的书面合同，有的只是口头约定，大多出现在雇佣关系中，因此在其受到伤害时往往会将所有关联的主体都列为被告，法院明晰各方当事人应承担的责任至关重要，成为案件焦点。

根据《中华人民共和国民法典》第一千一百九十二条规定，个人之间形成劳务关系，提供劳务一方因劳务造成他人损害的，由接受劳务一方承担侵权责任。接受劳务一方承担侵权责任后，可以向有故意或者重大过失的提供劳务一方追偿。提供劳务一方因劳务受到损害的，根据双方各自的过错承担相应的责任。提供劳务者作为完全民事行为能力人，一般有保护自己的能力，在工作时应有相应的安全注意义务，在未确保安全的情况下作业施工，没有尽到安全谨慎义务，对损害的发生具有过错，应承担相应的责任。因此，在一般的提供劳务者受害责任纠纷的案件中，提供劳务者一般都会承担部分没有注意安全的过错责任，以此平衡各方当事人的合法权益。

在承揽关系中，定作人一般不承担责任，但是其如果没有尽到审查义务，对选任有过错的亦应承担相应的责任。根据《中华人民共和国民法典》第一千一百九十三条规定："承揽人在完成工作过程中造成第三人损害或者自己损害的，定作人不承担侵权责任。但是，定作人对定作、指示或者选任有过错的，应当承担相应的责任。"本案中，某新能源公司作为定作人，在签订承揽合同时审查了某建设集团公司具有相应的作业资质，对定作、选任等没有过错，且冀某磊诉状中陈述某新能源公司职工误开进水口阀门导致冀某磊受伤，但其未提交有效证据证实，故某新能源公司不应承担责任。某建设集团公司作为生产经营单位，将生产经营项目初冷器管道维修发包给不具备安全生产条件的杨某开个人，导致发生安全事故给冀某磊造成损害，个人明显不具备相应资质，某建设集团公司对选任明显有过错，故判其与杨某开对冀某磊的损失承担连带赔偿责任。

案件审理过程中，法庭经过调查辩论等，充分听取了解各方当事人的陈述、辩论，查明焦点问题，程序合法，事实理由清楚，判决有理有据，充分维护了案涉各方当事人的合法利益，各方当事人没有提起上诉，均认可该判决结果，服判息讼。本案充分维护了人民群众的合法权益，使人民群众在案件中感受到了公平正义，维护了社会的稳定。

编写人：山东省新泰市人民法院　白彦平

18

施工人与业务介绍人暨承包人形成的是雇佣关系还是承揽关系

——彭某才诉某林业施工队身体权、健康权案

【案件基本信息】

1. 裁判书字号

福建省泉州市中级人民法院（2021）闽05民终7023号民事判决书

2. 案由：身体权、健康权纠纷

3. 当事人

原告（上诉人）：彭某才

被告（被上诉人）：某林业施工队

第三人：张某

【基本案情】

2015 年 4 月 29 日，彭某源注册成立某林业施工队，经营范围为专业造林、绿化、伐木等服务。2019 年 9 月，张某将案涉林场的桉树林割草业务以总价 23000 元（总面积 200 亩×115 元/亩）交由彭某源承接施工。随后，彭某源将上述割草业务交由林某、彭某才、黄某三人完成，双方约定扣除介绍费 3000 元后，按每亩 100 元计算报酬，总价款计 20000 元。同时，林某、彭某才、黄某三人约定按各自完成的工作量分配款项，由林某负责计算工作量。同年 9 月 17 日，林某、彭某才、黄某自行携带割草工具和设备经彭某源带至案涉林场，开始割草业务作业。同年 9 月 20 日，彭某才在割草过程中，因割草机刀片断裂反弹导致左脚受伤。

彭某才受伤后，林某、黄某继续作业，并于 2019 年 10 月完成割草业务。张某已向彭某源支付 23000 元，扣除 3000 元作为介绍费后，彭某源于 2019 年年底将其余款项交由林某。林某将其计算的包含另一林场及案涉林场两项业务中彭某才可领取的款项 3535.5 元寄放在彭某源处。2020 年 8 月 17 日，彭某才向某劳动争议仲裁委员会申请仲裁，请求确认其与某林业施工队存在劳动关系，被裁决驳回仲裁请求。2021 年 3 月 19 日，彭某才提起本案诉讼。

【案件焦点】

某林业施工队、彭某源与彭某才之间存在何种法律关系，二者是否需要对彭某才的人身损害承担赔偿责任。

【法院裁判要旨】

福建省泉州市洛江区人民法院经审理认为：彭某源系按 20000 元的价格将

其从张某处承接的割草业务交由彭某才、林某、黄某等三人完成，割草所需劳动工具由彭某才等三人自行准备，彭某源并未对彭某才等三人的工作过程进行管理，也未作出具体的指示和安排，彭某源与彭某才等三人并不存在控制、支配和从属关系。彭某才等三人完成割草业务后，再与彭某源一次性结算劳动报酬。由此可见，彭某源与彭某才等三人之间的关系更符合承揽关系的特征，应认定彭某源与彭某才等三人之间成立承揽关系。张某、彭某源的陈述可以证明，张某并不清楚某林业施工队的存在，彭某源并非以某林业施工队的名义承揽案涉林场的割草业务，亦非以某林业施工队的名义与彭某才等三人建立承揽关系、雇佣关系。故彭某才主张其与某林业施工队存在雇佣关系，缺乏事实依据，不予支持。彭某才作为完全民事行为能力人，又具有相当的割草工作经验，其在完成所承揽的割草工作中未对自身安全尽到谨慎注意义务而导致自身损害，亦没有证据证明某林业施工队经营者彭某源在将案涉割草业务交由其完成时对定作、指示或者选任存在过失，故对其请求某林业施工队承担赔偿责任，不予支持。

福建省泉州市洛江区人民法院根据《中华人民共和国侵权责任法》第六条、《中华人民共和国民事诉讼法》第六十四条第一款、《最高人民法院关于适用〈中华人民共和国民法典〉时间效力的若干规定》第一条第二款、《最高人民法院关于审理人身损害赔偿案件适用法律若干问题的解释》（法释〔2003〕20 号）第十条的规定，判决如下：

驳回彭某才的诉讼请求。

彭某才不服一审判决，提出上诉。

福建省泉州市中级人民法院同意一审法院的裁判意见，依照《中华人民共和国民事诉讼法》第一百七十条第一款第一项的规定，判决如下：

驳回上诉，维持原判。

【法官后语】

实务中，造林抚育工人经常组成临时施工队从业务介绍人处承包业务，由于各方当事人很少签订书面合同对权利义务关系进行明确，导致发生事故后，受害者的人身损害损失应由谁赔偿往往产生争议。本案即典型案例，涉及彭某才与某林业施工队、彭某源是雇佣关系还是承揽关系的判断。虽然，承揽人和雇员在工作中都必须付出劳务，形式相似，加之很多当事人未签订书面合同，为趋利避害往往有意混淆承揽合同与雇佣合同，导致二者的法律关系不好区分。但对承揽关系与雇佣关系的甄别，还是可以从以下几方面进行评判：1. 当事人间的地位。雇佣关系中，雇主与雇员之间存在一定的人身依附关系。雇员对于工作如何安排没有自主选择权，雇主可以随时干预雇员的工作，雇员的劳动系一种“从属性劳动”；而在承揽关系中，定作人与承揽人地位平等，承揽人对工作如何安排有完全的自主权，定作人无权干预。承揽人的劳动系一种“独立劳动”。2. 劳动方式。雇佣合同以供给劳务本身为目的，注重雇员无形的劳务给付；承揽合同重在有形工作的完成，以提供通过劳务产生的工作成果为目的。前者偏重于劳动者出卖劳动力的行为，后者则偏重于完成的劳动成果。3. 债务不履行。承揽属于交付成果型的合同，没有交付成果或交付的成果不符合约定即构成违约；而雇佣不涉及成果的交付，侧重于提供的劳务是否合格，雇员未按雇主要求提供劳务即为违约。4. 劳务专属性。雇佣关系中，雇员不能将自己应付的劳动义务转移给他人承担，必须亲自履行；在承揽关系中，承揽人可以将承揽的工作部分交给第三人来完成。5. 报酬的支付方式。承揽关系中定作人按照工作成果支付报酬，雇佣关系中雇主通常按劳务时间支付报酬。

本案中，首先，彭某才与林某、黄某组成临时施工队，共同承接和完成造林抚育工作，有其独立的业务和经营活动。其次，彭某才等三人在从彭某源处承接案涉割草业务时已谈好工作内容和总价款，即先由彭某源与张某进行结算，再由彭某源与林某（作为彭某才等三人的代表）结算后支付款项。可见，彭某才等人系以完成并交付特定的工作成果为条件一次性结算报酬，不同于雇佣关系中单纯以提供劳务为目的及定期领取劳务报酬的方式。再次，某林业施工队及其经营者彭某源并未限定彭某才等人的工作时间和对其进行考勤管理，也未对其作出具体的工作安排和指示，而林某负责计工的目的在于计算林某、彭某才、黄某三人的工作量以分配报酬，故某林业施工队、彭某源与彭某才等人不存在监督、管理和从属的关系。最后，案涉割草业务所需要的工具和设备均由彭某才与林某、黄某自行准备，某林业施工队并未向其提供劳动工具和设备，这与雇佣关系中通常由接受劳务方提供劳动工具和设备不同。综上，一审、二审法院认定彭某源与彭某才等三人之间形成的是承揽关系，而非彭某才所述的雇佣关系，彭某才诉求某林业施工队承担赔偿责任没有事实和法律依据，判决是正确的。

编写人：福建省泉州市洛江区人民法院　林前枢　许明远

三、雇主与雇员的责任划分

19

“串岗”受伤责任如何认定

——缪某云诉某实业公司提供劳务者受害责任案

【案件基本信息】

1. 裁判书字号

山东省东营市垦利区人民法院（2021）鲁0505民初1812号民事判决书

2. 案由：提供劳务者受害责任纠纷

3. 当事人

原告：缪某云

被告：某实业公司

【基本案情】

2019年8月15日，缪某云经他人介绍，进入某实业公司在车间从事运料工作。2019年9月12日，缪某云在工作时间被折弯机压伤，某实业公司驱车将缪某云送往医院救治，至2019年10月8日出院，实际住院26天，其间某实业公司垫付医疗费32761.93元。2019年12月至2020年5月，缪某云支出医院门诊医疗费6378.85元。2020年8月5日至8月17日，缪某云因受伤未愈再次住院，实际住院12天，其间共产生医疗费9028.31元。2019年11月至2020年

1 月，某实业公司支付缪某云劳务费、生活护理费等 14400 元。为确定缪某云因涉案事故造成的损失，某司法鉴定中心出具法鉴定意见书，鉴定意见为：缪某云构成伤残等级九级，误工期限 90 日，营养期限 30 日，护理期限 60 日，护理人数住院期间 2 人，出院后 1 人。缪某云为此支出鉴定费 2200 元。另查明，缪某云入职某实业公司时，已超过法定退休年龄。

【案件焦点】

1. 缪某云与某实业公司之间的用工形式是劳动关系还是劳务关系；2. 缪某云对自己受伤是否存在过错。

【法院裁判要旨】

山东省东营市垦利区人民法院经审理认为：第一，缪某云主张入职公司前与某实业公司达成口头协议，每月工资 3500 元，缴纳五险一金，某实业公司否认双方之间系劳动关系。法院认为，缪某云入职时确已超过法定退休年龄，且杨某作为缪某云方申请的证人自认在某实业公司工作期间系属临时用工，亦能证明某实业公司存在雇佣劳务人员的事实，故本案应当按照劳务关系处理。法院对缪某云的主张不予支持。第二，缪某云主张由某实业公司承担全部责任，某实业公司不予认可，仅同意承担 30% 的赔偿责任。法院认为，张某芳、杨某、尚某文、曲某分别出具的证明、身份证复印件各一份仅能证明缪某云被折弯机压伤，由某实业公司送往医院救治的事实，不能证明缪某云对自己受伤不存在过错；缪某云为佐证主张，申请证人杨某、张某芳出庭作证，能够证明某实业公司未进行过相应的安全培训，同时也证明了缪某云不能操作折弯机及工作期间由老员工嘱咐过应当注意的安全事项。反观某实业公司的抗辩，其证人唐某梅、巴某玲的证言与杨某、张某芳的证言基本一致。同时，通过某实业公司提交的监控视频，能够认定事故发生的事实。法院认为，折弯机操作具有一定危险性，某实业公司作为实际用工单位，未尽到相应的安全培训和召开安全会议的义务，仅通过口头叮嘱的方式要求雇员，违反了《中华人民共和国安全生产法》第二十五条的规定，对事故的发生具有一定的责任；巴某玲作为三台折弯机的管理人员，杨某、唐某梅作为实际操作人，在折弯机运行时，均未注意到折弯机旁的缪某云并要求缪某云保持安全距离，未尽到合理的注意义务，作为某实业公司的雇员，某实业公司对事故的发生存在一定的过失；缪某云作为非折弯机操作工，未遵循折弯机管理人员巴某玲的叮嘱，近距离靠近折弯机，未经同意触碰折弯机，违反了《中华人民共和国安全生产法》第五十四条的规定，对事故的发生存在过错。《中华人民共和国侵权责任法》第二十六条规定，被侵权人对损害的发生也有过错的，可以减轻侵权人的责任。综上，双方对事故的发生均存在一定的过错，法院依据双方的过错程度和庭审情况，对于缪某云因涉案事故造成的损失，酌情按照某实业公司承担 80%的责任，缪某云自行承担 20%的责任比例予以认定。

山东省东营市垦利区人民法院依照《最高人民法院关于适用〈中华人民共和国民法典〉时间效力的若干规定》第一条、第二条，《中华人民共和国侵权责任法》第二条、第六条、第十五条、第十六条、第二十二条、第二十六条、第七十六条，《中华人民共和国安全生产法》第二十五条、第四十一条、第五十三条、第五十四条、第五十五条，《最高人民法院关于审理劳动争议案件适用法律若干问题的解释（三）》第七条，《最高人民法院关于审理人身损害赔偿案件适用法律若干问题的解释》第六条、第七条、第八条、第九条、第十条、第十一条、第十二条、第二十二条、第二十三条，《最高人民法院关于确定民事侵权精神损害赔偿责任若干问题的解释》第一条、第五条，《中华人民共和国民事诉讼法》第六十四条之规定，判决如下：

一、某实业公司于本判决生效之日起十日内向缪某云支付医疗费、伤残赔偿金、误工费、住院伙食补助费、营养费、交通费、护理费、精神抚慰金、鉴定费等共计 158186.52 元；

二、驳回缪某云的其他诉讼请求。

判决作出后，当事人未上诉，判决已经发生法律效力。

【法官后语】

实践中，个别企业因安全意识不强，管理疏漏，进而造成安全生产事故的案例也是存在的，对劳动者的生命、财产安全造成了严重威胁，引发社会高度关注。及时妥善处理此类案件也能促进相关企业提升管理水平和安全意识，对公共利益的保障具有重要作用。本案系一起因用人单位管理不善及工作人员不服从管理而造成的人身损害案件，用人单位与其工作人员对事故的发生均存在过错。理由如下：

第一，根据《中华人民共和国安全生产法》第二十八条“生产经营单位应当对从业人员进行安全生产教育和培训，保证从业人员具备必要的安全生产知识，熟悉有关的安全生产规章制度和安全操作规程，掌握本岗位的安全操作技能，了解事故应急处理措施，知悉自身在安全生产方面的权利和义务。未经安全生产教育和培训合格的从业人员，不得上岗作业”的规定，公司作为用人单位，应当尽到对其工作人员进行安全生产教育和培训的基本义务，保证其工作人员掌握安全生产知识，及时发现安全生产隐患并采取必要且可行的措施消除危险，不能仅在口头上对工作人员进行“叮嘱”，该用人单位履行相应的管理职责，严重违反了法律规定，对事故的发生应负主要责任。

第二，根据《中华人民共和国安全生产法》第五十七条“从业人员在作业过程中，应当严格落实岗位安全责任，遵守本单位的安全生产规章制度和操作规程，服从管理，正确佩戴和使用劳动防护用品”的规定，用人单位工作人员应当履行遵守企业的规章制度，服从管理等最基本的从业义务，未经允许，不能擅自“脱岗、串岗”。该工作人员不服从管理，是造成事故的直接原因，应当承担相应的过错责任。

第三，根据《中华人民共和国民法典》第一千二百四十三条的规定，侵权人的责任会因为被侵权人未经允许擅自进入高度危险区域而减轻。对于一般人而言，均能认识到工厂使用的机器都带有一定的危险性，用人单位工作人员未经培训、考核获取相应的资格证书，不允许接触机器，尤其是机器设备正在运行的区域应属于高度危险区域，被侵权人不遵守规定，擅自进入该区域造成事故的发生，其自身存在一定过错，应减轻侵权人的责任。

综上，法院结合各方当事人的过错程度、各因素对事故发生起到的作用及有利于切实保护受害人合法权益的原则，按照主次责任由用人单位与其工作人员分别承担。

编写人：山东省东营市垦利区人民法院　王申镇

20

在雇员存在故意或重大过失时雇主可以向雇员追偿

——张某国诉唐某军提供劳务者致害责任案

【案件基本信息】

1. 裁判书字号

北京市密云区人民法院（2021）京 0118 民初 55 号民事判决书

2. 案由：提供劳务者致害责任纠纷

3. 当事人

原告：张某国

被告：唐某军

【基本案情】

2019 年 3 月，张某国雇用唐某军驾驶挖掘机施工。2019 年 8 月，唐某军在驾驶挖掘机施工过程中，将孙某江放在胡同口的一条“四轮车”用旧轮胎碾压损坏、挖断业主的自来水管和污水管。事后张某国赔偿孙某江 400 元钱，孙某江给张某国打了收款条。因业主自来水管和污水管被挖断，张某国与李某刚签订赔偿协议，赔偿损失 4500 元，并支付完毕。

张某国认为，在施工过程中，由于唐某军违规操作，致使其压坏他人汽车轮胎、挖断业主的自来水管和污水管，给他人造成损失，张某国不得不向受损害方先行支付赔偿款共计 4900 元。

【案件焦点】

雇员在雇佣活动中致人损害故意或重大过失的认定。

【法院裁判要旨】

北京市密云区人民法院经审理认为：依照《中华人民共和国民法典》第一千一百九十二条规定，个人之间形成劳务关系，提供劳务一方因劳务造成他人损害的，由接受劳务一方承担侵权责任。接受劳务一方承担侵权责任后，可以向有故意或者重大过失的提供劳务一方追偿。《最高人民法院关于适用〈中华人民共和国民法典〉时间效力的若干规定》第二条规定，民法典施行前的法律事实引起的民事纠纷案件，当时的法律、司法解释有规定，适用当时的法律、司法解释的规定，但是适用民法典的规定更有利于保护民事主体合法权益，更有利于维护社会和经济秩序，更有利于弘扬社会主义核心价值观的除外。本案事实虽发生在2019年，但就所适用的法律而言，《中华人民共和国民法典》的相关规定相较《中华人民共和国侵权责任法》的相关规定更为完善，故本案应适用《中华人民共和国民法典》的规定。

本案中，双方对于唐某军受雇于张某国驾驶挖掘机施工致人损害的事实并无争议，争议的焦点应为唐某军施工致人损害行为是否构成故意或者重大过失。首先，根据已查明的事实，孙某江的轮胎置于其家门外胡同口，唐某军驾驶挖掘机由此经过未发现轮胎，是造成挖掘机碾压轮胎致轮胎损坏的直接原因。对此，唐某军虽辩称因其未发现轮胎，但未说明其未发现轮胎是因本人疏于观察路况、还是因为存在妨碍其观察路况的其他客观原因。故依照常理，应推断并不存在妨碍其观察路况以致影响其采取规避动作的客观情况，其碾压轮胎源于未做到谨慎驾驶挖掘机所致，虽不构成故意，亦有重大过失。故张某国有权就其损失向唐某军追偿，追偿的数额依照生活常识及损坏轮胎的情况酌定200元。

其次，如证人李某刚所言，李某刚在雇用张某国挖掘机施工时，李某刚就在现场，当时挖掘机施工就是为了找到埋在地下的水管，旁边还有人指挥唐某军。当挖到看见水管时，指挥人员打手势并告诉唐某军慢点挖，可不知什么原因唐某军又挖了一下，就把水管挖坏了。依照常理，挖掘机挖掘地下埋藏物时视线受限，司机看不见地面以下的具体情况，需要地面指挥人员及时提醒指挥司机，司机则应当随时注意观察指挥人员的言语手势动作，做到谨慎操作，以防止挖掘机损坏埋藏物。即便如此，因司机与指挥人员配合失序，挖掘中损坏埋藏物的情况亦难免时有发生。故唐某军辩称因挖掘机噪声，其未及时发现指挥人员提示，致使挖坏水管的后果，存在高度盖然性。张某国并未提供充分证据证明出现此后果系唐某军故意，同时，若仅以唐某军未及时发现指挥人员提示而挖断水管后果反推唐某军存在重大过失，则有违常理。故在现已查明的事实及证据条件下，难以认定唐某军存在故意或者重大过失，张某国要求唐某军赔偿该项损失的诉求缺乏事实及法律依据，法院不予支持。

北京市密云区人民法院依照《中华人民共和国民法典》第一千一百九十二条、《最高人民法院关于适用〈中华人民共和国民法典〉时间效力的若干规定》第二条、《最高人民法院关于适用〈中华人民共和国民事诉讼法〉的解释》第九十条、《全国人民代表大会常务委员会关于授权最高人民法院在部分地区开展民事诉讼繁简分流改革试点工作的决定》之规定，判决如下：

一、唐某军于本判决生效之日起七日内赔偿张某国损失200元；

二、驳回张某国的其他诉讼请求。

判决作出后，当事人未上诉，判决已经发生法律效力。

【法官后语】

雇员在从事雇佣活动中致人损害的案件在现实生活中时有发生，发生纠纷后责任如何承担、雇员是否应承担赔偿责任，在《中华人民共和国民法典》中有明确规定，但要认定雇主追偿，需要结合个案判断雇员主观状态即雇员对损害事实的发生是否具有故意或重大过失。

《中华人民共和国民法典》第一千一百九十二条规定，个人之间形成劳务关系，提供劳务一方因劳务造成他人损害的，由接受劳务一方承担侵权责任。接受劳务一方承担侵权责任后，可以向有故意或者重大过失的提供劳务一方追偿。

本案争议的焦点在于唐某军施工致人损害行为是否构成故意或者重大过失，

决定着张某国承担赔偿责任后能否向唐某军追偿。案件中并无证据证明事故的发生系唐某军故意为之，需要判断的是唐某军对于事故的发生是否存在重大过失。

过失是对义务的违反，重大过失是对最低注意义务的违反。具体而言，过失是指非故意地造成行为人本应避免发生的损害，重大过失是指违反普通人对损害发生的最低注意义务，意即损害之发生极易避免，一个普通人都能够注意到，如果连这种注意义务都未尽到，就构成重大过失。在具体个案中判断雇员是否存在重大过失，应当从损害结果的可预见性、损害结果是否具有可避免性，即雇员是否具有从事所属职业的专业技能、是否具有年龄层所应有的认识能力、是否存在严重违反操作规定的行为，是否存在不听劝阻的情形等方面综合进行判断。

本案中唐某军驾驶挖掘机将孙某江置于其家门外胡同口的轮胎碾压，对于事故发生主观上应是不希望。唐某军驾驶挖掘机由此经过未发现轮胎，是造成挖掘机碾压轮胎致轮胎损坏的直接原因。唐某军作为专业驾驶人员，应当预见并应当避免其发生，对此，虽不构成故意，亦有重大过失。故张某国有权就其损失向唐某军追偿，追偿的数额依照生活常识及损坏轮胎的情况酌定200元。

本案中，唐某军受雇于张某国驾驶挖掘机施工的目的本就是找到埋在地下的水管，所以唐某军对于挖断地下水管的事故发生主观上应是既不希望也无预见的，但是应当预见并应当避免其发生。根据生活常识判断，挖掘机司机在实际挖掘地下埋藏物时视线受限，司机看不见地面以下的具体情况，需要地面指挥人员及时提醒指挥司机，司机则应当随时注意观察指挥人员的言语手势动作，做到谨慎操作，以防止挖掘机损坏埋藏物。但即便如此，因司机与指挥人员配合失序，挖掘中损坏埋藏物的情况亦难免时有发生。即使是谨慎的司机，在挖掘过程中偶然操作不当也是十分常见的，应当认定为雇佣行为固有的、正常的风险，唐某军作为一名雇员，他的责任是谨慎驾驶，但在现实生活中，即使是谨慎的司机，也很难避免上述问题。唐某军对于事故的发生是难以预见且不能避免的，故难以认定该事故的发生系极易避免的，同时难以认定唐某军违反了普通人最低标准的注意义务，故不能认定唐某军在事故发生中构成重大过失，因此就挖断水管致人损害，张某国无权向唐某军追偿。

编写人：北京市密云区人民法院　冯德梅

21

员工不当履职致用人单位损失应承担相应赔偿责任

——某医疗器械公司诉舒某财产损害赔偿案

【案件基本信息】

1. 裁判书字号

广东省深圳市中级人民法院（2021）粤03民终26608号民事判决书

2. 案由：财产损害赔偿纠纷

3. 当事人

原告（上诉人）：某医疗器械公司

被告（被上诉人）：舒某

【基本案情】

2019年3月1日，舒某与某医疗器械公司签订《劳动合同》《岗位职责书》，岗位为公司行政、财务。2019年5月15日，诈骗分子通过假冒某中医院财务以向某医疗器械公司回款为由诱使舒某与其添加通讯好友，继而假冒某医疗器械公司法定代表人张某身份以张某名义指示舒某向某机械设备公司转款。因张某恰巧外出开会并曾交代不要打电话、有事微信联系，舒某信以为真，遂将某医疗器械公司账户的58万元转至某机械设备公司账户。第二日，某医疗器械公司法定代表人张某返回公司后方得知被骗，后向公安机关报案。公安机关以诈骗案立案侦查，但尚未能抓获犯罪分子和缴回涉案款项。

【案件焦点】

1. 员工失职导致单位财产损失，应否承担赔偿责任；2. 如何确定赔偿比例。

【法院裁判要旨】

广东省深圳市福田区人民法院经审理认为：舒某在诈骗犯罪分子的诈骗伎俩欺骗下，丧失基本判断，误以为网络聊天对象是某医疗器械公司法定代表人，而未能向单位法定代表人直接核实身份以及汇款指示，直接操作将某医疗器械公司资金转至诈骗账户，造成某医疗器械公司资金损失。舒某由于疏忽大意未能尽到基本的注意和审查义务，亦未能遵循财务从业人员的基本职业操守，对本案发生存在重大过失。某医疗器械公司作为经营主体，本应承担一定的经营风险；其在日常工作中未严格落实相关财务制度，财务管理不够规范，财务汇款流程不清晰，亦疏于对员工的监管，某医疗器械公司作为财产的所有者和监管者，存在制度缺失、管理不当等问题，未能从制度设计以及实施上尽到主要的管理、注意义务，对本案的发生负有明显责任，应对其损失承担绝大多数责任。综合舒某的主观过错程度、行为性质、工资收入水平、损害后果以及某医疗器械公司存在的过错因素，酌定由舒某对某医疗器械公司的损失承担10%的责任，即赔偿某医疗器械公司58000元（58万元×10%），超出部分不予支持。若今后因司法机关对刑事犯罪案件的查处，舒某有证据证明某医疗器械公司的实际损失少于58万元的，舒某可另行向某医疗器械公司主张返还超出实际损失的部分按应承担比例计算的款项。

广东省深圳市福田区人民法院依照《中华人民共和国侵权责任法》第二条、第三条、第六条、第十五条、第二十六条之规定，判决如下：

一、舒某应于本判决生效之日起十日内向某医疗器械公司赔偿损失58000元；

二、驳回某医疗器械公司的其他诉讼请求。

某医疗器械公司不服一审判决，提出上诉。

广东省深圳市中级人民法院经审理认为：首先，舒某在被欺骗时，丧失基本判断，误以为网络聊天对象是某医疗器械公司法定代表人，而未能向单位法定代表人直接核实身份以及汇款指示，直接操作将某医疗器械公司资金转至诈骗账户，造成某医疗器械公司资金损失，舒某对本案发生存在重大过失。其次，某医疗器械公司在日常财务管理中存在由公司法定代表人通过微信等方式通知、指示划拨资金的情形，因某医疗器械公司在日常工作中未严格落实相关财务制度，财务管理不够规范，财务汇款流程不清晰，亦疏于对员工的监管，某医疗器械公司作为财产的所有者和监管者，存在制度缺失、管理不当等问题，对本案的发生亦负有明显责任。综上，由于舒某的原因和过错给某医疗器械公司造成了损失，舒某应适当分担某医疗器械公司的经济损失。鉴于某医疗器械公司、舒某之间用工关系和身份上的不平等性，综合舒某的主观过错程度、行为性质、工资收入水平、损害后果以及某医疗器械公司存在的过错因素，一审法院酌定由舒某对某医疗器械公司的损失承担10%的责任，并无不当，予以维持。

广东省深圳市中级人民法院依照《中华人民共和国民事诉讼法》第一百七十条第一款第一项之规定，判决如下：

驳回上诉，维持原判。

【法官后语】

现行劳动立法没有直接规定劳动者不当履职给单位造成损害的责任承担问题，审判实务对于劳动者应否承担赔偿责任以及应否设置赔偿限度的态度不一。在双方既没有合同约定也没有规章制度依据的情形下，应在确定劳动者存在故意或重大过失的前提下，结合劳动者的过错程度、赔偿能力、在劳动关系中所处的地位、给用人单位造成的损失、用人单位的管理、指示疏漏等多种因素，综合确定劳动者承担赔偿责任的适当比例。

首先，劳动者承担损害赔偿责任的条件。根据相关劳动立法，劳动者在履行职务过程中，由于违反法律规定或者劳动合同约定，给用人单位造成经济损失的，用人单位有权给予劳动者一定惩戒，其不当履职行为具有一定可罚性。原《中华人民共和国侵权责任法》规定的雇主责任，解决了劳动者履职给第三人造成损害的责任承担问题，从最终责任承担的角度对作为雇员的劳动者行为作出了约束。自2021年1月1日起施行的《中华人民共和国民法典》第一千一百九十一条亦规定，用人单位的工作人员因执行工作任务造成他人损害的，由用人单位承担侵权责任。用人单位承担侵权责任后，可以向有故意或者重大过失的工作人员追偿。雇主向雇员致第三人损害行使追偿权与用人单位要求劳动者承担不当履职造成的损失本质上并无区别，基于同样的法理，用人单位亦有权向劳动者主张财产损害赔偿责任。应当注意的是，劳动者对不当履职行为承担责任与否取决于其是否违反法定或约定的义务，先要确定劳动者有无正当履职、善尽勤勉义务。鉴于劳动关系具有特殊性，不同于一般民事关系，仅在劳动者履职时存在故意或重大过失给用人单位造成经济损失的情况下，才应认定劳动者未正确履职；如没有过失或仅有轻微过失则无须承担赔偿责任。

其次，关于赔偿责任的限度。劳动者虽应对故意或重大过失而造成的损害后果承担赔偿责任，但基于劳动者的隶属性及弱势地位、风险收益或权利义务相一致原则、防止企业转嫁经营风险、企业承受和分散风险的能力更强等理由，该责任不应以一般侵权纠纷的以完全填补损害为原则，而应以限额赔偿为主。一方面，如将职务行为造成的损害分配给劳动者，动辄让其承担全部损失不仅有失公允，还可能给劳动者生活造成毁灭性打击，对其构成生存意义上的威胁。另一方面，由于劳动者已被纳入由用人单位单方决定的组织体系中，依据用人单位所提供的工作条件和劳动工具，在用人单位的指示下从事具体职务活动，对于如何预防和控制该风险及采取何种水平的安全生产防护措施，生产活动组织经营者比其他人更为清楚。用人单位拥有更强的经济实力，处于分散风险和消化成本的优势地位，应由其承担主要风险。此外，从公平角度看，劳动合同不是平等主体之间的对价合同，劳动者责任承担上应有所减让。因此，对于劳动者采取限制赔偿具有正当性。

综上，本案结合劳动者的过错程度、赔偿能力、在劳动关系中所处的地位、给用人单位造成的损失、用人单位的管理、指示疏漏等多种因素综合确定被告的赔偿责任是合适的。

编写人：广东省深圳市福田区人民法院　胡超

22

雇主向雇员追偿条件、比例均应当有所限制，不应将生产经营中的全部风险转嫁给雇员

——龙某松诉余某平、某运输服务公司提供劳务者受害责任案

【案件基本信息】

1. 裁判书字号

安徽省合肥市中级人民法院（2020）皖01民终10449号民事判决书

2. 案由：提供劳务者受害责任纠纷

3. 当事人

原告（反诉被告、上诉人）：龙某松

被告（反诉原告、被上诉人）：余某平

被告（反诉第三人、被上诉人）：某运输服务公司

【基本案情】

皖AB××号车辆的实际车主为余某平，该车挂靠在某运输服务公司名下从事货物运输，龙某松系余某平聘用的驾驶员。2019年7月8日22时47分，龙某松在余某平陪同下驾驶皖AB××号江淮牌中型普通货车，沿京台高速由北向南行驶至京台高速995公里+400米处，右后轮外胎爆胎后，因操作不当，车辆失控，向右侧翻过程中与中央隔离带护栏碰撞，致车辆旋转后仰翻，车上水箱脱落，水箱中的鱼洒落在道路上，造成龙某松、余某平、余某成三人受伤，车辆、道路设施以及鱼受损的交通事故。

2019年7月31日，市公安局交通警察支队高速公路二大队作出《道路交通事故认定书》，认定龙某松驾驶不合安全要求的机动车上道路行驶，遇车辆

爆胎后未按照操作规范安全驾驶，违反了《中华人民共和国道路交通安全法》第二十一条“驾驶人驾驶机动车上道路行驶前，应当对机动车的安全技术性能进行认真检查；不得驾驶安全设施不全或者机件不符合技术标准等具有安全隐患的机动车”和第二十二条第一款“机动车驾驶人应当遵守道路交通安全法律、法规的规定，按照操作规范安全驾驶、文明驾驶”之规定，是造成此次事故的原因，应负事故全部责任；余某平、余某成二人无违法行为，均无责任。双方就相关损失协商不成，龙某松向一审法院起诉，余某平向该院提出反诉。

【案件焦点】

余某平行使雇主或接受劳务者（为行文方便，以下统称雇主）追偿权的条件以及比例如何认定。

【法院裁判要旨】

安徽省合肥市瑶海区人民法院经审理认为：雇主余某平与雇员或提供劳务者（为行文方便，以下统称雇员）龙某松在劳务关系中均存在过错，故其认定对本诉中龙某松的相关损失，由余某平承担60%的赔偿责任，龙某松自行承担40%的责任；反诉中余某平追偿的比例与龙某松要求其承担赔偿责任的比例相同，即对余某平相关损失，由龙某松承担40%的赔偿责任。

安徽省合肥市瑶海区人民法院依照《中华人民共和国侵权责任法》第十五条、第十六条、第二十二条、第二十六条、第三十五条之规定，判决如下：

一、余某平于判决生效之日起十日内赔偿龙某松各项损失共计1108389.3元；

二、龙某松于判决生效之日起十日内赔偿余某平各项损失共计99106.5元；

三、以上二项相抵后实际由余某平于判决生效之日起十日内赔偿龙某松各项损失共计1009282.8元；

四、驳回龙某松对某运输服务公司的诉讼请求；

五、驳回龙某松的其他诉讼请求；

六、驳回余某平的其他诉讼请求。

龙某松不服一审判决，提起上诉。

安徽省合肥市中级人民法院经审理认为：雇主追偿的比例划分不同于雇员要求其承担赔偿责任的比例认定，雇主追偿的条件、比例均应当有所限制，不应将生产经营中的全部风险转嫁给雇员。

安徽省合肥市中级人民法院依照《中华人民共和国侵权责任法》第三十五条、《最高人民法院关于审理人身损害赔偿案件适用法律若干问题的解释》第九条第一款、《中华人民共和国民事诉讼法》第一百七十条第一款第二项之规定，判决如下：

一、维持一审民事判决第一项、第四项、第五项；

二、撤销一审民事判决第二项、第三项、第六项；

三、龙某松于本判决生效之日起十日内赔偿余某平各项损33794.17元；

四、扣除上述本判决第三项中龙某松应向余某平赔偿的33794.17元后，余某平还应于本判决生效之日起十日内赔偿龙某松1074595.13元；

五、驳回余某平的其他诉讼请求。

【法官后语】

1. 雇主追偿权源于替代责任。在雇佣或劳务关系（为行文方便，以下统称雇佣关系）中，雇员致人损害的，雇主承担赔偿责任，其理论基础源于替代责任，即雇主就雇员的侵权行为对受害人承担侵权责任。在此，责任人与致害人的行为是相互分离的，但因双方之间的雇佣关系而由责任人作为赔偿义务人承担赔偿责任。利益关系说是替代责任产生的依据，因为雇主能够从雇员那里得到利益，如雇员在从事雇佣活动中致人损害，替代责任人即雇主应当对雇员给受害人造成的损害承担替代责任。

2. 雇主追偿权行使的条件受到限制。顾名思义，替代责任是代他人承担责任，雇主代替雇员承担赔偿责任后，是否能够向雇员追偿，则取决于致害人即雇员的过错程度。如果雇员仅有一般过错，雇主不能向雇员行使追偿权；如雇员存在故意或者重大过失，雇主才享有追偿权。所谓故意，即主观上的故意，实践中对如何认定“故意”争议不大。但关于过失，理论界主要存在主观说与客观说两种观点，也有人将刑法意义上的过失与民法意义上的过失相互混淆，在此不作过多论述，笔者认同客观说，即重大过失是指行为人因疏忽或过于自信，不仅违反了法律规定的注意义务，而且未能达到一般人应该尽到的注意义务以致产生损害后果。

3. 关于雇主行使追偿权的比例。相关法律并未对雇主行使追偿权的比例作明确规定，司法实践中存在不同做法，有观点认为个人劳务关系中，根据双方过错直接划分比例，雇主向雇员追偿的比例划分等同于雇员要求雇主承担赔偿责任的比例认定。笔者不同意该观点，笔者认为，认定雇主行使追偿权的比例，应坚持的原则是雇主不应将生产经营中的全部风险转嫁给雇员，如雇员故意侵权，则雇主享有100%追偿权。但如雇员存在重大过失，则应综合考虑雇主与雇员身份情况，收益情况，雇主对雇员所尽到的安全培训、选任、监督、管理、安全保障等情形。一般来讲，雇主实力、收益等应与追偿比例成反比关系，即雇主实力越强、在雇佣关系中收益越多则追偿比例应相应减少，否则，应相应增加；雇主对雇员所尽到的安全培训、选任、监督、安全保障等义务应与追偿比例成正比关系，即雇主尽到相应义务越多则追偿比例应相应增加，否则，应相应减少。通常情况下，如雇员存在重大过失，雇主追偿比例不应超过50%。综合考虑本案各种情形，将雇主追偿比例认定为30%较为适宜。

编写人：安徽省合肥市中级人民法院　孙大鹏

23

雇员可同时起诉雇主和第三人要求承担最终责任

——张某强等诉某绿化公司等侵权责任案

【案件基本信息】

1. 裁判书字号

北京市第二中级人民法院（2021）京02民终4126号民事判决书

2. 案由：侵权责任纠纷

3. 当事人

原告（被上诉人）：张某强、张某华、赵某芳

被告（被上诉人）：某绿化公司

被告（上诉人）：某研究院

被告：高某耀

【基本案情】

赵某芳与张某学为夫妻关系，二人共育有二子：长子张某华、次子张某强。2007年年初，张某学入职某绿化公司，年满六十周岁起继续在某绿化公司提供劳务。自2019年1月1日起，某研究院上级单位将某地3号院、4号院和某大厦所属绿地委托给某绿化公司进行养护管理，张某学的工作内容是到某研究院所在地某大厦院内及3号院内修剪树木及浇水。2019年4月13日15时，张某学在某大厦院内地下车库出口处消防井内作业时，适逢高某耀驾驶小型轿车从地下车库驶出，小型轿车右后轮从消防井口轧过时，张某学受伤。后张某学经抢救无效于当日死亡，死亡原因经法医鉴定为颅脑损伤死亡。本次事故经市公安局公安交通管理局某交通支队出具的交通事故认定书认定：张某学在消防井内作业，其行为违反了《中华人民共和国消防法》第二十八条"任何单位、个人不得损坏、挪用或者擅自拆除、停用消防设施、器材、不得埋压、圈占、遮挡消防栓或者占用防火间距，不得占用、堵塞、封闭疏散通道、安全出口、消防车通道。人员密集场所的门窗不得设置影响逃生和灭火救援的障碍物"的规定。张某学未按其公司管理制度规定在施工现场设置安全警示标志，其行为违反了某绿化公司《文明施工现场管理制度》第二项"在易发生伤亡事故处，设置明显的符合国家标准要求的安全警示标志牌"的规定。无法查清此事故发生的基本事实。某交通支队事故处理中队委托某司法鉴定中心对小型轿车的行驶速度进行鉴定，《司法鉴定意见书》鉴定意见为：小型轿车的行驶速度无法确定。某交通支队事故科出具的《某大厦院内侦查实验方案》载明，消防井盖中心摆放锥筒时，驾驶小型轿车从地下车库断续缓慢驶出车库时，座椅按驾驶员

舒适位置调整后，勉强可以观察到井口以上位置；在向前探身尽量扩大观察范围的情况下，可以看到消防井的全貌；按肇事驾驶员高某耀事发时调整座椅后，可以观察到距地面以上 15cm 的位置。消防井盖上没有摆放锥筒时，驾驶小型轿车从地下车库内连续缓慢驶出时，即使注意观察也看不到消防井盖位置。另，某交通支队受案登记表载明接警时间为 16 时 28 分，某医院急诊病历载明张某学入院时间为 18 时 20 分。

【案件焦点】

在雇主和侵权第三人同时对损害发生存在过错的情况下，雇员能否同时起诉雇主和第三人要求承担最终责任。

【法院裁判要旨】

北京市丰台区人民法院经审理认为：根据《最高人民法院关于审理人身损害赔偿案件适用法律若干问题的解释》第十一条第一款之规定：“雇员在从事雇佣活动中遭受人身损害的，雇主应当承担赔偿责任。雇佣关系以外的第三人造成雇员人身损害的，赔偿权利人可以请求第三人承担赔偿责任，也可以请求雇主承担赔偿责任。雇主承担赔偿责任后，可以向第三人追偿。”因张某学的法定继承人在本案起诉雇主的同时，也同时起诉了第三人，为了减少当事人的诉累，法院根据雇佣法律关系和侵权法律关系及相关法律规定，对各自责任予以划分。根据已查明事实，张某学在某大厦院内地下车库出口处消防井内作业时，高某耀驾驶小型轿车从地下车库驶出，小型轿车右后轮从消防井口轧过时，张某学受伤，后经救治无效死亡。根据生活经验和生活常识，高某耀驶出车库时应当观察周围的环境，谨慎驾驶，确保行车安全，但高某耀并未完全尽到谨慎驾驶义务，造成事故发生，且根据事发时间、报警时间、送医时间及医院距离，高某耀对张某学未能第一时间被送医救治亦存在一定过错，法院综合案情，酌情确定由高某耀对张某学死亡承担 20% 的赔偿责任（高某耀应赔偿原告 282771 元，现已依据调解协议赔偿原告 355341. 5 元）。

被侵权人对损害的发生也有过错的，可以减轻侵权人的责任。本案中，张某学作为完全民事行为能力人，却擅自打开消防井盖、违规使用消防水源，明知消防井位于地下车库出车口，随时可能有车辆出入，却未设置安全警示标志，且根据目击证人陈述，张某学对延误治疗亦有过错，故其损害与其违规作业、疏忽大意有关，应由其自身承担相应后果，法院酌情确定其对损害发生承担40%的责任。

某绿化公司作为雇主，应负有对雇员进行安全培训、规范作业培训的义务，教育所属员工按规范进行作业，防止安全事故的发生，但未有证据证明某绿化公司作为雇主尽到了上述义务，且并未及时有效阻止张某学违规作业，故某绿化公司也有一定的过错，应当承担一定的赔偿责任，法院酌定由某绿化公司对张某学的损害承担10%的赔偿责任。

另根据目击证人首次所述，系某研究院保安经理违规指示张某学使用消防水管，某研究院虽辩称相关人员不可能指使张某学违规操作，但其并未提交证据予以证明，且某研究院作为某大厦绿化维护的监管者，水源电源设施的提供者，房屋场地的产权单位，场地内的消防设施属于其监管范围，其负有监管义务，现消防井盖被随意打开，消防水管被随意借取，其应对事故的发生承担相应的责任，法院酌定由某研究院对张某学的损害承担30%的赔偿责任。

应当指出，根据法律规定，雇员在从事雇佣活动中遭受人身损害的，雇主应当承担赔偿责任。雇佣关系以外的第三人造成雇员人身损害的，赔偿权利人可以请求第三人承担赔偿责任，也可以请求雇主承担赔偿责任。雇主承担赔偿责任后，可以向第三人追偿。现原告未选择先通过雇主责任获得赔偿，雇主赔偿后再向侵权第三人追偿，而是选择同时起诉雇主和第三人，并要求雇主及第三人承担最终责任。法院为减少当事人诉累，实现矛盾纠纷的一次性处理与解决，结合原告的诉讼请求，确定上述最终责任承担。

北京市丰台区人民法院依照《中华人民共和国侵权责任法》第六条、第十二条、第十六条、第二十六条，《最高人民法院关于审理人身损害赔偿案件适用法律若干问题的解释》第十一条、第十七条、第十八条、第二十七条、第二十九条，《中华人民共和国民事诉讼法》第六十四条之规定，判决如下：

一、某绿化公司于本判决生效之日起十日内赔偿张某强、张某华、赵某芳各项损失 141386 元；

二、某研究院于本判决生效之日起十日内赔偿张某强、张某华、赵某芳各项损失 424157 元；

三、驳回张某强、张某华、赵某芳的其他诉讼请求。

某研究院不服一审判决，提出上诉。

北京市第二中级人民法院经审理认为：本案争议焦点为一审法院认定某研究院承担 30%的赔偿责任是否正确。我国法律规定，雇员在从事雇佣活动中遭受人身损害的，雇主应当承担赔偿责任。雇佣关系以外的第三人造成雇员人身损害的，赔偿权利人可以请求第三人承担赔偿责任，也可以请求雇主承担赔偿责任。雇主承担赔偿责任后，可以向第三人追偿。本案中，张某强、张某华、赵某芳未选择先通过雇主责任获得赔偿，雇主赔偿后再向侵权第三人追偿，而是选择同时起诉雇主和第三人，并要求雇主及第三人承担最终责任。一审法院为减少当事人诉累，实现矛盾纠纷的一次性处理与解决，结合张某强、张某华、赵某芳的诉讼请求，确定各方最终责任承担，符合法律规定，法院予以确认。关于具体责任划分，某研究院系某大厦房屋场地的产权单位，对其场地内的消防设施具有监管义务。事故发生时消防井盖被打开，张某学借取消防水管进行绿化工作，某研究院作为产权单位对消防设施被违规使用存在疏于监管之责。另，根据现场目击证人首次所述，系某研究院保安经理违规指示张某学使用消防水管，某研究院虽不予认可，但其未提交相反证据予以证明。据此，一审法院认定某研究院对张某学的损害承担 30%的赔偿责任，并无不当。鉴于某绿化公司已承担 10%的雇主责任，某研究院上诉主张由某绿化公司承担其所承担的赔偿责任，于法无据，且其与某绿化公司之间的合同关系与本案非属同一法律关系，本案中不予涉及。综上所述，某研究院的上诉请求不能成立，应予驳回；一审判决认定事实清楚，适用法律正确，应予维持。

北京市第二中级人民法院依照《中华人民共和国民事诉讼法》第一百七十条第一款第一项之规定，判决如下：

驳回上诉，维持原判。

【法官后语】

本案系一起融合雇主责任、第三人侵权责任、被侵权人自身过错及场地所有者的监管责任的复杂侵权案件。现行法仅规定雇佣关系以外的第三人造成雇员人身损害的，赔偿权利人可以请求第三人承担赔偿责任，也可以请求雇主承担赔偿责任，雇主承担赔偿责任后，可以向第三人追偿。现行法并未对赔偿权利人即雇员同时起诉第三人和雇主的情形作出规定。在司法实践中，对第三人侵权行为致雇员损害，雇员能否同时要求雇主和第三人共同承担赔偿责任，审理中存在两种意见：

第一种观点认为，根据《中华人民共和国民法典》第一千一百九十二条第二款之规定，提供劳务期间，因第三人的行为造成提供劳务一方损害的，提供劳务一方有权请求第三人承担侵权责任，也有权请求接受劳务一方给予补偿。该条并未对受害的雇员同时起诉雇主和第三人要求承担全部赔偿责任作出规定。

第二种观点认为，在雇主和侵权第三人同时对损害发生存在过错的情况下，受害的雇员享有选择请求权，可以同时起诉雇主和第三人承担赔偿责任，并可以根据过错程度和原因比例对传统的不真正连带责任进行按份处理。

本案一审、二审法院对于是否可以同时诉讼给出了充分的肯定，裁判文书根据雇佣法律关系和侵权法律关系及相关法律规定，对各自责任予以划分，明确了雇员可以同时起诉雇主和第三人承担赔偿责任，这样的司法救济既平衡了各方当事人的权利，又充分保护了受害人的合法权益，对于裁判的公正性、统一性具有参考价值：

第一，从请求权基础和责任承担上看，高某耀并未完全尽到谨慎驾驶义务，造成事故发生，且根据事发时间、报警时间、送医时间及医院距离，高某耀对张某学未能第一时间被送医救治亦存在一定过错，其承担赔偿责任系基于一般侵权行为；而某绿化公司承担赔偿责任系基于雇佣关系，无证据证明某绿化公司作为雇主尽到了对雇员进行安全培训、规范作业培训的义务，且其并未及时有效阻止张某学违规作业，故某绿化公司应当承担一定的赔偿责任。某绿化公司与高某耀对雇员张某学的损害没有共同主观意思联络，各债务产生主观上没有共同关系，但两者造成同一损害事实发生，侵权责任实际竞合。

第二，法律效果上看，雇员同时起诉雇主及第三人不仅便于一次性查清案件事实，也有利于结合事故原因分清所有当事人过错责任程度，并结合其过错程度来确定各自责任份额，明确责任主体，较为公平。考虑到雇员张某学作为完全民事行为能力人，却擅自打开消防井盖、违规使用消防水源、未设置安全警示标志等，应由其自身承担相应后果；另某研究院作为产权单位对消防设施被违规使用存在疏于监管之责，其亦应对事故的发生承担相应的责任。故一审法院酌定该事故分别由张某学、高某耀、某绿化公司、某研究院承担40%、20%、10%、30%的赔偿责任。上述对雇主、雇员、第三人的责任份额划分，突破了对不真正连带责任中一债务人应为全部履行的传统认识，不仅符合立法精神，也避免了裁判冲突和双重赔偿情况，有利于减轻当事人诉累、节约司法资源、提高纠纷解决效率，实现最终的实体公正。

编写人：北京市丰台区人民法院　戴雅竞

24

提供劳务一方有权同时起诉接受劳务一方和第三人请求损害赔偿

——张某瑞诉李某朝、某建设公司提供劳务者受害责任案

【案件基本信息】

1. 裁判书字号

河南省焦作市中级人民法院（2021）豫08民终2278号民事判决书

2. 案由：提供劳务者受害责任纠纷

3. 当事人

原告（被上诉人）：张某瑞

被告（上诉人）：李某朝

被告（被上诉人）：某建设公司

【基本案情】

某中学教学楼1、2、3、4栋楼系由某建设公司承建，某建设公司将该4栋楼的劳务清包给李某朝，包括人工费、施工设备、工具、五金、某建设公司分包项目的配合衔接、质量、工期、安全等。张某瑞系李某朝雇用的工人，2019年6月14日早上6时左右，张某瑞在驾驶电动自行车前往李某朝承包劳务工地行经某建设公司项目部时，因项目部门卫在通道上洒水，张某瑞摔倒受伤。张某瑞被送往医院治疗，被诊断为：1. 右膝关节股骨及胫骨平台骨挫伤；2. 右膝关节半月板损伤；3. 右膝关节前交韧带损伤；4. 右膝关节内外侧副韧带损伤；5. 右膝关节腔积液；6. 右膝关节周围软组织损伤。张某瑞住院16天，花费医疗费14744.82元。住院期间1人护理。出院医嘱：1. 继续对症治疗；2. 术后半月视伤口情况拆线；3. 定期门诊复查，如有不适，随时就诊；4. 必要时进一步检查治疗；5. 中后期功能锻炼。张某瑞伤情经鉴定为十级伤残。

【案件焦点】

提供劳务一方因第三人的行为造成损害的，是否可同时起诉第三人和接受劳务一方请求损害赔偿。

【法院裁判要旨】

河南省孟州市人民法院经审理认为：雇员在雇佣活动中遭受人身损害，雇主应当承担赔偿责任。雇佣关系以外的第三人造成雇员人身损害的，赔偿权利人可以请求第三人承担赔偿责任，也可以请求雇主承担赔偿责任。本案中，张某瑞系受李某朝雇用，张某瑞在庭审中也明确要求雇主承担责任，故对张某瑞受伤，李某朝应当承担赔偿责任。但张某瑞在骑车过程中也未尽到注意义务，法院认为对于张某瑞的损失，张某瑞应当承担30%的责任，李某朝应当承担70%的责任。因张某瑞明确要求雇主承担责任，而某建设公司并非张某瑞的雇主，故张某瑞要求某建设公司承担赔偿责任，没有事实及法律依据，法院不予支持。

河南省孟州市人民法院依据《最高人民法院关于审理人身损害赔偿案件适用法律若干问题的解释》第十一条之规定，判决如下：

一、限李某朝于本判决生效后立即赔偿张某瑞56289.33元；

二、驳回张某瑞的其他诉讼请求。

李某朝不服一审判决，提出上诉。

河南省焦作市中级人民法院经审理认为：因第三人侵权造成提供劳务者受害，第三人可直接向受害人承担赔偿责任，如接受劳务一方对提供劳务者的损失承担补偿（垫付）责任后，可向第三人追偿。在李某朝和某建设公司均为一审被告的情况下，原判判令李某朝对张某瑞损害承担赔偿责任，将导致李某朝承担责任后仍需向某建设公司行使追偿权，必然增加当事人诉累，浪费司法资源，故由某建设公司直接向张某瑞承担赔偿责任更为合理，应予以纠正。

河南省焦作市中级人民法院依照《中华人民共和国民事诉讼法》第一百七十条第一款第二项之规定，判决如下：

一、撤销一审民事判决；

二、某建设公司于本判决生效后十日内赔偿张某瑞56289.33元；

三、驳回张某瑞的其他诉讼请求。

【法官后语】

根据《中华人民共和国民法典》第一千一百九十二条规定，提供劳务一方提供劳务期间，因第三人的行为造成损害的，有权请求第三人承担侵权责任，也有权请求接受劳务一方给予补偿。那么，提供劳务一方可否起诉同时请求接受劳务一方和第三人共同承担损害赔偿责任？对此，实践中存在争议。一种意见认为，提供劳务一方只能选择提起提供劳务者受害责任纠纷请求接受劳务一方承担赔偿（补偿）责任，或者选择提起侵权诉讼请求第三人承担赔偿责任。

第二种意见认为，提供劳务一方有权起诉同时请求接受劳务一方和第三人共同承担损害赔偿责任。笔者认同第二种意见，理由如下：

1. 从法律依据上看，本案应适用《中华人民共和国侵权责任法》和《中华人民共和国民法典》相关规定。《中华人民共和国民法典》第一千一百九十二条第二款规定："提供劳务期间，因第三人的行为造成提供劳务一方损害的，提供劳务一方有权请求第三人承担侵权责任，也有权请求接受劳务一方给予补偿。接受劳务一方补偿后，可以向第三人追偿。"从该规定文意来看，提供劳务一方因第三人的行为遭受损害的，可选择请求接受劳务一方补偿或者请求第三人赔偿，但该规定并未限制提供劳务一方同时行使两种请求权，依文意解释其实也包含可同时请求之意。

2. 从请求权基础上看，提供劳务一方对第三人和对接受劳务一方的请求权基础不同。接受劳务一方承担补偿责任系基于劳务关系，第三人承担赔偿责任则基于一般侵权行为，侵权责任的发生原因不同。对提供劳务一方损害，接受劳务一方与第三人没有共同意思联络，对侵权责任产生主观上没有共同关系。虽然接受劳务一方与第三人两者的侵权责任各自独立，但给付内容相同，两者对同一损害事实发生的侵权责任实际存在重合。同案处理有利于查明案情，平衡责任，公正办案。本案中，某建设公司在工地入口处洒水致路面湿滑，张某瑞在前往提供劳务场所途中，经过湿滑路面摔倒致伤，张某瑞以李某朝、某建设公司为一审被告提起本案诉讼，即存在提供劳务者受害责任和第三人侵权责任竞合。张某瑞同时起诉接受劳务一方李某朝以及第三人某建设公司不仅便于一次性查清案件事实，也有利于查明损害产生原因、明确责任主体、厘清当事人过错程度，并结合过错程度来确定各自责任份额，有利于公正办案，也符合民事审判通常的归责原则及现实做法。张某瑞没有提供证据证明接受劳务一方李某朝对其损害存在过错，故李某朝依法不应承担责任。而根据在案证据，张某瑞摔伤系某建设公司洒水致路面湿滑及张某瑞疏忽大意、骑行不慎引起。某建设公司洒水出于除尘目的，具有一定正当性，但洒水时间和量度欠合理，影响上工时段通行，与张某瑞损害存在直接因果关系。《中华人民共和国侵权责任法》第二十六条规定，被侵权人对损害的发生也有过错的，可以减轻侵权人的责任。第二十八条规定，损害是因第三人造成的，第三人应当承担侵权责任。故某建设公司应对张某瑞损害承担主要赔偿责任，张某瑞自身存在过错，自负一定责任。

3. 从社会效果上看，提供劳务一方和侵权第三人侵权责任同案处理有利于提高纠纷解决效率，减轻当事人诉累，节约司法资源，也可避免多次裁判冲突和双重赔偿情况，实现最终的实体公正。接受劳务一方对提供劳务者受害责任属补偿（垫付）责任，第三人侵权责任是终局责任。本案中，在李某朝和某建设公司均为一审被告的情况下，原判判令李某朝对张某瑞损害承担赔偿责任，将导致李某朝承担责任后仍需向某建设公司行使追偿权，必然增加当事人诉讼成本，也浪费司法资源，故二审改判由某建设公司直接向张某瑞承担赔偿责任更为合理。

编写人：河南省焦作市中级人民法院　付明亮

25

雇主责任险尚在理赔中不影响雇员起诉雇主承担赔偿责任

——皮某诉某环境综合服务公司提供劳务者受害责任案

【案件基本信息】

1. 裁判书字号

重庆市第五中级人民法院（2020）渝05民终7554号民事判决书

2. 案由：提供劳务者受害责任纠纷

3. 当事人

原告（被上诉人）：皮某

被告（上诉人）：某环境综合服务公司

【基本案情】

皮某受某环境综合服务公司雇用从事保洁工作。2019年5月，皮某在准备攀爬上玻璃平台做清洁时滑倒摔伤，经送医治疗，后经鉴定为十级伤残。皮某因此次受伤产生如下损失：皮某个人支付的医疗费2000.35元、误工费10500元、营养费600元、护理费900元、住院伙食补助费2640元、残疾赔偿金60702.4元、交通费800元、鉴定费2250元；某环境综合服务公司垫付的医疗费16433.13元、检查放射费248.75元、医疗器械费2000.26元，垫付费用共计18682.14元。某环境综合服务公司垫付费用的票据原件已交给保险公司，用于雇主责任险理赔，案件审理中尚未理赔完毕。

【案件焦点】

某环境综合服务公司垫付的尚在雇主责任险理赔中的费用，应否在本案中一并处理。

【法院裁判要旨】

重庆市江津区人民法院经审理认为：雇员在从事雇佣活动中遭受人身损害，雇主应当承担赔偿责任。某环境综合服务公司作为皮某的雇主，对工作现场安全疏于管理，对工作过程缺乏有效的监督指导，酌情确定由其承担70%的赔偿责任。皮某作为一名清洁工，理应知道玻璃易滑，然而其未尽到保护自身安全的谨慎义务，具有一定过错，酌情确定由其自担30%的责任。某环境综合服务公司垫付的医疗费用等，由于其将票据原件提交给保险公司用于保险理赔，现理赔尚未完毕，故本案中暂不处理，当事人可在理赔完毕后，另行主张权利。

重庆市江津区人民法院依照《中华人民共和国侵权责任法》第六条第一款、第十六条、第二十二条、第二十六条，《最高人民法院关于审理人身损害赔偿案件适用法律若干问题的解释》第十一条、第十九条、第二十条、第二十一条、第二十二条、第二十三条、第二十五条之规定，作出如下判决：

一、某环境综合服务公司于本判决生效后十日内赔偿皮某医疗费、住院伙食补助费、护理费、误工费、交通费、残疾赔偿金、鉴定费，共计

56274.93 元；

二、某环境综合服务公司于本判决生效后十日内赔偿皮某精神损害抚慰金 2000 元；

三、驳回皮某的其他诉讼请求。

某环境综合服务公司不服一审判决，提起上诉。

重庆市第五中级人民法院经审理认为：一审法院酌情由某环境综合服务公司承担 70%的赔偿责任，皮某自担 30%的责任，并无不当。某环境综合服务公司在皮某受伤后，垫付了医疗费等合计 18682.14 元，双方当事人对此均认可，对金额也无异议，为减少当事人的诉累，上述医疗费应在本案中一并处理。

重庆市第五中级人民法院依照《中华人民共和国民事诉讼法》第一百七十条第一款第二项之规定，作出如下判决：

一、撤销一审民事判决；

二、某环境综合服务公司于本判决生效之日起十日内支付皮某医疗费、检查放射费、医疗器械费、住院伙食补助费、护理费、误工费、交通费、残疾赔偿金、鉴定费、精神损害抚慰金共计 52670.28 元；

三、驳回皮某的其他诉讼请求。

【法官后语】

雇主为雇员购买了雇主责任险，雇员起诉雇主赔偿各项损失，雇主正在向保险人申请理赔的损失项目能否一并处理，观点不一。现评析如下：

一、《中华人民共和国民法典》施行后个人为单位提供劳务受害应适用过错归责原则

《最高人民法院关于审理人身损害赔偿案件适用法律若干问题的解释》（2003 年）第十一条第一款规定，雇员在从事雇佣活动中遭受人身损害，雇主应当承担赔偿责任。此处的“雇主”既可以是单位，也可以是个人，且是无过错责任。《中华人民共和国民法典》第一千一百九十一条规定了用人单位的工作人员因执行工作任务造成他人损害的由用人单位承担侵权责任，对工作人员自身遭受损害的责任承担并无规定。《中华人民共和国民法典》第一千一百九

十二条规定，个人之间形成劳务关系，提供劳务一方因劳务受到损害的，根据双方各自的过错承担相应的责任。由于本条有明确的前提“个人之间形成劳务”，故认为本条“接受劳务一方”仅指自然人，由于再无其他相关规定，个人为单位提供劳务受害应适用侵权责任基本的过错归责原则。其实从结果来看，无论是参照适用《中华人民共和国民法典》第一千一百九十二条，还是适用一般规定，皆是相同结果，即过错归责。

二、雇主责任险以雇主对雇员承担的赔偿责任为基础

雇主责任险，又称劳工险，是指被保险人（雇主）因其雇员在受雇过程中遭受意外事故或患职业性疾病，根据保险合同的约定，对被保险人（雇主）应承担的经济责任，由保险人在相应额度内负责赔偿的一种保险。从性质上讲，雇主责任险是责任保险的一种，属于广义财产保险，是一种赔偿性保险。保险标的是雇主应对雇员承担的赔偿责任，雇主责任保险合同中的被保险人只能是雇主，雇员不是保险合同当事人。

三、雇主责任险尚在理赔中不影响雇员起诉雇主承担赔偿责任

雇主责任险尚在理赔中是否影响雇员起诉雇主承担赔偿责任的问题，有观点认为“稳妥”考虑可对理赔中的损失暂不予处理。笔者认为此观点不能成立，主要理由如下：首先，雇员不是雇主责任险的合同当事人，保险理赔不应对其法定权利产生不利影响。“暂不处理”让雇员不能及时获得救济。其次，雇主责任险作为一种责任保险，应以雇主对雇员承担的赔偿责任大小为前提，故对雇主向雇员承担赔偿责任的评判不需要以雇主责任险的理赔为前提或受其影响。最后，纠纷一次性解决理念要求对同一请求权基础产生的损失一并处理。纠纷一次性解决被司法实践和理论研究寄予厚望，2019年最高人民法院公布的《全国法院民商事审判工作会议纪要》两次出现纠纷一次性解决的表述，本案对原告各项已确定的损失一并处理符合纠纷一次性解决的要求。

四、特殊情形下雇员可直接向保险人主张保险金

《中华人民共和国保险法》第六十五条第二款规定：“责任保险的被保险人给第三者造成损害，被保险人对第三者应负的赔偿责任确定的，根据被保险人

的请求，保险人应当直接向该第三者赔偿保险金。被保险人怠于请求的，第三者有权就其应获赔偿部分直接向保险人请求赔偿保险金。”根据该条责任保险中第三者直接求偿的一般规定，在满足涉案保险赔偿责任已确定、被保险人即雇主怠于行使请求权两个条件下，雇员可直接向保险人主张保险金。

随着雇主责任险的进一步普及，相关纠纷的增多，为更及时全面地为雇员提供救济，减少当事人诉累，以及协调雇主责任与保险责任，司法实践应完善相关规定，允许或引导雇员一并起诉雇主与保险人，在同一案件中一并解决雇主责任与保险责任。

编写人：重庆市江津区人民法院　张迁

26

雇员团体意外伤害险可以抵扣雇主赔偿责任

——任某竹等诉任某普等提供劳务者受害责任案

【案件基本信息】

1. 裁判书字号

河南省濮阳市中级人民法院（2021）豫09民再44号民事判决书

2. 案由：提供劳务者受害责任纠纷

3. 当事人

原告（上诉人、再审被申请人）：任某竹、王某玲、屈某阳

被告（上诉人、再审申请人）：任某普

被告：某运输公司、甲保险公司

【基本案情】

2020年5月8日5时10分许，张某锋驾驶肇事车辆与重型货车尾部相撞，

造成肇事车辆乘坐人屈某海当场死亡、两车不同程度损坏的交通事故，交通支队作出道路交通事故认定书，认定张某锋负事故主要责任，屈某海无责任。肇事车辆实际所有人为任某普，挂靠在某运输公司从事公路货物运输，屈某海、张某锋受雇于任某普驾驶肇事车辆。肇事车辆在甲保险公司投保有车上人员责任保险（乘客，承保一座、保险金额 100000 元）等商业保险，在乙保险公司投保有机动车辆司乘人员团体意外险。任某竹系屈某海之母，王某玲系屈某海之妻，屈某阳系屈某海之子。2020 年 7 月 14 日，任某竹等三人以任某普、某运输公司、乙保险公司为被告向法院提起民事诉讼，要求乙保险公司支付保险金 500000 元。法院于 2020 年 9 月 25 日作出民事判决书，判令乙保险公司支付给任某竹、王某玲、屈某阳保险金 500000 元，签署判决已生效且已履行完毕。现任某竹等三人起诉要求任某普、某运输公司承担雇主责任，任某普、某运输公司认为其已取得的保险金应当抵顶雇主责任，双方产生纠纷。

【案件焦点】

1. 雇主为雇员购买的团体意外伤害险能否折抵雇主应当承担的雇员受害损失赔偿责任；2. 车辆挂靠公司是否需要承担车主雇员受害损失赔偿责任。

【法院裁判要旨】

河南省南乐县人民法院经审理认为：屈某海作为任某普的雇员，在从事雇佣活动中亡故，不负事故责任，无故意和重大过失，任某普应对任某竹等三人遭受的损失承担全部赔偿责任；肇事车辆在甲保险公司投保车上人员责任险（乘客），故保险公司应首先在保险责任限额 100000 元予以赔偿，不足部分由任某普承担；任某普赔偿后，可依法向直接侵权人追偿。任某竹等三人请求车辆挂靠公司与任某普承担连带清偿责任于法无据，依法不予支持。

河南省南乐县人民法院依照《中华人民共和国侵权责任法》第十五条、第十六条、第十八条、第二十二条、第三十五条，《中华人民共和国合同法》第一百零七条，《中华人民共和国保险法》第十四条、第六十四条、第六十五条、第六十六条，《最高人民法院关于审理人身损害赔偿案件适用法律若干问题的解释》第十一条、第十七条、第十八条、第二十七条、第二十八条、第二十九条、第三十条、第三十五条，《中华人民共和国民事诉讼法》第六十四条第一款之规定，判决如下：

一、甲保险公司于判决生效后十日内赔付给任某竹等三人保险金100000元；

二、任某普于判决生效后十日内赔偿给任某竹等三人剩余损失667564.03元；

三、驳回任某竹等三人的其他诉讼请求。

任某竹、王某玲、屈某阳、任某普均不服一审判决，提出上诉。

河南省濮阳市中级人民法院经审理认为：屈某海与任某普个人之间形成劳务关系，某运输公司并非接受劳务一方，故要求该公司承担赔偿责任无事实依据。根据《中华人民共和国保险法》第四十六条的规定，人身保险的保险事故发生后，被保险人或者受益人获得保险金后，仍有权向第三者请求赔偿。由于被保险人的生命、健康遭到损害，其损失是无法用金钱衡量和弥补的，因此被保险人或受益人并不会产生所获赔偿超过所受损失的问题。

河南省濮阳市中级人民法院依照《中华人民共和国民事诉讼法》第一百七十条第一款第一项之规定，判决如下：

驳回上诉，维持原判。

任某普不服二审判决，申请再审。河南省高级人民法院裁定指令河南省濮阳市中级人民法院再审。

河南省濮阳市中级人民法院经再审认为：团体意外伤害险属商业人身保险范畴，雇主为雇员投保该类保险并非其法定、强制的义务，其投保目的有二：一是通过保险赔付降低其自身用工风险；二是最大限度地实现雇员获得足额救济。正是基于上述功能，雇主才具有为第三人利益而购买保险的动机和主动性。因此，雇员一旦受到人身伤害，受害人应先在团体意外伤害险保额限度内获得救济，不足部分才能向雇主主张权利，最终获得足额救济，符合法律之公平原则和创设团体意外伤害险种之目的。在雇主与雇员未明确约定相关保险权益系雇员享有的福利待遇的情况下，将购买保险的行为理解为雇主拟利用保险机制分散其责任风险，能够合理解释雇主的行为逻辑，鼓励雇主为雇员购买商业保险，充分发挥保险价值，同时使雇员在提供劳务受害时能够及时、充分地获得赔偿。本案中，任某竹等三人已获得团体意外伤害险赔偿金500000元，应抵扣部分雇主责任，即任某普应赔偿167564.03元（667564.03元-500000元）。

河南省濮阳市中级人民法院依照《中华人民共和国侵权责任法》第十五条、第十六条、第二十二条、第三十五条，《中华人民共和国保险法》第十四条、第六十四条、第六十五条、第六十六条，《最高人民法院关于审理人身损害赔偿案件适用法律若干问题的解释》第十一条、第十七条、第十八条、第二十七条、第二十八条、第二十九条、第三十条、第三十五条，《中华人民共和国民事诉讼法》第二百零七条、第一百七十条第一款第二项的规定，作出如下判决：

一、撤销原二审民事判决和原一审民事判决第二项；

二、维持原一审民事判决第一项、第三项；

三、任某普于判决生效后十日内赔偿给任某竹等人167564.03元。

【法官后语】

关于雇员团体意外伤害险能否抵扣雇主赔偿责任的问题，在司法实践中存在争议，也出现了不同的裁判结果。否定抵扣说主要依据《中华人民共和国保险法》第四十六条规定，且认定人的生命、健康损害赔偿的无价性，但这对雇主来说显然是不公平的，也违背法律规定和保险宗旨。

一、该类案件不符合《中华人民共和国保险法》第四十六条规定情形

《中华人民共和国保险法》第四十六条规定："被保险人因第三者的行为而发生死亡、伤残或者疾病等保险事故的，保险人向被保险人或者受益人给付保险金后，不享有向第三者追偿的权利，但被保险人或者受益人仍有权向第三者请求赔偿。"但这里的"第三者"不适用于雇主身份。具体以本案来说，被保险人并非因雇主的行为而发生死亡，雇主责任依据的是双方的雇佣关系，适用的是无过错责任，故雇主不是本条规定范围的"第三者"。换言之，保险公司即使享有向第三者追偿的权利，也根本不具备将雇主作为第三者追偿的事实依

据，那么对雇员或其亲属来说，同样不能将雇主作为第三人请求赔偿，而只能基于提供劳务者受害责任请求赔偿。另外，对于雇主来说，提供劳务者受害责任是有法定范围和限度的，在雇员已经获得雇主为其购买的保险赔偿情形下，再将全部赔偿重复计算至雇主责任之下显然不合适。因此，该类案件不应当适用《中华人民共和国保险法》第四十六条的规定。

二、员工团体意外险抵扣雇主责任更符合该险种设立的目的和价值

既然意外伤害险有团体和个人之别，那么两者的性质应有所不同，团体意外险就应该把单位（雇主）利益与员工利益均考虑在内，尤其是对于承担风险能力有限的雇主个人来说，其出资为雇员购买团体意外伤害险，不是法律规定或合同约定的义务，也不应被想当然地认为是单纯给予员工的福利，其主要目的就是降低自身经营风险，且保障员工在受到伤害时能得到及时足额的赔偿，这符合雇主购买保险的真实意愿，也是实践中保险公司推销该险种的主要卖点。至于保险公司同时设置团体意外伤害险和雇主责任险，那是保险公司商业险自主经营范畴，不能以此作为法律判定的依据。

综上，雇主为雇员购买的团体意外伤害险可以抵扣雇主赔偿责任，建议下一步的立法修改或司法解释对此明确规范。

编写人：河南省濮阳市中级人民法院　张志强　崔欣欣

27

人身意外伤害保险理赔款能否抵扣雇主的侵权损害赔偿责任

——李某某诉某面业公司、某财保公司提供劳务者受害责任案

【案件基本信息】

1. 裁判书字号

河南省渑池县人民法院（2021）豫 1221 民初 276 号民事判决书

2. 案由：提供劳务者受害责任纠纷

3. 当事人

原告：李某某

被告：某面业公司、某财保公司

【基本案情】

2017 年 12 月，李某某到某面业公司从事装卸工作。2019 年 3 月 22 日，李某某在往车里装面粉时，为了节省时间，在前面车辆装完后没有下车，而是坐在传送带上。因某面业公司临时雇佣人员马某武在操作传送带的过程中，误将下降按钮按成输送按钮，导致李某某从传送带跌落车上受伤，后双方因赔偿事宜协商未果，李某某诉至法院。某面业公司作为投保人，为包含李某某在内的 22 人在某财保公司投保有团体人身意外伤害保险。

【案件焦点】

某面业公司为李某某在某财保公司处购买有人身意外伤害保险，在保险范围内某面业公司能否免除赔偿责任。

【法院裁判要旨】

河南省渑池县人民法院经审理认为：公民享有身体健康权。李某某为某面业公司提供劳务，其在提供劳务的过程中受到损害，应当根据双方各自的过错程度承担相应的责任。本案中，李某某在装卸面粉过程中，为节省时间，未从车上下来，而是坐在传送带上，未尽到安全注意义务，自身存在一定过错。某面业公司临时雇佣人员马某武操作传送带，因其操作不当，导致李某某从传送带跌落至车上受伤，对本次事故的发生存在重大过错，法院酌定由某面业公司承担 70%的赔偿责任，即 133295. 38 元，扣除某面业公司已经垫付的医疗费用 68235. 52 元、生活费 1200 元、5000 元现金，剩余 58859. 86 元，由某面业公司直接赔付李某某。

关于某财保公司的责任问题。本案的基础法律关系为李某某与某面业公司之间基于劳务关系产生的侵权责任纠纷，而李某某与某财保公司之间是保险合同关系，两者分属不同法律关系，且本案某财保公司承保的系意外保险而非责任保险，不存在侵权责任转移问题，故不宜将两个法律关系杂糅处理。

关于李某某要求按照某司法鉴定所出具的鉴定意见计算损失的问题。因该鉴定结论依据的是工伤鉴定标准，而李某某与某面业公司之间的关系经三门峡市中级人民法院作出生效判决，认定双方之间不存在劳动关系。因双方之间属于劳务关系，不属于《工伤保险条例》调整的劳动关系和工伤保险范围，不宜适用工伤标准进行鉴定，且当前已经统一人身损害伤残鉴定标准，故对某面业公司该意见，法院不予支持。

河南省渑池县人民法院依照《中华人民共和国侵权责任法》第六条、第十六条、第二十二条、第二十六条、第三十五条，《最高人民法院关于适用〈中华人民共和国民法典〉时间效力的若干规定》第一条第二款之规定，判决如下：

一、某面业公司于本判决生效后十日内赔偿李某某各项损失共计58859.86元；

二、驳回李某某的其他诉讼请求。

判决作出后，当事人未上诉，判决已经发生法律效力。

【法官后语】

在实践中，多数企业会为雇佣的工作人员购买保险，以期在发生意外时，最大限度地降低企业的风险，但在购买保险的过程中，因为对保险的险种未作详细了解或缺乏相应的法律知识，最终并未达到其预期目的。具体到本案中，企业认为其为李某某购买有保险，李某某的损失应当由保险公司承担，但其未注意到其购买的系意外保险而非雇主责任险，这就涉及雇主责任险和意外保险的区分问题。雇主责任险的受益人是企业，其赔付的条件是雇员在受雇过程中因工作原因发生意外，雇主依法对雇员承担损害赔偿责任。而意外保险的受益人为被保险人，其赔付的条件较为宽松，即雇员发生意外，无论是否在受雇过程中发生意外、无论雇主应否承担损害赔偿责任，均应赔付。而对雇主来说，影响较为明显的是，该两类保险险种的法律后果，在雇主责任险中，保险公司的赔偿是在保险范围内代雇主履行赔偿责任，也就是在保险公司赔偿范围内雇主是不需要另行赔偿的。意外保险中，保险公司对雇员的赔付并不能免除或减少雇主的赔偿责任，也就是说在保险公司赔偿之后，并不影响雇员向雇主主张赔偿的权利。

同时，意外伤害保险系人身险而非责任财产险，其适用定额给付原则，即当发生保险合同约定的情况时，保险公司按所约定的金额给付被保险人保险金。之所以适用这一原则，是因为人的身体、生命的经济价值是无法用金钱衡量的，因此被保险人对于保险理赔款的获得并不属于额外利益。法律鼓励雇主为从事危险工作的雇员办理意外伤害保险的目的在于为雇员提供更多的保障，如果允许雇主可以通过为雇员办理意外伤害保险获赔的保险金抵销其对员工的赔偿责任，则相当于雇主可以通过为雇员办理意外伤害保险而免除缴纳工伤保险的法定义务，显然与立法目的相违背。依保险合同获得赔偿与依法获得侵权损害赔偿是两种不同的法律关系，人身意外伤害保险赔偿款的支付是基于保险合同，而侵权赔偿款的支付是基于侵权损害，二者的请求权基础和赔偿责任主体均不相同。雇主不得以雇员已获得保险理赔款来主张抵扣自己的赔偿责任。

综上，如果雇员已经获得了人身意外伤害保险理赔款，其也可以同时主张雇主承担赔偿责任，且该保险理赔款不得用来抵扣雇主的侵权损害赔偿责任。

编写人：河南省渑池县人民法院　吕丹丹

28

雇主替员工购买的人身意外保险赔偿金应抵扣雇主赔偿责任

——刘某松诉王某琴提供劳务者受害责任案

【案件基本信息】

1. 裁判书字号

浙江省台州市中级人民法院（2021）浙10民终923号民事判决书

2. 案由：提供劳务者受害责任纠纷

3. 当事人

原告（上诉人）：刘某松

被告（被上诉人）：王某琴

第三人：某保险公司

【基本案情】

王某琴雇用刘某松从事木工工作多年，其间自己出资以刘某松名义向某保险公司投保了人身意外伤害险。2019年8月4日，刘某松在工作时不慎被电锯锯伤。刘某松受伤后当即送至甲医院住院治疗，住院治疗18天。2020年3月18日，刘某松又入住乙医院，住院治疗5天，出院后继续门诊治疗。诉讼中，法院根据王某琴的申请，依法委托某司法鉴定中心对刘某松的伤残等级、误工期、护理期和营养期进行重新评定。2020年10月23日，某司法鉴定中心出具鉴定意见书一份，评定：刘某松伤情构成人体损伤九级伤残；误工期限7个月、护理期限3个月、营养期限2个月基本合理。事发后，王某琴垫付了刘某松医疗费用40263.19元，某保险公司按约向刘某松支付了保险赔偿金92300元。

刘某松因本次事故造成的各项损失，法院根据有关法律法规，结合本案实际情况，认定医疗费、住院伙食补助费、营养费、护理费、误工费、残疾赔偿金、鉴定费、交通费等各项损失合计246720.74元。

【案件焦点】

刘某松已从某保险公司处获得的保险赔偿金92300元是否应折抵王某琴的赔偿款。

【法院裁判要旨】

浙江省台州市黄岩区人民法院经审理认为：王某琴作为接受劳务一方，在雇用刘某松等人之初就知道或应当知道其须对刘某松等人提供劳务过程中受到的损害承担相应的赔偿责任，故为排除或减轻其在雇用刘某松工作过程中的事故风险和将来可能发生的损害赔偿责任，自己出资为刘某松等人投保了人身意外伤害险，目的在于分担其风险和赔偿责任。事故发生后，刘某松作为被保险人据此获得相应的保险赔偿金，该保险赔偿金应当从王某琴应承担的赔偿款金额中予以扣除，这也符合侵权责任的损失填补原则和王某琴购买涉案保险的本意。扣除王某琴事发后垫付刘某松的医疗费40263.19元和某保险公司向刘某松支付的保险赔偿金92300元，王某琴还应赔偿刘某松各项损失72813.4元。

浙江省台州市黄岩区人民法院依照《中华人民共和国保险法》第三十九条、《中华人民共和国侵权责任法》第三十五条之规定，作出如下判决：

一、王某琴于本判决生效之日起十日内赔偿刘某松因本次事故造成的各项损失72813.4元（不含王某琴已垫付的40263.19元及刘某松已获得的保险赔偿金92300元）；

二、驳回刘某松的其他诉讼请求。

刘某松不服一审判决，提出上诉。

浙江省台州市中级人民法院经审理认为：人身意外伤害险属于商业人身保险范畴，保险合同利益依法归被保险人雇员或其近亲属所有毋庸置疑，但是雇员却并非保险合同当事人，合同当事人是投保人与保险人，而雇主作为投保人，虽负有缴纳保费的义务，却不能直接享受保险合同利益，由此可见，这是一种典型的赋权型“为第三人利益合同”，即“当事人一方，约定他方向第三人给付，第三人因之取得直接请求给付之契约”。因提供劳务者受害责任纠纷属于侵权纠纷，填补损害是宗旨，故根据补偿原则，无论从哪种渠道获取救济，对于受害人雇员而言，只要能够弥补损失即可，这就为雇主出资替雇员购买商业保险转嫁用工风险提供了契机。此与雇主责任险相比，尽管雇主不是案涉保险合同利益的直接享有者即被保险人，无权以自己的名义直接请求给付保险金，但是并不妨碍其从保险合同利益直接享有者的雇员之获益行为中间接受益，即相应免除自己本该对雇员承担的赔偿责任。故提供劳务关系中接受劳务一方没有购买保险的法定义务，其购买商业保险的目的就是减轻自身的赔偿责任，在提供劳务一方同意的情况下，当然可以折抵赔偿。

浙江省台州市中级人民法院依照《中华人民共和国民事诉讼法》第一百七十条第一款第一项之规定，作出如下判决：

驳回上诉，维持原判。

【法官后语】

本案是一起提供劳务者受害责任纠纷，争议焦点在于雇员因人身意外伤害险获赔的保险赔偿金能否抵扣雇主的赔偿责任。

首先，雇主作为投保人为雇员投保人身意外伤害险时，虽负有缴纳保费的义务，却不能直接享受保险合同利益，这是一种典型的赋权型“为第三人利益合同”。王某琴作为雇主，虽然不是案涉保险合同利益的直接享有者，无权以自己的名义根据保险合同关系直接请求保险人给付保险金，但其通过“出资为雇员投保”这一行为相应免除或抵扣自己本该对雇员承担的赔偿责任，即从保险合同利益享有者的雇员之获益行为中间接受益，这种“看似利他实际为己”的行为并不违反法律规定。

其次，提供劳务者受害责任纠纷本质上属于侵权纠纷，损失填补原则是侵权民事关系中不可动摇的规则，即以弥补受害人的损失为宗旨，如果罔顾这一原则，很可能引发道德层面的风险。另外，根据支出和回报相一致原则，保险是雇主出资购买，其缴纳保费的目的就是转嫁用工风险，不仅分担了雇主责任，还保障了雇员利益。涉案保险合同的保险费由被告出资，但双方并未约定这种投保是雇主额外给员工的福利，刘某松获得的保险赔偿金从王某琴赔偿责任中扣除后，不足部分仍可向王某琴继续要求赔偿，刘某松的损失能够得到充分弥补，将保险赔偿金予以抵扣并不损害刘某松的利益。相反，如果保险赔偿金在本案中不能扣除，那么王某琴就还需要按法定标准向刘某松全额支付另一笔赔偿款，大大加重了王某琴的赔偿责任；而刘某松因本案事故实际获得的受偿额则远远超过了其按侵权法律关系相关法律规定应得的赔偿数额，原、被告双方的权利义务明显失衡，不符合公平原则。

最后，目前险种的设置尚无法完全满足实践中各种各样的细化需求，相当一部分雇主尚不能达到保险人要求的投保雇主责任险或类似功能险的条件。在此现实条件下，允许雇主通过投保保障功能相似但投保门槛较低的人身意外险来部分替代雇主责任险的功能，无论是对雇主、雇员、还是保险行业来说，都是一个较优的选择。本案中，司法判决确认雇主为员工投保的意外伤害险保险金可以抵扣其对受害员工的赔偿责任，那么雇主为员工投保的积极性将极大增加，一方面有利于雇主规避经营风险、持续良性发展；另一方面也有利于员工意外受伤后的权益维护和保障，这无疑是一个“多赢”的局面。所以，通过投保转嫁用工风险，从而避免更大的经济损失，即“利益取得的确定之预期”，这也是本判决中希望体现出的雇主为雇员购买人身意外保险的合理正当性。

编写人：浙江省台州市黄岩区人民法院　郑莎莎

29

劳务者受害责任适用过错责任原则

——高某海诉江某云、张某友提供劳务者受害责任案

【案件基本信息】

1. 裁判书字号

湖南省常德市临澧县人民法院（2021）湘0724民初229号民事判决书

2. 案由：提供劳务者受害责任纠纷

3. 当事人

原告：高某海

被告：江某云、张某友

【基本案情】

2020年10月28日，张某友私有住房的屋面以旧换新，将该工程以3000元的价格发包给江某云，江某云雇请高某海等人作业，报酬为180元/天。因屋面上覆盖的床角檩条腐朽，高某海作业时不慎踩断檩条从屋顶摔下受伤，住院治疗27天，医疗费13155元，其中张某友垫付了1000元。经某司法鉴定中心鉴定，伤者左3-12肋、右2-3、5-11肋肋骨骨折，构成九级伤残；T2-4椎体、L4-5椎体压缩性骨折，构成九级伤残；医疗费以实际支出计算，误工期150日，护理、营养各60日。本次鉴定高某海支付了检查费776元。

【案件焦点】

本案各责任主体承担责任的比例是多少。

【法院裁判要旨】

湖南省常德市临澧县人民法院经审理认为：《中华人民共和国侵权责任法》（以下简称《侵权责任法》）第三十五条规定，个人之间形成劳务关系，提供劳务一方因劳务造成他人损害的，由接受劳务一方承担侵权责任。提供劳务一方因劳务自己受到损害的，根据双方各自的过错承担相应的责任。高某海为江某云提供劳务，江某云给付报酬，二者之间形成了劳务关系，高某海因劳务受到损害，江某云作为接受劳务方应承担相应的民事责任。该法第二十六条规定，被侵权人对损害的发生也有过错的，可以减轻侵权人的责任。在屋面上作业，具有高度的危险性是显而易见的，高某海作为完全民事行为能力人，对自己所处环境应有清醒的认知，因未尽合理限度的安全注意义务，致使损害发生具有较大过错，根据上述法律规定，亦应承担相应民事责任。张某友作为受益人，选人不当且安全措施不到位，在本案中亦有部分过错。法院根据《侵权责任法》第六条第一款之规定，酌定江某云、张某友、高某海应承担的民事责任份额分别为 40%、20%和 40%。高某海的损失经审核认定为 99734 元。

法院根据事故责任比例确定：江某云应对高某海的损失赔偿 39893. 6 元（99734×40%）；张某友应对高某海的损失赔偿 19946. 8 元（99734×20%），扣除垫付的医疗费 1000 元，尚应赔偿 18946. 8 元（19946. 8 元-1000 元）。高某海剩余损失自行负担。

湖南省常德市临澧县人民法院依照《中华人民共和国侵权责任法》第六条第一款、第十六条和《最高人民法院关于审理人身损害赔偿案件适用法律若干问题的解释》第十七条第一款、第二款及《中华人民共和国民事诉讼法》第一百四十四条之规定，判决如下：

一、高某海医疗费、住院伙食补助费、营养费、护理费、误工费、交通费、残疾赔偿金、精神损害抚慰金及鉴定检查费等损失共计 99734 元，由江某云赔偿 39893. 6 元，由张某友赔偿 18946. 8 元，均于判决生效后十日内履行；

二、驳回高某海的其他诉讼请求。

判决作出后，当事人未上诉，判决已经发生法律效力。

【法官后语】

要准确确定提供劳务者与接受劳务者之间的过错程度，首先要清楚提供劳务者与接受劳务者在提供劳务过程中各自的职责和义务。下面从双方的义务着手分析二者之间的过错程度。

1. 提供劳务者的职责或义务。因为劳务合同是指提供劳务者在特定的工作环境下按照接受劳务者的指示，通过一定的生产工具和自己提供的劳务为接受劳务者完成一定工作量或工作任务的合同关系。因此作为接受劳务者首先要熟悉自己的工作环境、对自己的工作环境中可能存在的潜在风险有一定的认知程度；其次是要按照接受劳务者的指示去完成工作任务；最后就是要掌握生产工具的使用方法和操作规范。如果提供劳务者在提供劳务过程中因其未尽到上述义务致使自己受到损害的，那么就可以认定其存在过错。

2. 接受劳务者的职责和义务。因为在劳务合同中提供劳务方仅仅向接受劳务方提供的是自己的劳务，而接受劳务者应当向提供劳务者提供劳动场所。因此作为接受劳务者首先要为提供劳务者提供一个安全的生产环境，为提供劳务者安全、顺利完成劳动任务创造条件；其次接受劳务者还要为提供劳务者提供符合安全生产规范的生产工具；最后就是要告知提供劳务者对生产工具的使用和操作方法，以便提供劳务者能够安全、熟练地完成劳务任务。如果提供劳务者因接受劳务者没有尽到上述义务而导致提供劳务者受损的，可以认定接受劳务者具有过错。

在明确了提供劳务者与接受劳务者的相关义务后，要确定提供劳务者和接受劳务者的过错程度，就应当首先考虑造成提供劳务者受到损害的原因是提供劳务者没有尽到相关义务还是接受劳务者没有尽到相关义务。如果受到损害的原因是一方没有尽到相关义务，那么就由没有尽到义务一方承担相应责任。如果受到损害的原因是双方均未尽到相关义务，那么根据双方未尽到义务的程度和导致受到损害的因果关系程度来综合确定双方的过错程度。法院综合考虑以上因素，遂作出上述判决。

编写人：湖南省常德市临澧县人民法院　陶伊琳

30

提供劳务者受害责任纠纷中的过错责任应该如何认定

——徐某贵诉谢某宏、张某寿提供劳务者受害责任案

【案件基本信息】

1. 裁判书字号

湖北省当阳市人民法院（2020）鄂 0582 民初 716 号民事判决书

2. 案由：提供劳务者受害责任纠纷

3. 当事人

原告：徐某贵

被告：谢某宏、张某寿

【基本案情】

谢某宏雇用张某寿、徐某贵等人为其翻修房屋（两层楼房），2020 年 1 月 4 日上午 8 时左右，徐某贵在做屋顶排水沟时跌落受伤，被送往甲医院住院治疗 2 天。2020 年 1 月 6 日，徐某贵被送往乙医院神经外科住院治疗 13 天，后转至该院骨科住院治疗 31 天。以上治疗，徐某贵共花去医疗费 206286.13 元，住院期间由妻子及女儿护理。2020 年 5 月 8 日，徐某贵经鉴定为：骨盆骨折术后、双侧坐骨大孔不对称，骨盆轻度畸形愈合的伤残等级为十级；后续治疗费为 25000 元。徐某贵花去鉴定费 1560 元。2020 年 7 月 24 日，徐某贵经鉴定为：左股骨下端粉碎性骨折、左胫骨平台外侧骨折致左下肢胫、腓总神经损害、左踝关节强直于非功能位的伤残等级为八级；左股骨下段粉碎性骨折、左胫骨平台骨折、左髌骨骨折术后、左膝关节活动功能已丧失达 71.4%的伤残等级为九级；后续检查治疗费 28000 元；误工时间 300 日；护理时间 240 日；营养时间

180日。徐某贵花去鉴定费2780元。徐某贵于2020年5月18日诉至法院，诉讼过程中，谢某宏申请对徐某贵的伤残等级、误工时间、护理时间、营养时间、后期治疗费、用药合理性进行重新鉴定，法院依法委托某法医司法鉴定所进行重新鉴定。2021年1月18日，徐某贵经鉴定为：盆骨多发性骨折，经内固定治疗，现盆骨畸形愈合的伤残程度为十级；左股骨下段、髌骨粉碎性骨折，现左膝关节活动功能丧失44%伤残程度为十级；左侧胫神经、腓总神经严重损伤，现左足下垂，左踝关节呈屈45°非功能位僵直状畸形，功能丧失的伤残程度为八级；三处金属内固定物的后续治疗费为25000元，可行跟腱延长+胫后肌腱转位术治疗的费用评估为20000元；误工时间300日，护理时间240日，营养时间180日，均含后续治疗期间；其临床用药具有合理性。事故发生后，谢某宏已向徐某贵支付65815.84元。

【案件焦点】

提供劳务者受害责任纠纷中承担责任主体及过错责任的认定。

【法院裁判要旨】

湖北省当阳市人民法院经审理认为：徐某贵为谢某宏翻修房屋，谢某宏向徐某贵支付劳务费用，二者之间形成劳务关系，谢某宏作为接受劳务一方，在徐某贵等人为其翻修房屋时未充分尽到安全防护义务，从而导致徐某贵从屋顶跌落受伤，具有较大过错，应承担相应赔偿责任，徐某贵在屋顶作业具有较大的危险性，其自身未尽到安全注意义务，对损害后果的发生也具有一定的过错，法院根据案件实际情况及双方的过错程度，酌定谢某宏在本案中承担70%的赔偿责任。张某寿对本案事故的发生无过错，不应承担侵权责任。关于徐某贵的具体经济损失，法院核定如下：1. 医疗费206286.13元；2. 后期治疗费45000元；3. 住院伙食补助费2960元（30元/天×2天+50元/天×58天），徐某贵主张2400元，法院予以支持；4. 营养费2960元（30元/天×2天+50元/天×58天）；5. 护理费，徐某贵住院期间由家人护理，法院参照鉴定意见支持为28061.59元（42677元/年÷365天×240天）；6. 误工费，徐某贵的户籍地位于当阳市城市规划区，事故发生前被雇请参与翻修房屋，事故致其受伤必然产生误工损失，法院酌情参照 2020 年度湖北省居民服务、维修和其他服务业在岗职工年平均工资标准计算其误工损失，至于误工时间，因徐某贵曾三次就多处伤情的伤残程度进行鉴定，法院结合徐某贵的伤情、医嘱，酌情确定为 180 日，计算为 21046. 19 元（42677 元/年÷365 天×180 天）；7. 残疾赔偿金 255686. 8 元（37601 元/年×20 年×34%）；8. 精神损害抚慰金酌情支持 10000 元；9. 交通费酌情支持 2000 元；10. 鉴定费，因重新鉴定结论有所改变，法院酌情支持 2900 元。以上徐某贵的经济损失合计 576340. 71 元，应由谢某宏赔偿 403438. 5 元（576340. 71 元×70%），扣除其已支付的 65815. 84 元，其还应向徐某贵赔偿 337622. 66 元。

湖北省当阳市人民法院根据《中华人民共和国民法典》第一千一百九十二条，《最高人民法院关于审理人身损害赔偿案件适用法律的若干问题的解释》第一条、第六条、第七条、第八条、第九条、第十条、第十一条、第十二条，《中华人民共和国民事诉讼法》第六十四条之规定，判决如下：

一、谢某宏于本判决生效之日起十五日内向徐某贵赔偿经济损失 337622. 66 元（已扣除前期支付的 65815. 84 元）；

二、驳回徐某贵的其他诉讼请求。

判决作出后，当事人未上诉，判决已经发生法律效力。

【法官后语】

提供劳务者受害责任是指在民事主体之间存在劳务关系的前提下，提供劳务的一方因劳务活动自身受到损害的，在提供劳务一方向接受劳务一方主张损害赔偿时，由双方根据各自的过错程度承担相应的民事责任。由此可见，在提供劳务者受害责任纠纷的案件中，受害方与接受劳务方根据自身过错承担责任，即采用的是过错责任。对于个人之间的劳务关系，法律仅规定各方当事人根据过错承担相应责任，但并未给出过错责任划分的标准，这就需要法官在具体实践中，处理提供劳务者受害责任纠纷案件时，认定过错责任往往会结合案件具体情况考量接受劳务者是否尽到管理义务、安全保障义务，提供劳务者是否尽到自身注意义务等方面。

个人之间的劳务关系中往往会存在的普遍问题是对提供劳务者的资质审查不严，以及生产作业过程中，提供劳务者与接受劳务者都容易轻信劳务者具有从业经验，防护标准很难达到专业化水平。根据《中华人民共和国民法典》第一千一百九十二条规定，个人之间形成劳务关系，提供劳务一方因劳务受到损害的，根据双方各自的过错承担相应的责任。本案中，徐某贵与谢某宏之间系个人之间形成的劳务关系。徐某贵为谢某宏翻修房屋，在房顶作业的过程中受到损害。提供劳务过程中，谢某宏作为接受劳务一方，虽当庭提交了安全绳和安全帽以证明其在接受劳务的过程中已经尽到安全保障义务，但其是否在徐某贵提供劳务时，严格要求徐某贵佩戴安全绳及安全帽，无法得到认定。接受劳务者在明知如果未采取足够保障安全的防护措施，可能导致危害结果发生的情况下，仍未严格按照相应的安全生产要求操作，放任危害结果的发生，应承担更多的责任。徐某贵在提供劳务的过程中，明知是高空作业，具有较大的危险性，但其过于轻信危害结果不会发生，自身未尽到安全注意义务，对损害后果的发生也具有一定的过错，应承担相应责任。

笔者认为，接受劳务者作为劳务作业的受益者，同时也是作业场地的管理者和监督者，一般需要承担较重的社会责任及法律责任，这样更为符合社会利益平衡原则。因而，在此类案件中，应更多地审查接受劳务方是否为劳务者提供安全的生产环境及作业空间，是否存在选人不当和及时制止提供劳务者的不当操作等要素，以此保障劳务者在提供劳务过程中的合法权益。

编写人：湖北省当阳市人民法院　艾婧

31

提供劳务者受害责任纠纷中的责任分配

——张某功诉张某玉等提供劳务者受害责任案

【案件基本信息】

1. 裁判书字号

山东省淄博市中级人民法院（2021）鲁 03 民终 1826 号民事判决书

2. 案由：提供劳务者受害责任纠纷

3. 当事人

原告（上诉人）：张某功

被告（被上诉人）：张某玉

被告（上诉人）：某畜牧养殖公司、许某峰

【基本案情】

某畜牧养殖公司是一个从事动物饲养、生猪屠宰、食品生产的自然人投资或控股有限责任公司，于 2019 年 12 月 19 日成立。某畜牧养殖公司成立后，开始进行基础设施建设，需要大批石子等建筑材料，公司在附近的山上开采了部分石头，需要将石头加工成石子。经中间人苗某聪、宋某亮（协议书证明人）介绍，许某峰承揽了该加工石子的工作，2020 年 4 月 1 日，某畜牧养殖公司与许某峰签订一份《协议书》，《协议书》内容为："协议书，甲方：某畜牧养殖公司，乙方：许某峰，破石协议如下：1. 乙方人员安全由乙方负责；2. 甲方负责环保等外来因素；3. 双方协商决定，石头不足 2 万吨，甲方负担补贴来回运输费用 1 万元；4. 付款方式双方协定工程一半一清，完工结清；5. 如甲方原因出现不可（控制）因素停工超出五天，甲方承担人工及机械费用。2014 年 4 月

1 日，证明人：苗某聪、宋某亮。"《协议书》的落款时间"2014 年"为笔误，应为"2020 年"，各方对此均无异议，且该协议加盖有某畜牧养殖公司的公章，该公司成立于 2019 年 11 月 19 日，显然系笔误。张某玉在《协议书》中签名，应为甲方某畜牧养殖公司的法定代表人签名，并非甲方当事人。

某畜牧养殖公司与许某峰签订《协议书》后，许某峰将破石机和装载机等机械拉到养殖场（某畜牧养殖公司）附近的石料厂，许某峰安排了李某友、李甲两名操作破石机的工作人员，开始用破石机加工石子，加工好的石子，用装载机装到三轮车车斗，由张某功和滕某忠、吕某廷、滕某友、滕某庆五人拉到某畜牧养殖公司的基础设施建筑工地。张某功及滕某忠、吕某廷、滕某友、滕某庆五人均为某畜牧养殖公司雇员，给某畜牧养殖公司拉石子，劳动报酬为 150.00 元/天。破石机是将大石头加工成石子的大型机械，在将大石头加工成石子的过程中，经常出现机械故障。由于操作破石机的只有李某友、李甲两名工作人员，在破石机出现故障后，维修时两个人修不了，需要他人帮忙才行。某畜牧养殖公司与许某峰签订的石子加工《协议书》中虽然没有约定破石机出现故障维修时，某畜牧养殖公司的工作人员需要帮忙维修破石机，但张某功及滕某忠、吕某廷、滕某友、滕某庆五人均受雇于某畜牧养殖公司，服从某畜牧养殖公司管理人员的安排、管理，不受许某峰一方的管理，因此，破石机出现第一次机械故障时，某畜牧养殖公司虽然不认可是其管理人员安排张某功和滕某忠、吕某廷、滕某友、滕某庆等人帮忙维修破石机，但依据常理，张某功等人第一次帮忙维修破石机应由某畜牧养殖公司管理人员安排。许某峰也称双方口头约定，为了赶工期，出现故障时滕某庆的工作人员有协助维修的义务。由于破石机经常出现故障，张某功等人经常帮忙维修破石机，后来逐渐形成了习惯，为了某畜牧养殖公司基础设施建设赶工期，也为了某畜牧养殖公司和许某峰双方的利益，只要破石机发生故障，他们和操作破石机的工作人员一块帮忙维修破石机。

2020 年 4 月 30 日上午，破石机再次出现故障，里面带着轮子转的轴坏了，需要更换轴，上午没有修好。下午 1 时许，张某功及吕某廷、滕某忠、滕某庆四人来到石子加工场所，继续帮忙维修破石机。由于破石机轴的地方比较高，需要人站在装载机的铲斗上才能够得着。滕某庆曾经开过装载机，于是由滕某庆驾驶许某峰的装载机，张某功站在装载机的铲斗上，滕某庆将装载机的铲斗往上升。滕某庆对许某峰的大装载机不熟悉，装载机铲斗升起来后碰到了破石机的三角带，升不动了，还是够不到，滕某庆想将装载机铲斗继续往上升，驾驶装载机往后倒的时候，装载机的铲斗往下一翻，在铲斗里站着的张某功从升起来的装载机铲斗上坠落，导致脊髓损伤、胸骨骨折并脱位、多发性腰椎骨折、肋骨骨折、截瘫等严重损伤。

【案件焦点】

提供劳务者受害责任纠纷中的责任分配应如何正确认定。

【法院裁判要旨】

山东省沂源县人民法院经审理认为：个人之间形成劳务关系，提供劳务一方因劳务造成他人损害的，由接受劳务一方承担侵权责任。提供劳务一方因劳务自己受到损害的，根据各自的过错承担相应的责任。承揽合同是承揽人按照定作人的要求完成工作，交付工作成果，定作人支付报酬的合同。承揽人应当以自己的设备、技术和劳力，完成主要工作，但当事人另有约定的除外。许某峰与某畜牧养殖公司签订加工石子的《协议书》，是以自己的设备、技术和劳力完成工作，交付工作成果后由某畜牧养殖公司支付报酬，双方之间应为承揽合同关系。张某功给某畜牧养殖公司拉石子，是给某畜牧养殖公司提供劳务活动的行为，该工作具体怎么施工、在哪施工、什么时间施工也都是由某畜牧养殖公司联系、安排、指定施工时间和地点，某畜牧养殖公司是该劳务的实际受益者，即本案张某功的接受劳务方。张某功在帮许某峰维修破石机时受伤，尽管不是在给某畜牧养殖公司直接提供拉石子的劳务活动中受伤，但维修破石机与某畜牧养殖公司安排的劳务活动有直接关联，是经过某畜牧养殖公司管理人员的安排，并形成了只要破石机发生故障，与操作破石机的工作人员一块维修的习惯，维修破石机也计算劳动报酬，是其劳务活动的一部分，破石机尽快维修好，能够尽快将石头加工成石子，生成出更多的石子，某畜牧养殖公司从中获取了较大利益，作为张某功的接受劳务一方即雇主，且将加工石子的工作交由没有资质的许某峰承揽，未尽审查义务，在定作和选任上具有过失，与张某功的受伤有直接因果关系和很大过错，应按照法律规定承担相应的侵权责任。许某峰亦为张某功的接受劳务方，其作为接受劳务方，有责任提醒提供劳务方注意工作过程中的安全，并进行安全教育，以保障其人身安全。其缺乏高处作业的相应资质，又未提供安全防护设施，致使张某功在帮助维修破石机的劳务活动时从装载机铲斗坠落致伤，有较大过错，其依法应对因此所致的损害承担相应的赔偿责任。张某功作为完全民事行为能力人，已经多次帮助许某峰的工作人员维修破石机，对维修破石机的工作也已经比较熟悉。装载机铲斗下方严禁站人，铲斗内、抓具上更严禁载人，张某功站立在装载机铲斗内由案外人滕某庆操作装载机铲斗上升本来就已经属于严重违规操作，其更应当充分预见到高度危险性。站在装载机铲斗内，操作装载机铲斗上升往破石机上送具有掉落、磕碰等危险，但张某功却未充分认识到高处作业的危险性，也未使用安全防护设施，未确保安全，在装载机往后倒时因装载机铲斗下翻，从装载机铲斗掉落，对事故的发生也存在过错，对于自身损害后果的产生，也应当依法承担相应的民事责任。张某玉系某畜牧养殖公司法定代表人，其法律后果由法人接受，相应的民事责任应由某畜牧养殖公司承担。故张某玉在本案中不承担赔偿责任。综合本案具体情节，综合、充分考虑各方的过错程度，由某畜牧养殖公司对张某功主张的各项费用承担50%的赔偿责任，许某峰对张某功主张的各项费用承担30%的赔偿责任，张某功对自己主张的各项费用自行承担20%的责任较为合适。

山东省沂源县人民法院依照《中华人民共和国侵权责任法》第三条、第六条第一款、第十六条、第二十六条、第三十五条，《中华人民共和国合同法》第二百五十一条、第二百五十三条、第二百五十四条，《中华人民共和国安全生产法》第二十七条，《最高人民法院关于审理人身损害赔偿案件适用法律若干问题的解释》第十条、第十七条、第十九条、第二十条、第二十一条、第二十二条、第二十三条、第二十四条、第二十五条、第二十八条之规定，判决如下：

一、某畜牧养殖公司赔偿张某功医疗费235069.22元、误工费28050元、定残前的护理费21960元、定残后的护理费219000元、住院伙食补助费9000元、营养费2700元、残疾赔偿金846580元、鉴定费2270元、被抚养人生活费33413元、交通费3000元，共计1401042.22元的50%，计款700521.11元，扣除某畜牧养殖公司已经支付给张某功的医疗费170000元，某畜牧养殖公司还应支付给张某功530521.11元；

二、许某峰赔偿张某功医疗费235069.22元、误工费28050元、定残前的护理费21960元、定残后的护理费219000元、住院伙食补助费9000元、营养费2700元、残疾赔偿金846580元、鉴定费2270元、被抚养人生活费33413元、交通费3000元，共计1401042.22元的30%，计款420312.67元；

三、张某玉在本案中不承担赔偿责任；

四、驳回张某功的其他诉讼请求。

张某功、某畜牧养殖公司、许某峰不服一审判决，提起上诉。

山东省淄博市中级人民法院同意一审法院的裁判意见，依照《中华人民共和国民事诉讼法》第一百七十条第一款第一项之规定，判决如下：

驳回上诉，维持原判。

【法官后语】

本案主要涉及提供劳务者受害责任纠纷中的责任分配应如何正确认定的问题。劳务关系是指提供劳务者在一定或不特定的期间内，按照接受劳务者的授权或指示范围内的生产经营活动或者其他劳务活动，接受劳务者按约定给付报酬的权利义务关系。

作为提供劳务者在提供劳务时一定要在接受劳务者指示的范围、时间内进行劳务，且要对自身工作环境存在的风险有一定的认知度。如果提供劳务者在提供劳务过程中因其未尽到上述义务致使自身受到损害的，可以认定提供劳务者具有过错。

作为接受劳务者要为提供劳务者提供一个安全的生产环境、符合安全生产规范的生产工具，以及明确的授权和指示。如果提供劳务者因接受劳务者未尽到上述义务而导致提供劳务者受损的，可以认定接受劳务者具有过错。

在个人之间因提供劳务发生的侵权责任纠纷中，提供劳务一方因提供劳务造成自身受到损害的，应根据提供劳务一方与接受劳务一方各自的过错承担相应的责任。“根据双方各自过错承担相应的责任”适用的是《中华人民共和国民法典》第一千一百七十三条过失相抵规则。提供劳务者因劳务自身受到损害的，应当由接受劳务者承担赔偿责任，这符合报偿原则和利益、风险一致原则，但是，如果提供劳务者自身对损害发生也有过错的，应当减轻接受劳务者的责任。在确定双方责任的具体比例时要考虑过错行为对损害后果发生因果关系上的原因力大小和过错的具体程度与情形。应当注意的是，基于劳务关系的特征，不应对提供劳务者过于苛责，除非损害是提供劳务者故意造成，否则只能适度减轻而不能免除接受劳务者的赔偿责任。实务中，接受劳务者的过错主要体现在指示内容、提供的劳动条件、劳动场所、防护设施是否符合要求等方面，提供劳务者的过错主要体现在履行劳务中是否尽到必要和合理的注意义务。另外，对于提供劳务一方因劳务对接受劳务一方造成损害的，虽然《中华人民共和国民法典》第一千一百九十二条未作规定，按照类推适用的原则，也应由双方根据各自过错承担相应的责任。

本案是关于提供劳务者受害责任纠纷的一起典型案件。提供劳务者受害责任是指在个人之间存在劳务关系的前提下，提供劳务的一方因劳务关系自身受到伤害的，在提供劳务一方向接受劳务一方主张损害赔偿时，由双方根据各自的过错程度承担相应的民事责任。提供劳务者受害责任与提供劳务者致害责任不同，前者针对的是雇佣关系内部雇主与雇员即提供劳务者与接受劳务者之间的责任分担，而后者针对的是劳务接受者与雇佣关系之外的他人之间的关系。在责任归责原则上，前者适用过错责任原则，而后者适用无过错责任原则。本案中，张某功以提供劳务的方式，按照张某玉等的安排为其修理机器，双方形成劳务关系，张某功在为张某玉等提供劳务的过程中受伤，由此而产生的纠纷应当属提供劳务者受害责任纠纷，适用过错责任原则。张某玉等作为接受劳务的一方，应对张某功因提供劳务受伤造成的损失承担相应的赔偿责任。张某功作为完全民事行为能力人，在从事有危险的作业时，应当尽到安全注意义务，故其对本次事故的发生也应承担相应的责任。

编写人：山东省沂源县人民法院　徐欣

32

提供劳务者受害责任案件应保护弱势群体的基本生存权利

——梁某某诉王某提供劳务者受害责任案

【案件基本信息】

1. 裁判书字号

山东省武城县人民法院（2021）鲁1428民初2632号民事判决书

2. 案由：提供劳务者受害责任纠纷

3. 当事人

原告：梁某某

被告：王某

【基本案情】

2021年7月，梁某某跟随王某在河南省驻马店市某项目提供劳务。2021年7月6日晚饭后，王某驾车将梁某某等人送至工地宿舍楼下，梁某某在前往宿舍楼途中摔倒致伤。2021年7月7日，梁某某在甲医院住院治疗5天，王某共为其垫付医疗费3969.71元，对于梁某某的其余各项损失尚未赔付。

【案件焦点】

1. 梁某某在前往宿舍途中摔伤是否属于因劳务受到损害；2. 双方过错比例应当如何公平正确地划分。

【法院裁判要旨】

山东省武城县人民法院经审理认为：根据《中华人民共和国民法典》第一千一百九十二条第一款规定，“个人之间形成劳务关系，提供劳务一方因劳务造成他人损害的，由接受劳务一方承担侵权责任。接受劳务一方承担侵权责任后，可以向有故意或者重大过失的提供劳务一方追偿。提供劳务一方因劳务受到损害的，根据双方各自的过错承担相应的责任”。本案中，梁某某系提供劳务一方，王某系接受劳务一方。关于梁某某在前往宿舍途中摔伤是否属于因劳务受到损害的问题，应以是否与履行职务有内在联系作为判断的标准，根据经审理认定的证据和事实：1. 梁某某系异地为王某提供劳务，梁某某受伤时，系王某带其前往劳务所在地的当日与途中，属于履行劳务行为的准备阶段，与履行劳务有内在联系；2. 梁某某在前往宿舍的途中摔伤时，王某全程陪同，其与一般情况下个人自行返回宿舍不同，系接受劳务一方为提供劳务一方安排提供住宿的过程，属于提供劳务行为的延伸，受接受劳务一方的管理，与履行劳务有内在联系。故，梁某某前往宿舍途中摔伤属于因劳务受到的损害。

关于过错比例的划分问题，根据经审理认定的证据和事实，王某在梁某某行走过程中，多次提醒梁某某注意脚下，且用手机在前面为梁某某照明，说明王某提供的住宿条件较为简陋，其未尽到保障安全的管理义务，王某应承担一定的过错责任。梁某某在王某多次提醒并辅助照明的情况下，其未尽到自身的注意义务，梁某某亦应承担一定的过错责任。另，在劳务活动中，接受劳务一方是主要受益人，作为雇员只是提供劳务并按约定领取劳务报酬，对于劳务活动中的风险，接受劳务一方理应承担更大的责任，结合本案实际情况，综合考虑双方的过错程度、承受能力及弱势群体的基本生存权利等，法院酌情认定王某承担60%的赔偿责任为宜。

梁某某因提供劳务过程中受伤所导致的损失有：医疗费、误工费、营养费、护理费、住院伙食补助费、交通费，共计六项。法院认定梁某某的各项损失赔偿为：医疗费15095.11元、误工费1202元、护理费600元、住院伙食补助费500元、营养费300元、交通费2000元，以上共计19697.11元，王某应承担19697.11元×60%=11818.27元，王某已垫付医疗费3969.71元，应予以扣除，即梁某某应获得的赔偿款共计7848.56元。对梁某某在乙医院的医疗费等，可在补足证据后，另行主张。

山东省武城县人民法院依照《中华人民共和国民法典》第一千一百六十五条第一款、第一千一百九十二条第一款，《最高人民法院关于审理人身损害赔偿案件适用法律若干问题的解释》（2020年12月23日最高人民法院审判委员会第1823次会议通过）第六条、第七条、第八条第一款和第二款、第九条、第十条、第十一条，《中华人民共和国民事诉讼法》第六十四条，《最高人民法院关于适用〈中华人民共和国民事诉讼法〉的解释》第九十条之规定，判决如下：

一、王某于本判决生效之日起十日内赔偿梁某某各项损失共计7848.56元；

二、驳回梁某某的其他诉讼请求。

判决作出后，当事人未上诉，判决已经发生法律效力。

【法官后语】

本案主要涉及提供劳务者受害责任纠纷案件中，对提供劳务一方与接受劳务一方之间的过错责任比例如何进行正确划分的问题。

提供劳务者受害责任是指在个人之间存在劳务关系的前提下，提供劳务的一方因劳务活动自身受到伤害的，在提供劳务一方向接受劳务一方主张损害赔偿时，由双方根据各自的过错程度承担相应的民事责任。在责任归责原则上，适用过错责任原则。

近年来，随着市场经济的高速发展，劳务市场迅速壮大，形态各异的劳务关系可谓呈“雨后春笋”之态势。而随着提供劳务者的维权意识的逐步加强、社会的高度信息化等多方面因素，由法院受理的提供劳务者受害责任纠纷案件亦是呈上升态势。而随着《中华人民共和国民法典》的施行，原《中华人民共和国侵权责任法》被废止，原《最高人民法院关于审理人身损害赔偿案件适用法律若干问题的解释》第十一条“雇员在从事雇佣活动中遭受人身损害，雇主应当承担赔偿责任。雇佣关系以外的第三人造成雇员人身损害的，赔偿权利人可以请求第三人承担赔偿责任，也可以请求雇主承担赔偿责任。雇主承担赔偿责任后，可以向第三人追偿……”的规定亦随之废止。《中华人民共和国民法典》第一千一百九十二条规定，“个人之间形成劳务关系，提供劳务一方因劳务造成他人损害的，由接受劳务一方承担侵权责任……提供劳务一方因劳务受到损害的，根据双方各自的过错承担相应的责任”。由此比对不难发现，《中华人民共和国民法典》对之前司法解释中规定的雇主责任作出了相应变动。而检视当下的司法实践之图景，提供劳务者受害责任纠纷案件的审理之中，则时常出现当事人系雇佣关系，对雇员及雇主之间的过错责任划分难以认定的问题。部分承办法官仍沿用着原《最高人民法院关于审理人身损害赔偿案件适用法律若干问题的解释》第十一条规定的惯性思维，认为雇主应承担全部责任；部分承办法官则困惑于，雇员之过错与雇主之过错应当如何合情合法的权衡。本案则属于实践中较为典型的提供劳务者受害责任案件：双方当事人系雇佣关系，案涉法律事实发生节点恰处于《中华人民共和国民法典》施行后，且双方矛盾争议较大，对雇员及雇主之间过错责任正确、合理的划分是本案的要点、重点、难点。就本案体现出的典型性问题，应依据以下审理思路予以把握：

1. 提供劳务者受害责任纠纷案件的审理中，我们应该意识到，在劳务活动中，接受劳务一方是主要受益人，作为雇员只是提供劳务并按约定领取劳务报酬，对于劳务活动中的风险，接受劳务一方理应承担更大的责任。例如，雇员未尽到对自身安全的合理注意义务的过失与雇主未尽到保障安全的管理义务的过失相较，应当认定雇主承担主要责任，而不应将此视作雇员的“受害者故意”，令其承担过高比例之过错责任。

2. 原《最高人民法院关于审理人身损害赔偿案件适用法律若干问题的解释》第十一条中雇员受伤害，雇主承担无过错责任的规定已废止，对于法律事实发生于《中华人民共和国民法典》施行之后的案件，应按照《中华人民共和国民法典》的规定，对提供劳务者受害责任纠纷案件严格适用过错责任原则予以审理。

3. 在对提供劳务方是否属于因劳务受损害的问题认定上，应当以是否与履行职务有内在联系作为判断的标准。本案中，雇员梁某某在前往宿舍的途中摔伤时，雇主王某全程陪同，其与一般情况下个人自行返回宿舍不同，系接受劳务一方为提供劳务一方安排提供住宿的过程，属于提供劳务行为的延伸，受接受劳务一方的管理，与履行劳务有内在联系。故，法院认为其属于因劳务受到的损害，应当予以赔偿。在此类问题的审理中，承办法官应详细分析提供劳务方的行为与其履行职务之间的内在联系，对系属提供劳务行为延伸的提供劳务受害行为亦应予以充分的保护，最大限度地对弱势群体予以关怀。

综上，在提供劳务者受害责任纠纷案件的审理中，承办法官首先应摒弃惯性思维，综合案件实际情况、原被告承受能力等多方面要素对过错程度作出正确的划分，在正确的前提基础之上，再寻求更高价值位阶的公平与合理，尽量做到法理与情理兼顾，对弱势群体的基本生存权利予以倾向性保护，让司法更有温情、有温度。

编写人：山东省武城县人民法院　周雪纯

33

雇员参加公司年终聚餐饮酒后死亡，公司不承担违反安全保障义务责任

——王某等诉某物流公司群众性活动组织者责任案

【案件基本信息】

1. 裁判书字号

山东省潍坊市中级人民法院（2021）鲁07民终6609号民事判决书

2. 案由：群众性活动组织者责任纠纷

3. 当事人

原告（被上诉人）：王某、宫甲、张某、宫乙

被告（上诉人）：某物流公司

【基本案情】

某物流公司成立于2014年12月，法定代表人为刘某。本案死者宫某，生前系该物流公司货车司机，王某、宫甲、张某、宫乙分别系死者宫某之妻、子、母、父。刘某与宫某于2017年11月签有合伙经营车辆协议书。2021年2月7日，刘某在该公司“物流大家庭群”内@所有人，称“司机师傅们今天下午发工资，晚上一起吃饭！请安排好时间”……当日晚七时许，宫某、刘某等13人在某生态美食园聚餐，席间，宫某自主饮用46°白酒一两左右即身体不适，出现出汗等症状，遂离席吐酒后到车上等候。当晚近九时许就餐结束，刘某之弟开车搭载宫某等人并将其送回家。宫某自己用钥匙开门进屋后用手比划其胸部称不舒服，王某遂叫上儿子宫甲开车将其送至就近卫生所就诊，医生初步诊断后告知需去医院就诊，在呼叫120后，王某陪同宫某由其亲属驾车前往本市人民医院，途中将其转至120救护车上，后宫某经抢救无效死亡。人民医院出具的居民死亡医学证明（推断）书中记载死亡原因为“心脏停搏，未特指”，死亡时间为“2021年2月7日23时50分”，死亡地点为“来院途中”。2021年2月9日，辖区派出所为宫某家属出具了非正常死亡证明。根据王某、宫甲、张某、宫乙申请，一审法院调取了刘某等聚餐者于2021年2月8日在辖区派出所做的询问笔录，均证实在聚餐时没有人主动劝宫某饮酒，公安机关排除了刑事案件的可能。本案一审期间，王某、宫甲、张某、宫乙向本市劳动人事争议仲裁委员会提交了仲裁申请，要求被申请人即本案某物流公司承担宫某非因公死亡待遇的赔偿义务；二审期间，该市劳动人事争议仲裁委员会作出仲裁裁决书，酌定宫某与某物流公司之间成立事实劳动关系，并裁决支持相关非因工死亡待遇赔偿。某物流公司不服仲裁裁决，向法院提起诉讼。

【案件焦点】

1. 某物流公司组织年终聚餐饮酒活动是否属于群众性活动；2. 某物流公司作为活动组织者，对所雇佣司机宫某的死亡是否违反安全保障义务、是否负有过错侵权责任、是否应当对宫某的死亡给予“补偿损失”。

【法院裁判要旨】

山东省安丘市人民法院经审理认为：宫某在参加年终聚餐后经医院抢救无效死亡属实，根据当事人诉争法律关系性质，本案为群众性活动组织者责任纠纷。刘某作为某物流公司的法定代表人，其在公司群内发布聚餐消息，作为群成员之一宫某因此前往参加聚餐，认定某物流公司为该聚餐活动的组织者。某物流公司组织了该次聚餐，即开启了危险源，在活动中便负有相应的安全保障义务，其对死者宫某确已尽到了一般的安全保障义务，但对活动参加者宫某的关照不够审慎、周全，未尽到一个善良组织者在活动参加人员出现特殊情况时应尽的特别安全保障义务。死者宫某作为一个成年人，其具有完全的民事行为能力，其在身体出现不适后存在不当判断和处置。某物流有限公司须承担符合社会一般价值判断所认同的安全保障义务，是在其合理认知、判断限度范围之内使他人免受人身及财产损害的义务。综合死者宫某及某物流公司的过错情节及过错程度，酌定由物流公司对损害后果承担 10%的侵权责任。法院认定王某、宫甲、张某、宫乙的损失为：医疗费 1294.4 元、丧葬费 34573、死亡赔偿金 1355506 元（含被扶养人生活费 480986 元），共计 1391373.4 元。故某物流公司应赔偿 139137.34 元。

山东省安丘市人民法院依照《中华人民共和国民法典》第一千一百六十五条、第一千一百七十九条、第一千一百八十一条、第一千一百九十八条，《最高人民法院关于审理人身损害赔偿案件适用法律若干问题的解释》第六条、第十四条、第十五条、第十六条、第十七条及有关法律法规之规定，判决如下：

一、某物流公司赔偿王某、宫甲、张某、宫乙因宫某死亡导致的损失 139137.34 元，于判决生效之日起十日内付清；

二、驳回王某、宫甲、张某、宫乙的其他诉讼请求。

某物流公司不服一审判决，提起上诉。

山东省潍坊市中级人民法院经审理认为：该案涉聚餐饮酒不符合《中华人民共和国民法典》第一千一百九十八条关于群众性活动组织者责任纠纷规定的性质，即便认定某物流公司是该聚餐活动的组织者，其所负安全保障义务的责任也不属于一般社会安全注意义务。生命权是以自然人的生命安全利益为内容的独立人格权，本案中发生了宫某生命丧失的客观结果，符合民法对侵害生命权的确定标准，本案案由确定为生命权纠纷。依据过错责任原则免除物流公司的责任，这对宫某死亡及其家属的损失都有失公平，原审判决适用法律规则欠当，某物流公司不属于过错侵权责任，故其不应承担责任而应“补偿损失”，故酌定某物流公司补偿被上诉人因宫某死亡带来的损失的10%。另，原审判决计算王某、宫甲、张某、宫乙损失标准适用错误。综上所述，原审判决认定事实清楚，但适用法律不当，本院予以纠正。

山东省潍坊市中级人民法院依照《中华人民共和国民法典》第六条及《中华人民共和国民事诉讼法》第一百七十条第一款第二项之规定，判决如下：

一、变更山东省安丘市人民法院一审民事判决第一项“某物流公司赔偿王某、宫甲、张某、宫乙因宫某死亡导致的损失139137.34元，于判决生效之日起十日内付清”为：某物流公司补偿王某、宫甲、张某、宫乙因宫某死亡导致的损失121058.84元，于本判决生效之日起十日内付清；

二、驳回王某、宫甲、张某、宫乙的其他诉讼请求。

【法官后语】

本案所涉及的核心是《中华人民共和国民法典》第一千一百九十八条关于“违反安全保障义务责任”规定的法律适用问题。

中国是人情社会和熟人社会的传统源远流长且持久影响着社会伦理，其最为典型的常情样态便是基于家庭和友情而组织的“婚丧嫁娶”“老人寿宴”“孩子满月宴、百岁宴”等活动以及基于“小团体”人际关系而组织的“庆功酒会”“文体活动”“户外运动”以及各种“团建”活动，这是在相互熟悉或一起共事的群体中，人们借以交流感情、融洽关系的载体，而且通常伴以饮酒。

这些增进与人之间情感的活动不能称为群众性活动，如果在这些活动中发生损害的情形，对活动组织者或参加者，既不能苛以安全保障义务，亦不能委诸侵权或过错责任。

本案雇佣司机参加物流公司年终聚餐饮酒后死亡，对物流公司不适用违反安全保障义务责任的规定，关键是某物流公司组织年终聚餐并不符合群众性活动组织者责任的法律规则性质，其事实和法律的逻辑分析如下：

1. 从聚餐饮酒责任案件的判例分析来看，多以“过错”归责原则处理。此类案件诸如三五知己好友聚餐饮酒而有参加者死亡，法院多认定共同饮酒者承担赔偿责任，对其中的组织者（个人）往往从责任承担的比例上多分配一些，而聚餐组织者和参加者的赔偿责任，都是建立在对饮酒死亡者没有尽到安全保障义务。其内在法律逻辑是：聚餐活动有组织者和参加者，而且组织者和参加者都负有保障同饮者安全的责任。没有尽到安全保障义务，就要负责。从实践来看，聚餐共饮者有“过错”的情形是：（1）席间过度劝酒，甚至拼酒，尤其是未成年人饮酒；（2）同饮者醉酒且处于危险状态下，没有及时送医；（3）聚餐结束后，没有将醉酒者妥善安全送回家，如醉酒者独自回家遭遇车祸、落水溺亡等；（4）对同饮者酒后驾车离开的行为，没有有效提醒和劝阻。此类案件依据《中华人民共和国民法典》第一千一百六十五条的规定，对同饮者承担责任的以其是否有过错作为一般根据和标准；如果没有过错，则根据《中华人民共和国民法典》第一千一百八十六条的规定，该法条的法理是公平责任：（1）公平分担的规则产生于未成年人和精神病人的赔偿案件，这是法律关系主体的特殊性；（2）受害人的损失、行为人的经济条件，都需要在两者之间进行衡平；（3）双方分担“损失”，而不是“分担民事责任”。因为受害人和行为人都没有过错，就不应该称“责任”。（4）《中华人民共和国民法典》第一千一百六十五条、第一千一百六十六条分别规定了过错责任规则、无过错责任原则，这两个原则形成了归责原则的闭环，能够涵盖所有侵权行为，所以，《中华人民共和国民法典》第一千一百八十六条规定的公平原则不是独立的归责原则，只是补充适用的原则，而且强调有“法律规定”的情形下才能适用。从以往判例来看，聚餐饮酒的责任多以“错过”归责原则处理，尤其对同饮者的责任，但是对组织者的责任也是“过错”原则，很少适用《中华人民共和国民法典》第一千一百九十八条规定（原《中华人民共和国侵权责任法》第三十七条），概括起来说，就是可以表述为“组织者”“活动组织者”，但鲜有表述为“群众性活动组织者”的。

2. 对群众性活动组织者的法律界定，不能作扩大解释和类推适用。(1) 关于群众性活动的类型。根据《大型群众性活动安全管理条例》的规定，其系指“法人或其他组织面向社会公众举办的每场次预计参加人数达到1000以上的下列活动：(一) 体育比赛活动；(二) 演唱会、音乐会等文艺演出活动；(三) 展览、展销等活动；(四) 游园、灯会、庙会、花会、焰火晚会等活动；(五) 人才招聘会、现场开奖的彩票销售等活动。影剧院、音乐厅、公园、娱乐场所等在其日常业务范围内举办的活动，不适用本条例的规定”，从群众性活动的类型来看，国务院该等条例列举的上述内容足以涵盖。(2) 关于群众性的定性。“面向社会公众”——系参加活动的人的身份的不特定性，他们不是同在某一个单位或相对熟悉的群体中的人，他们是因参加群众性活动而聚集到一起的相对陌生的人，所以某个法人或其他组织的内部职工参加的活动更不能被认定是面向社会公众；“参加人数较多”——依常识判断，一般的群众性活动参加人数应该在数十人或者上百人。中国是人情社会和熟人社会，这决定了基于亲情或人际关系的“婚丧嫁娶”“老人寿宴”“孩子满月宴、百岁宴”等活动，不能称为群众性活动。(3) 群众性活动“组织者”定性。根据法条理解，它是“法人或者其他组织”，首先，它不是自然人，这就有别于组织一场聚餐或酒局的个人的定性问题；其次，它不是组织本单位的群众活动，如某个单位的趣味体育运动会、年终庆祝酒会或团建活动，都不是真正意义上的群众性活动。从《中华人民共和国民法典》侵权责任编的立法体系来看，第一千一百九十八条系在“责任主体的特殊规定”中，也就是说，群众性活动组织者系侵权责任中的特殊的责任主体。

3. 群众性活动组织者的“责任”，既属于侵权责任，也属于过错责任。

《中华人民共和国民法典》第一千一百九十八条规定的是“违反安全保障义务责任”，法理上这是一般社会安全注意义务，也蕴含着诚信原则的因素。(1) 性质。安全保障义务的性质是侵权责任层面的法定义务，而且也是一种过错责任(而非过错推定责任)。判断安全保障义务是否履行的标准：法定标准/行业标准/合同标准/善良管理人的标准——如果法律没有规定确定的标准，是否履行了安全保障义务，可以按照善良管理人的标准确定/特别标准——如未成年人的安全保障义务。(2) 类型。安全保障义务的类型有作为和不作为两种，就其因果链的角度分析，作为的安全保障义务是指侵权人在受害人的法益上制造了危险，不作为的安全保障义务则是指未排除威胁到受害人的危险。《中华人民共和国民法典》第一千一百九十八条规定系“不作为”安全保障义务。(3) 群众性活动组织者的责任，一是组织者组织了群众性活动，并开启了危险源；二是组织者对于组织的活动具有一定的控制力，即组织者应当在活动中负监督、管理义务。举例分析，如某商业机构（法人）组织大型群众性抽奖活动并搭建了台子，其间一个抽奖者在走上台阶时，因为台阶的木板断裂而摔倒造成骨折——这种情况，组织抽奖活动的商业机构就负有群众性活动组织者责任，这个安全保障义务是不特定针对某个人的，是普遍对所有参加抽奖活动的群众都负有的责任。而另一种情况：张三参加抽奖活动并幸运地抽到了一等奖——一辆小轿车，当张三上台领奖时，由于心情过于激动，突发心脏病，后经抢救无效遗憾去世。于此，组织这个抽奖活动的商业机构对张三的死亡就不应当负群众性活动组织者责任。因为这个责任具有特定性、个别性，它不属于群众性活动组织者应负的安全保障义务的范畴。

综上，案涉物流公司在年终组织雇佣司机聚餐饮酒，是符合常情的公司内部“小团体”聚会，不能认定其为群众性活动而适用《中华人民共和国民法典》第一千一百九十八条规定。承办法官基于“群众性活动”与其“组织者”及“责任”的法理分析，澄清相关法律概念和法律规则，分析本案群众性活动组织者责任案由所适用法律规则的错误，在此基础上，变更本案案由为生命权纠纷。某物流公司于官某死亡而言，其虽不负过错侵权责任但应“补偿损失”，通过适用《中华人民共和国民法典》第六条的规定，民事主体从事民事活动，应当遵循公平原则，合理确定各方的权利和义务，酌定物流公司补偿官某死亡带来的损失的10%。本案运用权利、义务和责任相统一的法治思维，依照民法基本精神，遵循公平原则，同时，坚持“和为贵”的解纷理念，以中国传统伦理道德作为价值判断标准，最终按照社会正义、公平的观念衡平讼争双方利益及对应义务，谨慎合理裁量，酌定补偿损失，既化解了利益纷争，消除了矛盾对立激化的风险，更修复了人情和熟人社会讼争者的代际关系，取得了法律和社会效果和谐统一。

编写人：山东省潍坊市中级人民法院　尹洪阳

34

雇主指示雇员修缮农村自建房屋，雇员在工作过程中受伤，房主在定作、指示、选任方面没有过错的，不承担赔偿责任

——吴某霞等诉刘某堂、刘某民提供劳务者受害责任案

【案件基本信息】

1. 裁判书字号

山东省惠民县人民法院（2021）鲁1621民初3825号民事判决书

2. 案由：提供劳务者受害责任纠纷

3. 当事人

原告：吴某霞、孔某英、齐某蕊、齐某然

被告：刘某堂、刘某民

【基本案情】

孔某英系齐某国之母，吴某霞系齐某国之妻，齐某蕊系齐某国长女，齐某

然系齐某国次子。刘某民将家中平房修缮工程承包给刘某堂，刘某堂雇用齐某国等人进行施工。2021年9月13日，齐某国在干活时，在房顶掉落摔伤，随后被送往甲医院救治，经诊断齐某国颈髓损伤、腰椎骨折、肋骨骨折、骶骨左侧骨折、左侧锁骨骨折，左侧肩胛骨粉碎性骨折、软组织损伤，后齐某国转至乙医院、丙医院继续治疗，2021年10月22日，齐某国因颈髓损伤死亡。因本次事故给吴某霞等人造成的损失为：医疗费296490.17元；死亡赔偿金874520元（43726元/年×20年）；丧葬费45330.5元；精神损害抚慰金10000元；被抚养人生活费395719.5元；交通费8000元，共计1630060.17元。庭审中，经当事人确认，刘某堂为吴某霞等人已垫付费用60000元。

【案件焦点】

1. 刘某堂对吴某霞等人损失应当承担责任的比例；2. 吴某霞等人撤回对刘某民的起诉是否会加重刘某堂的责任。

【法院裁判要旨】

山东省惠民县人民法院经审理认为：《中华人民共和国民法典》第一千一百九十二条第一款规定："个人之间形成劳务关系，提供劳务一方因劳务造成他人损害的，由接受劳务一方承担侵权责任。接受劳务一方承担侵权责任后，可以向有故意或者重大过失的提供劳务一方追偿。提供劳务一方因劳务受到损害的，根据双方各自的过错承担相应的责任。"本案中，齐某国在为刘某堂提供劳务期间，因劳务受伤后死亡，作为接受劳务的刘某堂应当承担赔偿责任；齐某国作为提供劳务一方，一直从事建筑务工，对自己所从事劳务的危险性应有足够的认识，但在其从事劳务过程中未能尽到足够的安全注意义务，可减轻刘某堂的责任，法院根据案件情况，酌定刘某堂承担70%的赔偿责任，齐某国自担30%。

关于吴某霞等人撤回对刘某民的起诉是否加重了刘某堂的责任承担。刘某民找到常年从事房屋建筑工作的刘某堂来修缮房屋，在选任上没有过错，吴某霞等人撤回对刘某民的起诉并未加重刘某堂在本案中的责任承担，但刘某民自愿给付吴某霞等人的款项应当在总损失中予以扣除。

山东省惠民县人民法院依照《中华人民共和国民法典》第一千一百七十三条、第一千一百七十九条、第一千一百九十二条之规定，判决如下：

一、刘某堂于本判决生效之日起十日内支付吴某霞、孔某英、齐某蕊、齐某然各项经济损失 1053042.12 元；

二、驳回吴某霞、孔某英、齐某蕊、齐某然的其他诉讼请求。

判决作出后，当事人未上诉，判决已经发生法律效力。

【法官后语】

农村自建房修建过程中引起民工受伤的纠纷时有发生，该类纠纷解决的关键在于责任如何划分，从而实现公平正义，达到“三个效果”相统一。

一、三方法律关系的分析

为了正确认定责任的划分和承担，应明确房主、“包工头”和雇员三者之间的法律关系，这也是案件的关键和难点。首先，房主和“包工头”之间为承揽关系。根据《中华人民共和国民法典》第七百七十条的规定，“承揽合同是承揽人按照定作人的要求完成工作，交付工作成果，定作人支付报酬的合同。承揽包括加工、定作、修理、复制、测试、检验等工作”，本案中“包工头”为房主修缮房屋，且房主给付约定修缮费用，是一种专门性承揽合同。其次，“包工头”和雇员之间是劳务关系。雇员向“包工头”提供劳动服务，“包工头”向民工支付劳务报酬，符合劳务关系的特征。

二、责任承担的分析

关于房主是否承担责任。承揽人在完成承揽事项的过程中致人损害的侵权责任，在《中华人民共和国民法典》颁布前，我国的法律未作规定，在审判实践中，一般适用《最高人民法院关于审理人身损害赔偿案件适用法律若干问题的解释》（法释〔2003〕20 号）第十条来处理承揽人侵权的案件，《中华人民共和国民法典》第一千一百九十三条吸收了上述解释的精神和内涵，规定“承揽人在完成工作过程中造成第三人损害或者自己损害的，定作人不承担侵权责任。但是定作人对定作、指示或者选任有过错的，应当承担相应的责任”。由此可知，承揽关系中定作人侵权责任的归责原则为过错责任原则，房主是否应当承担赔偿责任应从其对“包工头”是否存在资质选任过错等方面进行判断。本案属于农村自建房的房屋修缮，根据《村庄和集镇规划建设管理条例》第二十三条第二款的规定，在村庄、集镇规划区内从事建筑施工的个体工匠，承担房屋修缮，无须办理施工资质审批手续，因此，房主刘某民找常年从事房屋建筑工作的刘某堂来修缮房屋符合常理，也未违反法律规定，在选任上没有过错，不应承担赔偿责任，吴某霞等人撤回对房主刘某民的起诉并未加重“包工头”刘某堂的赔偿责任。

关于“包工头”如何承担责任。关于个人提供劳务者受损害的纠纷，《中华人民共和国民法典》颁布前，根据《最高人民法院关于审理人身损害赔偿案件适用法律若干问题的解释》（法释〔2003〕20号）第十一条规定“雇员在从事雇佣活动中遭受人身损害，雇主应当承担赔偿责任”，按照无过错责任原则进行处理；《中华人民共和国民法典》颁布后，根据其第一千一百九十二条第一款“提供劳务一方因劳务受到损害的，根据双方各自的过错承担相应的责任”的规定，实行过错责任原则，因此，“包工头”是否应当承担赔偿责任应从其是否做好施工时的安全保护措施，是否为施工提供安全的环境等方面进行判断。本案中，“包工头”在劳务过程中未能提供相应的安全防护措施，未能尽到必要的安全保障提示义务，承担70%的责任；民工在其从事劳务过程中未能尽到足够的安全注意义务，承担30%的责任。

三、案件的社会价值和影响

“前车之鉴，后事之师”，事故的发生令人惋惜，但更为重要的是从事故中汲取教训，积累经验，减少和避免此类事故的发生。为此，笔者建议从以下几个方面做出努力。

首先，建设部门加强对农村自建房领域的管理。根据《中华人民共和国建筑法》第八十三条和原建设部《关于加强村镇建设工程质量安全管理的若干意见》第三条的规定，对于村庄建设规划范围内的农民自建低层住宅（两层及以下）的建设活动，不适用建筑法，对施工队的资质无强制性要求，由县级建设行政主管部门管理，以为农民提供技术服务和指导作为主要工作方式。建设部门要创新管理方式，加强对农村建房市场的管理，加强对施工队建筑行业知识及行业法律法规的培训指导，对施工队采取备案管理机制，定期实地督察施工场地，发现问题限期整改。

其次，“包工头”增强责任心，切实履行安全防护职责。应完善安全防护措施，提供安全防护设备，创造安全的施工环境，加强对雇员安全提醒，为雇员购买团体保险。

最后，雇员避免侥幸心理，保障自身安全。施工过程中，民工应高度保持安全警惕意识，仔细观察周围作业环境，认真佩戴安全防护设备，避免人身受到伤害。

编写人：山东省惠民县人民法院　陈绍刚　郭娟娟

35

受害人年龄逐渐增大不属于法律规定的应减轻侵权人责任的情形

——朱某诉某开发公司、翟某提供劳务者受害责任案

【案件基本信息】

1. 裁判书字号

山东省淄博市中级人民法院（2021）鲁 03 民终 3894 号民事判决书

2. 案由：提供劳务者受害责任纠纷

3. 当事人

原告（上诉人）：朱某

被告（上诉人）：翟某

被告（被上诉人）：某开发公司

【基本案情】

朱某在给翟某提供劳务过程中患热射病，曾于 2018 年 6 月 26 日向一审法院提起诉讼，一审法院 2019 年 4 月 11 日对于因朱某在提供劳务过程中患热射病造成的经济损失及责任分担依法作出民事判决书，二审维持原判。在一审法院审理过程中，经一审法院委托甲司法鉴定所对朱某的伤情、护理期限、今后治疗费进行司法鉴定，鉴定意见为：朱某之伤构成五级伤残；朱某护理期限至伤残评定前一日，住院期间 2 人护理，出院后 1 人护理；朱某后续治疗费为 2000 元。司法鉴定所补充说明一份，说明：朱某因中暑后遗症，缺血性脑白质脱髓鞘改变，遗留四肢肌力 4 级，依据《人身损害护理依赖程度评定》第 4.1.2 项之规定，经测量、计算，总分值为 61 分以上，按照《人身损害护理依赖程度评定》第 4.1.2 项护理依赖 4.2.1.2 条之规定，朱某无护理依赖。乙司法鉴定所对朱某的精神伤残等级进行鉴定，于 2019 年 1 月 17 日出具鉴定意见为：诊断：器质性精神障碍，朱某符合五级伤残。一审法院根据查明事实判决翟某赔偿伤残赔偿金、医疗费、误工费、护理费等各项损失 742519.85 元。因在甲司法鉴定所鉴定后，朱某于 2018 年 12 月 26 日至 2019 年 1 月 4 日在甲医院住院治疗热射病相关病症 9 天，该次诊疗情况未作为第一次伤残鉴定的相关材料。本次诉讼中，因第一次伤残鉴定后治疗结束，对于朱某申请对最后一次治疗后，其伤残等级及护理依赖程度进行鉴定。同时，翟某申请对朱某目前伤情是否与原事故存在因果关系及参与度进行鉴定。经丙司法鉴定所鉴定，朱某四肢瘫构成五级伤残、不完全运动性失语构成八级伤残；朱某属完全护理依赖；朱某目前伤情与原事故存在直接因果关系，参与度 100%。朱某提起本案诉讼请求依法判令某开发公司、翟某赔偿自鉴定后的护理费 500000 元。

【案件焦点】

受害人年龄逐渐增大是否属于法律规定的应减轻侵权人责任的情形。

【法院裁判要旨】

山东省淄博市淄川区人民法院经审理认为：朱某在给翟某提供劳务过程中得热射病导致肢体残疾、精神残疾，事实清楚，证据充分。翟某作为接受劳务方，应承担主要赔偿责任，此前的民事判决已对双方责任予以明确，朱某应自行承担 10%，翟某承担 90%责任。朱某于 2018 年 12 月 26 日至 2019 年 1 月 4 日住院治疗，经鉴定，朱某不完全运动性失语构成八级伤残，且目前伤情与原事故存在直接因果关系，参与度 100%，朱某主张的残疾赔偿金 17490. 4 元符合法律规定，予以支持。本次诉讼中，经鉴定朱某属于完全护理依赖，故朱某要求赔偿护理费，符合法律规定。因朱某在此前诉讼案件中鉴定无护理依赖，故护理费仅支持从本次鉴定后计算，结合朱某的年龄及现状，酌情支持五年的护理费，五年后可另行主张。两次诉讼中的鉴定，从无护理依赖到完全护理依赖，说明朱某病情逐渐加重，这与朱某年龄逐渐增大，身体机理不断老化有一定的因果关系，故护理费不应由翟某全部承担，应由朱某自行承担 30%。护理费参照当地护工收入标准，按每天 120 元计算，五年护理费为 219000 元。本案涉案工程涉及居民楼地下管网的施工，翟某作为工程的承包人应当具备相应施工资质或者安全生产条件。翟某没有提供相应的安全生产条件，发包人某开发公司应对翟某承担的民事责任承担连带赔偿责任。

山东省淄博市淄川区人民法院依照《中华人民共和国侵权责任法》第十六条、第三十五条，《最高人民法院关于审理人身损害赔偿案件适用法律若干问题的解释》第十一条、第十七条、第十八条、第十九条、第二十条、第二十一条、第二十二条、第二十三条、第二十五条、第二十八条，《中华人民共和国民事诉讼法》第六十四条第一款、第一百四十四条之规定，判决如下：

一、翟某赔偿朱某伤残赔偿金、鉴定费、精神损害抚慰金、交通费，合计 25670. 4 元的 90%，计 23103. 36 元；

二、翟某赔偿朱某护理费 219000 元的 70%，计 153300 元；上述一、二项共计 176403. 36 元，翟某于判决生效后十日内付清；

三、某开发公司对上述债务承担连带责任；

四、驳回朱某的其他诉讼请求。

朱某、翟某均不服一审判决，提起上诉。

山东省淄博市中级人民法院经审理认为：本案争议焦点为翟某对朱某护理费应按何种比例赔偿。一审认定朱某病情逐渐加重与朱某年龄逐渐增大、身体机理不断老化有一定的因果关系，判令由朱某自行承担护理费的30%。但根据本案中的鉴定结论，朱某四肢瘫构成五级伤残、不完全运动性失语构成八级伤残；朱某属完全护理依赖；朱某目前伤情与原事故存在直接因果关系，参与度100%。而未有证据证实朱某两次诉讼中从无护理依赖到完全护理依赖是与朱某的年龄增大有因果关系。且即便朱某不断年龄增大，也不属于法律规定的被侵权人存在过错应减轻侵权人责任的情形。故根据双方前案对责任比例的划分，翟某应对朱某的护理费承担90%的赔偿责任。

山东省淄博市中级人民法院依照《中华人民共和国侵权责任法》第十六条、第三十五条，《最高人民法院关于审理人身损害赔偿案件适用法律若干问题的解释》第十一条、第十七条、第十八条、第十九条、第二十条、第二十一条、第二十二条、第二十三条、第二十五条、第二十八条，《中华人民共和国民事诉讼法》第六十四条第一款、第一百四十四条、第一百七十条第一款第二项之规定，判决如下：

一、维持一审民事判决第一、三项；

二、撤销一审民事判决第二、四项；

三、翟某赔偿朱某护理费219000元的90%，计197100元。上述一、三项共计220203.36元，翟某于本判决生效后十日内付清；

四、驳回朱某的其他诉讼请求。

【法官后语】

本案中，朱某由第一次鉴定无护理依赖到第二次鉴定为完全护理依赖，产生了额外的护理费用，对于该项费用能否以朱某随着年龄增长身体机理不断老化为由而让其自行承担一部分？而该问题的实质则是被侵权人年龄逐渐增长是否属于法律规定的应减轻侵权人责任的情形。

在侵权责任领域，除正当防卫、紧急避险、第三人过错、不可抗力外，根据我国法律规定，受害人过错也是侵权责任的法定减轻或免除事由。《中华人民共和国民法典》（以下简称《民法典》）第一千一百七十三条规定："被侵权人对同一损害的发生或者扩大有过错的，可以减轻侵权人的责任。"据此，侵权人在被侵权人对损害发生也有过错时，可以被侵权人过错为由进行抗辩，减轻自身责任。此项条款也被称为过失相抵原则，在适用此原则时应该重点考虑被害人的过错形态与过错程度。被害人实施的某种行为（包括作为与不作为）对损害结果的发生及损害结果的扩大具有因果关系，存在因果关系是被害人存在过错的前提条件，若没有因果关系，那么根本上就不存在过错之说了。在《民法典》第一千一百七十三条中限定了受害人过错的两种形态，即同一损害的发生或者扩大，如受害人能够采取合理措施阻止损害扩大而怠于采取措施，需要以社会一般人的观念来进行判断。对于受害人过错程度的认定，一方面要根据一般注意义务来进行判断；另一方面是需要采取较低标准来进行衡量，以区别于对侵权人过错程度的衡量。综上，只有当被侵权人同时存在过错形态与过错程度，才能认定其对损害结果发生或扩大存在过错，能够抵消侵权人的部分责任，从而对侵权人的责任进行减轻。

根据《民法典》第一千一百九十二条规定，个人劳务关系中由劳务双方根据各自过错承担相应责任，本案中一审法院以朱某随着年龄增长身体机能不断老化为由，推定其对自身身体损害的程度加重负有一定的责任，因此承担30%的责任，实质上减轻了侵权人的责任，有将受害人年龄增长导致身体机能老化作为过错抵销责任之嫌。首先，经鉴定已证明朱某的伤情与原事故存在直接因果关系，参与度为100%，没有证据证明朱某伤情的加重是因自身年龄增大引起，因果关系并不存在。其次，朱某年龄不断增大是正常的生理现象，不受人为因素控制，不属于被侵权人的过错，更不属于法律规定的减轻事由。因此本案应根据双方前案对责任比例的划分由翟某应对朱某的护理费承担90%的赔偿责任。

编写人：山东省淄博市中级人民法院　荣明潇　杨富元

山东省淄博市淄川区人民法院　苏晓阳

四、雇主与其他被告、第三人之间的责任划分

36

第三人造成雇员人身损害的，由雇主与第三人承担不真正连带赔偿责任

——顾某珍诉何某东、某物业管理公司生命权、健康权、身体权案

【案件基本信息】

1. 裁判书字号

江苏省常熟市人民法院（2021）苏 0581 民初 9811 号民事判决书

2. 案由：生命权、身体权、健康权纠纷

3. 当事人

原告：顾某珍

被告：何某东、某物业管理公司

【基本案情】

某物业管理公司雇用顾某珍从事保洁工作，2020 年 10 月 1 日上午，顾某珍至何某东卸货的货车旁打扫卫生，何某东在货车上卸货时，因操作不慎导致车上包裹掉落砸伤顾某珍。事故发生后，顾某珍被送至医院住院治疗，后经鉴定，此次伤情构成十级伤残。

【案件焦点】

1. 某物业管理公司与何某东向顾某珍如何承担不真正连带责任；2. 某物业管理公司与何某东之间的责任如何划分。

【法院裁判要旨】

江苏省常熟市人民法院经审理认为：雇佣活动中第三人致雇员受伤，雇员可向雇主主张权利，亦可向雇佣关系以外的第三人主张权利。对雇员同时起诉雇主和第三人的应予准许，两被告应向雇员承担不真正连带责任：对雇员而言，可向两被告中任何一方主张全部的非己方赔偿责任；对第三人与雇主而言，雇主向雇员承担责任后，雇主可向第三人单向追偿，第三人与雇主应承担各自终局的过错责任。

江苏省常熟市人民法院依照《中华人民共和国侵权责任法》第六条、第十六条、第二十二条，《最高人民法院关于审理人身损害赔偿案件适用法律若干问题的解释》第十一条，《最高人民法院关于适用〈中华人民共和国民法典〉时间效力的若干规定》第一条第二款之规定，判决如下：

一、某物业管理公司应于本判决生效后十日内向顾某珍承担的赔偿范围为129919.85元；何某东应于本判决生效后十日内向顾某珍承担的赔偿范围为93831元。其中某物业管理公司的债务清偿或执行后，何某东的债务消灭；其中何某东的债务清偿或执行后，某物业管理公司同等数额之债务消灭；

二、某物业管理公司最终应负担36088.85元，且不得以此项判决对抗顾某珍依第一项判决对其提出的给付全部债务之请求或强制执行之申请；

三、依据第二项判决所确定的份额，某物业管理公司因履行第一项判决即129919.85元而超越自己应负担的份额即36088.85元而为清偿或执行的，有权直接向未为给付或未为足额给付的何某东请求偿还其超额给付的部分，无须另行提起诉讼；

四、驳回顾某珍的其他诉讼请求。

判决作出后，当事人未上诉，判决已经发生法律效力。

【法官后语】

《最高人民法院关于审理人身损害赔偿案件适用法律若干问题的解释》（法释〔2003〕20号）第十一条第一款规定："雇员在从事雇佣活动中遭受人身损害，雇主应当承担赔偿责任。雇佣关系以外的第三人造成雇员人身损害的，赔偿权利人可以请求第三人承担赔偿责任，也可以请求雇主承担赔偿责任。雇主承担赔偿责任后，可以向第三人追偿。"该款对雇佣关系以外的第三人造成雇员人身损害产生的不真正连带责任（如图）进行了规定，《中华人民共和国民法典》第一千一百九十二条基本内容吸收了上述司法解释的规定。

该责任形态与一般的连带责任有着特殊的不同法理基础：一是法律关系的竞合。雇员可以选择基于雇佣关系和法律特殊规定向雇主主张权利，亦可以选择基于第三人的直接侵权行为向第三人主张权利，虽对雇员所负债务的基础不同，二者却指向同一标的，故雇员可在请求权竞合中进行选择。二是两种债务之间有最终的负担者。该款规定雇主承担赔偿责任后，可以向第三人追偿，说明最终的义务有确定的负担人和负担份额。可能雇主在第三人侵害雇员时会存在不作为的过失（如未尽保护照顾义务），但是毕竟第三人的侵权行为才是造成损害发生的最直接、最根本的原因，人民法院宜按照提供劳务者受害责任纠纷和一般的侵权纠纷分别进行说理，并判决责任主体承担终局的按份责任。第三人与雇主间不真正连带责任应满足以下条件：

第一，雇员的损害发生在"从事雇佣活动中"，也即雇员在雇主的指示下进行劳务活动，劳务一般不应超出指示范围，如果超出了，则应看劳务活动的实质内容是否和雇主的指示存在内在联系，如果有内在联系，仍可以视为"从事雇佣活动"，可以用地点、时间、目的这几个因素来辅助界定是否发生在"从事雇佣活动"中。本案中，顾某珍系在工作时间，于指定的上班地点因保洁工作受伤，满足"从事雇佣活动"的条件。

第二，雇员的损害是第三人侵权造成。具体而言，不真正连带责任要求雇员受到损害时有第三人行为的介入，同时雇主存在"不作为"，且第三人行为的介入是导致雇员受到损害的最直接、最主要的原因力。本案中，何某东在车辆上卸包裹时因操作不慎，导致包裹掉落砸伤顾某珍，何某东应当承担主要责任。同时，某物业管理公司雇用顾某珍，未提醒或提前告知车辆卸货的危险，未尽到保护义务，亦有“不作为”。

雇主、第三人、雇员之间的责任分摊亦是本案的焦点。其一，过错大小的比例确认。由于雇主存在非直接原因力的不作为，可将雇主的不作为和第三人的行为视为一个整体，再和雇员的行为进行比较，以确认双方的过错比例。本案中，顾某珍看到何某东等在卸货，明知现场有一定危险，却仍靠近打扫，导致被包裹砸伤，应自负10%的责任，雇主应在90%的范围内与第三人承担不真正连带责任。其二，雇主的追偿权。因为法律的设定，雇主对第三人有单向的、不可逆的追偿权。比较第三人的直接侵权原因力和雇主的不作为非直接原因力，某物业管理公司在其承担的90%的赔偿责任中有25%由其自行承担，剩余65%可向何某东追偿。

综上，请求权的竞合赋予雇员选择权，其可基于诉讼便利、举证便利和得到赔偿的难易程度等来选择向某一责任主体或全部主体主张权利，这也是侵权法中基于雇佣关系的对内保护责任的落实，以及雇主单向追偿权的考量基础；第三人承担赔偿责任是典型归责基础——自己责任原则的贯彻；雇主的不作为非直接原因力导致其承担责任，是他人利益和自己责任原则的落实。所以，在对外关系上，为保护受害者权益，填补侵权造成的损失，雇员有权向作为和不作为侵权者主张权利；在对内关系上，雇主和第三人应按照各自过错程度和原因力等级承担终局的按份赔偿责任，雇主负担责任中有两部分：自负终局责任和风险责任，就风险责任部分，其可直接向第三人追偿，这一机制将向第三人求偿不能的风险从雇员处转移到雇主处，再次体现了对受害人的保护。

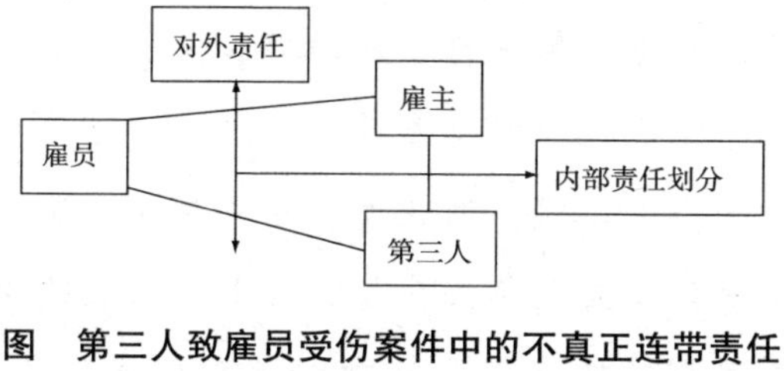

图　第三人致雇员受伤案件中的不真正连带责任

编写人：江苏省常熟市人民法院　李远　董飘洒

37

提供劳务期间因第三人造成的人身损害，可以向劳务接受方请求赔偿

——谌某塔诉某环境卫生管理所提供劳务者受害责任案

【案件基本信息】

1. 裁判书字号

四川省绵阳市中级人民法院（2021）川 07 民终 3860 号民事判决书

2. 案由：提供劳务者受害责任纠纷

3. 当事人

原告（被上诉人）：谌某塔

被告（上诉人）：某环境卫生管理所

【基本案情】

2020 年 8 月 31 日，谌某塔（乙方）与某环境卫生管理所（甲方）签订劳务合同，合同载明“第一条　本协议期限为 1 年，于 2020 年 9 月 1 日生效，至 2021 年 8 月 31 日终止；第二条　乙方负担的劳务内容、要求为城区街道清扫保洁……第五条　每月底支付上月工资，目前每月工资为 1915 元；第七条　甲、乙双方约定，甲方为符合条件的乙方购买雇主责任险一份……第九条　甲方对乙方的特别要求：1. 严格按甲方规章制度作业，若乙方违反甲方管理规章制度，甲方可以单方面终止合同，因此发生的责任事故由乙方自行负责，并承担一切损失……第十四条　因本协议引起的或与本协议有关的任何争议，均提请某市或某县仲裁委员会按照该会仲裁规则进行仲裁。仲裁裁决是终局裁决，对双方均有约束力”。

谌某塔工作内容为负责西干道道路卫生打扫及垃圾清运，二人轮班。2020年12月4日6时40分许，谌某塔在驾驶人力三轮车行驶至新西外街路段时，与案外人驾驶的三轮电动车相撞，造成谌某塔受伤、车辆受损的交通事故，事故发生后案外人逃逸。后公安局交通警察大队出具交通事故认定书，认定案外驾驶人应当承担此次事故的全部责任，谌某塔在此次事故中无责任。谌某塔受伤后被送往医院救治，自2020年12月4日入院至2020年12月21日出院，共住院治疗17天。住院期间谌某塔前后共支出医疗费用23872.41元，某环境卫生管理所垫付23372.41元。2020年3月17日，经门诊诊断谌某塔预计取出内固定费用约7000元左右。2021年3月29日，谌某塔委托某司法鉴定所对伤残等级进行鉴定，2021年4月1日，该所做出司法鉴定意见书，鉴定意见为：谌某塔（被鉴定人）的左侧肩部损伤评定为十级伤残，此次鉴定费用为1000元。出院后谌某塔复查门诊费共计花费485.21元。

【案件焦点】

1. 发生交通事故时谌某塔是否在从事劳务活动，某环境卫生管理所是否应当对谌某塔的损害承担赔偿责任；2. 双方是雇佣关系还是劳务关系及双方之间无过错责任承担；3. 约定仲裁的效力问题。

【法院裁判要旨】

四川省三台县人民法院经审理认为：结合谌某塔工作性质、事发地点及庭审中查明的事实，能够证明谌某塔受伤时系前往工作地点从事清扫工作，故法院认定谌某塔遭受交通事故发生在从事劳务活动中。

一是双方是雇佣关系还是劳务关系的问题。法院认为，雇佣关系是指受雇佣人在一定或不特定的期间内，接受雇佣人的指挥与安排，为其提供特定或不特定的劳务，雇佣人接受受雇人提供的劳务并依约给付报酬的权利义务关系，双方具有支配和服从的关系，受雇人须听从雇佣人的安排，按其意志提供劳务。劳务关系是指平等主体之间就劳务事项进行等价交换过程中形成的权利义务关系。结合本案，一方是公民个人，另一方是行政部门，主体不平等；一方提供服务，另一方对其劳动成果进行管理、监督、评比、检查，二者系支配与被支配的关系；一方付出劳动力，另一方享有劳动成果，且此成果不是付酬的直接对象。根据谌某塔与某环境卫生管理所签订的《劳务合同书》及工作内容、管理模式、报酬待遇等，可以认定谌某塔与某环境卫生管理所之间符合雇佣关系的构成要件。

二是谌某塔是否有权向某环境卫生管理主张损害赔偿。根据《最高人民法院关于适用〈中华人民共和国民法典〉时间效力的若干规定》第一条第二款的规定，引起某环境卫生管理所与谌某塔之间纠纷的法律事实即案涉交通事故发生在民法典实行以前，应当适用当时的法律、司法解释的规定作为本案的法律依据。根据《最高人民法院关于审理人身损害赔偿案件适用法律若干问题的解释》第十一条第一款规定，"雇员在从事雇佣活动中遭受人身损害，雇主应当承担赔偿责任。雇佣关系以外的第三人造成雇员人身损害的，赔偿权利人可以请求第三人承担赔偿责任，也可以请求雇主承担赔偿责任。雇主承担赔偿责任后，可以向第三人追偿"。本案中，谌某塔是在提供劳务期间，因雇佣关系以外的第三人因交通事故造成的人身损害，属于请求权竞合。谌某塔既可以选择以侵权为基础法律关系即机动车交通事故责任纠纷，也可以选择以雇佣关系即提供劳务者受害责任纠纷来维护自己的权利，某环境卫生管理所在承担责任之后，有权向造成事故的当事人进行追偿，因此谌某塔选择以提供劳务者受害责任纠纷提起赔偿的请求并无不当。

三是关于责任承担，雇员在从事雇佣活动中遭受第三人损害，雇员向雇主提出赔偿请求，该请求不以雇主即接受劳务一方存在过错为前提，雇主承担无过错责任。某环境卫生管理所应当对谌某塔的损害承担无过错责任，但该无过错责任并非终局性责任承担，法律赋予接受劳务一方承担责任后向第三人的追偿权。某环境卫生管理所对谌某塔的损害赔偿责任后，可向肇事者追偿，谌某塔及家人在事故发生后，未及时采取有效措施致使肇事方逃逸，导致某环境卫生管理所追偿权受到较大影响，存在过错。根据《中华人民共和国侵权责任法》（以下简称《侵权责任法》）第二十六条之规定，"被侵权人对损害的发生也有过错的，可以减轻侵权人的责任"，对于谌某塔遭受的损失，可以根据双方各自的过错承担相应的责任。本案中，谌某塔作为成年人，在提供劳务中对自己的安全利益疏于维护，对事故的发生存在一定过错。同时，综合本案事实并参考谌某塔过错程度，酌定谌某塔负担20%的责任，某环境卫生管理所负担80%的责任。

四是约定仲裁的效力问题。关于某环境卫生管理所辩称双方签订的《劳务合同书》上约定了发生争议应予仲裁的问题，依据双方签订的《劳务合同书》第十四条约定，“因本协议引起的或与本协议有关的任何争议，均提请某仲裁委员会按照该会仲裁规则进行仲裁。仲裁裁决是终局裁决，对双方均具有约束力”，上述合同约定了两个以上的仲裁机构，依据《中华人民共和国仲裁法》第十八条“仲裁协议对仲裁事项或者仲裁委员会没有约定或者约定不明确的，当事人可以补充协议；达不成补充协议的，仲裁协议无效。一方当事人已经向人民法院提起诉讼的情况下，应当推定当事人之间无法就仲裁机构问题达成补充意见”及《最高人民法院关于适用〈中华人民共和国仲裁法〉若干问题的解释》第五条“仲裁协议约定两个以上的仲裁机构的，当事人可以协议选择其中的一个仲裁机构申请仲裁；当事人不能就仲裁机构选择达成一致的，仲裁协议无效”的规定，故法院对本案具有管辖权，对某环境卫生管理所辩称本案应先予仲裁的理由不予采信。

四川省三台县人民法院依照《中华人民共和国侵权责任法》第六条、第十六条、第二十二条、第二十六条，《最高人民法院关于审理人身损害赔偿案件适用法律若干问题的解释》第二条、第十一条、第十七条、第十八条、第十九条、第二十条、第二十一条、第二十二条、第二十三条、第二十四条、第二十五条，《中华人民共和国民事诉讼法》第一百四十二条之规定，判决如下：

一、某环境卫生管理所于本判决生效之日起十日内赔偿谌某塔各项损失74174.48元；

二、驳回谌某塔的其他诉讼请求。

某环境卫生管理所不服一审判决，提出上诉。

四川省绵阳市中级人民法院经审理认为：根据《最高人民法院关于适用

〈中华人民共和国民法典〉时间效力的若干规定》第一条第二款的规定，引起某环境卫生管理所与谌某塔之间纠纷的法律事实即案涉交通事故发生在民法典实行以前，应当适用当时的法律、司法解释的规定作为本案的法律依据。谌某塔因人身受到损害，应当依法适用《侵权责任法》及《最高人民法院关于审理人身损害赔偿案件适用法律若干问题的解释》（法释〔2003〕20号）作为本案的法律依据。关于某环境卫生管理所与谌某塔之间的法律关系一审判决已作详细阐释，应当认定为雇佣关系。根据谌某塔的陈述结合交警大队的事故认定书，足以认定谌某塔是在前往某环境卫生管理所指定的工作地点从事清扫工作的路途中遭受人身损害，虽然案涉交通事故不是发生在某环境卫生管理所指定的工作场所，但谌某塔的上班行为与其为某环境卫生管理所提供劳务是密切相关的，故某环境卫生管理所作为雇主应依法承担相应的赔偿责任。综上所述，某环境卫生管理所的上诉请求不能成立，应予驳回；一审判决认定事实清楚，适用法律正确，应予维持。

四川省绵阳市中级人民法院依照《中华人民共和国民事诉讼法》第一百七十条第一款第一项及《最高人民法院关于适用〈中华人民共和国民法典〉时间效力的若干规定》第一条第二款的规定，判决如下：

驳回上诉，维持原判。

【法官后语】

上述案件事实认定的分析表明，实践中难以判断的主要是发生交通事故时伤者是否在从事劳务活动、双方构成雇佣关系还是劳务关系。

在实践中，劳务使用方和劳务提供方达成的劳务关系的协议，只能证明双方之间存在劳务关系，这本身并不足以让劳务使用方来承担相应的赔偿责任。如劳务提供方是在做私事过程中导致他人或者自己受到人身损害，劳务使用方显然无须承担责任。只有在发生人身损害事实与提供的劳务之间存在相应的关联时，由劳务使用方承担相应责任才有合理依据。《中华人民共和国民法典》（以下简称《民法典》）第一千一百九十二条规定了提供劳务一方因劳务造成他人损害或者因劳务自己受到伤害，但是其含义显然是指损害是因“提供劳务”而发生。因此，如何判断提供劳务就成了劳务关系损害赔偿案件的事实难点和关键。

关于提供劳务的范围，如前所述，劳务关系在广义上与雇佣关系相似，在实务中也与雇佣关系相混同，一般而言，判断提供劳务的范围需要考虑的因素包括：1. 劳务的时间或者地点。劳务提供方提供劳务的时间或地点，对于认定其是否在提供劳务的范围之内尤为关键。从理论上讲，人身损害的发生与劳务提供方提供劳务的时间或地点并非一一对应，某些情况下，即使在提供劳务的时间或者地点之外，如果损害与提供劳务之间有内在联系，也同样可以要求劳务使用方承担责任；2. 利用提供劳务的机会实施的行为。比如，工人利用提供劳务的机会，盗窃业主的财物。又如，汽车修理工利用汽车在店里维修之际，私自开车出去发生交通事故，造成他人人身伤害。此类行为，是否属于提供劳务，需要判断其实施的行为是否与其提供劳务有逻辑上的关联性；3. 附带办理个人事务的行为，由于劳务关系本身对于劳务提供方的人身支配程度有限，因此在提供劳务时顺便附带办理个人事务的情况很常见，然而就此产生的损害赔偿责任，是否一定是由劳务使用方来承担的问题，则应该判断其行为是否与提供劳务有关联。

法律之所以规定劳务接受方在一定条件下承担劳务提供方造成的损害赔偿责任，主要考量两个方面的利益平衡：一方面，劳务提供方往往赔偿能力有限，如果劳务提供方确因提供劳务受到人身损害，则规定劳务接受方承担赔偿责任有助于增加受害人求偿的机会；另一方面，避免随意扩大劳务接受方的赔偿责任而放纵劳务提供方的行为，从社会公平的角度来看，谁受益谁承担责任更为合理，因劳务活动的受益者是劳务接受方，规定劳务使用方承担相应的赔偿责任具备合理性，反之，如果劳务提供方实施的行为实际上与劳务无关，则劳务接受方并非该行为的受益人，该情形下，让劳务接受方承担赔偿责任显然也不公平。

因此，在对是否是提供劳务导致伤害的事实认定时，必须综合考虑约定的劳务事项的范围及内在联系。事实上，个人劳务关系的劳务接受方同样不是社会上占有强势地位的大型企业或者政府机构等主体，也有可能是很普遍的个人主体。

通过上述的案例分析，雇佣关系和劳务关系二者主要区别表现在以下几点：

第一，主体不同。雇佣关系的受雇佣方的主体比较确定，一般为自然人。一般来说，雇员要按照雇主的要求和指示工作，同时也表现为被雇佣者在雇佣关系中处于弱者的地位。但是劳务关系的主体双方是不特定的，可以双方都是法人，也可以都是自然人，还可以是自然人或者法人。因双方地位平等，当事人之间达成的意思表示真实、自愿。提供劳务的一方按照对方的要求完成工作，对方根据提供劳务方的劳务成果支付报酬。双方不像雇佣关系那样存在人身的隶属性。双方是独立平等的。

第二，待遇和风险负担不同。如上所述，雇佣关系中双方的主体地位是不同的。受雇佣方按照雇主的指示和要求从事特定的劳动。劳务关系与雇佣关系不同，劳务关系更加注重结果。二者的风险负担也不同，雇佣关系隶属于雇主，所以风险由雇主负担，劳务关系中双方地位平等，提供劳务方是独立的主体，独立承担风险。2003年12月，最高人民法院颁布了《最高人民法院关于审理人身损害赔偿案件适用法律若干问题的解释》（以下简称《人身损害赔偿若干问题的解释》），明确雇佣关系损害赔偿纠纷中，雇员可行使选择权，如雇员选择雇主承担赔偿责任，雇主既没有抗辩的权利，也减轻或免除责任的权利，虽有效地保护了雇员的权利，但并没有充分考虑雇主的权益，无形中增加了雇主用工的责任成本，有失公平。后来颁布的原《侵权责任法》虽明确规定个人劳务关系中，雇员因劳务受到损害赔偿采用过错责任原则，但未独立提及雇佣关系，亦未对因第三人行为致雇员损害赔偿做出明确规定。现实施的《民法典》虽未单独提及雇佣关系，但《民法典》第一千一百九十二条在继承原《侵权责任法》个人劳务关系中雇员损害采取过错责任原则的基础上，对第三人致雇员损害作出了明确的规定，第三人对雇员损害承担侵权责任，雇主承担补偿责任，并且雇员享有选择的权利。《民法典》的新规定，对雇主过错追责原则的适用，既充分有效地保护了雇员的利益，又高度重视了雇主权益的维护，更贴近于现实生活中类似纠纷的民间处理方式。

第三，当前的司法实践，第三人致雇员损害，雇员同时起诉侵权第三人和雇主，法官往往要求雇员择一起诉。《民法典》虽然也规定了雇员对侵权第三人和雇主请求权的选择权，但也体现二者之间非典型的不真正连带责任。明确雇员可同时起诉雇主和第三人的诉讼，一是符合《民法典》的立法精神，其并未违背雇员选择权的行使，可见，这种诉讼设置在某种程度上更能体现对雇员选择权的尊重。二是诉讼实际上是对未知的探索过程。在起诉阶段，仅凭原告的诉状很难全面了解案情，更难对纠纷作出准确的定性。三是通常来说同一诉讼解决同一法律关系引发的纠纷，在侵权第三人致雇员损害中，雇员相对侵权第三人和雇主而言，属于不同的法律关系，享有不同的请求权，不宜同时诉讼。但随着经济的发展，新类型案件不断涌现，在审判实务中，一起案件中出现多个法律关系已常见。四是虽然此类案件是两种请求权的竞合，但诉讼标的相同，可完全采用一并诉讼的方法使雇员、雇主和第三人共同参加诉讼，更便于法官一次查明事实，分清过错程度，合理分配责任，既减轻当事人的诉累，又节约了司法资源。

司法实践中，我们会遇到个人与单位之间形成劳务关系的情况，在《民法典》生效之前，《人身损害赔偿若干问题的解释》第十一条规定，雇员在从事雇佣活动中遭受人身损害，雇主应当承担赔偿责任。从该条法律规定来看，若临时性雇员发生人身损害，让用人单位承担无过错责任，显然不符合公平合理的原则。因此，在《民法典》出台后，删除了此规定。从现有《民法典》的相关规定来看，关于劳务关系中雇员受伤损害赔偿方面的立法规定并不多。《民法典》第一千一百九十一条规定，劳务派遣期间，被派遣的工作人员因执行工作任务造成他人损害的，由接受劳务派遣的用工单位承担侵权责任；劳务派遣单位有过错的，承担相应的责任。《民法典》第一千一百九十二条规定，个人之间形成劳务关系，提供劳务一方因劳务受到损害的，根据双方各自的过错承担相应的责任，此条法律主要针对的是个人之间的劳务关系。《民法典》第一千一百九十三条规定，承揽人在完成工作过程中造成第三人损害或者自己损害的，定作人不承担侵权责任。但是，定作人对定作、指示或者选任有过错的，应当承担相应的责任。此条法律规定中，主要针对的是承揽关系。由此可见，如果个人在单位安排的劳务活动中受到人身损害，我国并没有相关法律条文支撑个人的赔偿请求。由于双方不属于劳动关系，因此也无法用《中华人民共和国劳动法》来进行调整。在先前的法律中，《人身损害赔偿若干问题的解释》第十一条能够解决此问题，但是该条法律也已废止，而《民法典》中最接近此法律规定的条款无疑为第一千一百九十二条，但是此条只适用于个人之间形成的劳务关系；另外，《民法典》第一千一百九十二条主张根据双方各自的过错承担相应的责任，可以说削弱了用人单位损害赔偿的力度，这对于提供个人劳务的劳动者而言，无疑是十分不利的。

综上分析，个人与单位之间形成劳务关系以及劳务关系和雇佣关系在劳动者是否存在隶属关系、付酬条件、是否纳入劳动者的保护范围、双方的关系、责任分担等方面存在很大的差异，故在这几类案件中我们要准确地定性，既要区分基础理论法律关系的区别，又要在既有的法律框架内解决该类案件，才能更好地适应当今社会所呈现出的各种新奇的法律关系的需要。

编写人：四川省三台县人民法院　姚倩倩

38

单方事故中司机与保险公司达成调解协议后发现伤残能否继续向雇主请求赔偿

——韦某会诉黄某超、林某强提供劳务者受害责任案

【案件基本信息】

1. 裁判书字号

广西壮族自治区鹿寨县人民法院（2021）桂0223民初1533号民事判决书

2. 案由：提供劳务者受害责任纠纷

3. 当事人

原告：韦某会

被告：黄某超、林某强

第三人：某保险公司钦州支公司、某运输公司

【基本案情】

2017年10月30日20时35分，韦某会驾驶桂N6××重型自卸货车在卸货过程中，车辆向右侧发生翻车，造成车辆损坏、韦某会受伤的道路交通事故。公安局交通管理大队出具《道路交通事故认定书（简易程序）》，认定韦某会承担此事故的全部责任。本案事故车辆桂N6××重型自卸货车在某保险公司钦州支公司投保有机动车车上人员责任保险——司机险，保险金额50000元。上述事故发生后，某保险公司广西分公司作为甲方、某运输公司作为乙方、韦某会作为丙方，于2017年11月20日签订《交通事故赔偿调解协议书》，达成以下协议：1. 经甲乙双方协商确定，乙方按事故责任比例承担丙方因受伤发生的人伤损失共计43427.86元，其中包括但不限于已发生医疗费、后续治疗费、营养费、住院伙食补助费、误工费、护理费、残疾赔偿金、交通费、精神损失费等所有相关损失；2. 乙方车辆在甲方保险公司投保交强险及商业险，经甲乙丙三方协商确定，由甲方在机动车所投保的保险中一次性赔偿43427.86元，甲方以转账的形式转43427.86元入乙方指定账户（账户另附），转账分配：其中转入韦某会账户14988元，转入林某强账户28439.86元；3. 甲方支付保险赔偿款给乙方、丙方后，甲乙丙三方有关本案事故的赔偿权利义务归于消灭，乙方、丙方不得就本案事故赔偿另行起诉，要求甲方承担赔偿责任，也不得要求其他相关责任人承担赔偿责任；4. 乙方、丙方有义务配合甲方办理保险理赔所需材料；5. 本协议一式三份，甲乙丙三方各持一份，自签订之日起生效，具有法律约束力。某保险公司广西分公司、某运输公司以及韦某会在该协议下方盖章及签字，林某强作为某运输公司参加该调解的代表也在协议下方签字。某保险公司广西分公司已按上述协议履行完毕。

另查明，2017年9月3日某运输公司与林某强签订《车辆管理合同》，约定林某强将自购的车牌号为桂N6××的解放牌车一辆，挂靠到某运输公司进行汽车货物运输经营，车辆产权属于林某强并由其实际控制支配运行。经开庭询问，林某强与黄某超均称，黄某超为桂N6××重型自卸货车的实际车主，林某强仅为与某运输公司签订《车辆管理合同》的名义车主，因此才有林某强代表某运输公司与某保险公司广西分公司及韦某会签定上述《交通事故赔偿调解协议书》。

韦某会有经营性道路货物运输驾驶员资格证，该案经过司法鉴定，鉴定意见为：1. 被鉴定人韦某会本次交通事故损伤腰椎构成十级伤残；2. 被鉴定人韦某会本次交通事故损伤腰椎及右肩软组织建议误工期为120—180日。

【案件焦点】

1. 关于韦某会、黄某超、林某强之间责任承担的问题；2. 关于调解协议效力及保险公司是否承担责任的问题。

【法院裁判要旨】

广西壮族自治区鹿寨县人民法院经审理认为：关于韦某会、黄某超、林某强之间责任承担的问题。1. 本案事故车辆为林某强在某运输公司挂靠经营，而林某强与黄某超均称黄某超为该车辆的实际车主，对此，鉴于林某强与某运输公司签订挂靠协议、代表某运输公司参与本案事故保险赔偿调解并收到赔偿款，且本案无证据证明实际车主仅为黄某超个人，故法院认定黄某超与林某强共同经营涉案车辆，二人对外应共同承担该车辆实际车主的法律责任。2. 虽然黄某超与林某强未直接与韦某会协商雇佣事宜，但韦某会在事故发生时正在从事二人经营车辆的运营事务，而黄某超账户曾转账给韦某会劳务报酬2038元，在无证据证明存在其他雇佣者的情况下，法院认定韦某会在事故发生时是向黄某超、林某强提供劳务，二人为接受劳务的一方，应向韦某会承担雇主责任。3. 依据《中华人民共和国民法典》第一千一百九十二条第一款的规定，提供劳务一方因劳务受到损害的，根据双方各自的过错承担相应的责任。本案中，虽然韦某会因未按照操作规范安全驾驶、文明驾驶，导致翻车事故的发生，对事故承担全部责任，但因韦某会是在提供劳务过程中发生事故，而其提供劳务所从事的交通运输工作属于危险性较高的行业，雇主作为该工作的获利方应当对工作存在的事故风险分担责任，因此，根据本案情况，对韦某会的损失，法院认定由韦某会自行承担60%的责任、黄某超与林某强承担40%的责任为宜。

关于调解协议效力及保险公司是否承担责任的问题。本案事故车辆在某保险公司钦州支公司投保有机动车车上人员责任保险——司机险，保险金额50000元，该保险可作为该车辆一方赔偿责任的风险分担，故本案事故黄某超、林某强依法承担的赔偿责任应减去相应的保险赔偿责任。根据某保险公司广西分公司、某运输公司与韦某会三方签订的《交通事故赔偿调解协议书》及履行完毕的情况，可认定：一是韦某会已获得事故车辆司机险保险赔偿包括但不限于已发生医疗费、后续治疗费、营养费、住院伙食补助费、误工费、护理费、残疾赔偿金、交通费、精神损失费等费用14988元，该数额应在黄某超、林某强赔偿责任数额中扣减；二是该协议为保险赔偿协议，约定的内容应限于保险赔偿限额范围内，韦某会、某运输公司在该协议中放弃了向某保险公司广西分公司（某保险公司钦州支公司）主张保险限额范围内6572.14元（50000-43427.86元）赔偿责任的权利，在本案中也应当在其他责任人应承担的责任范围内免除相应责任；三是该协议当事人为某保险公司广西分公司、某运输公司与韦某会三方，约定的权利义务仅在对三方产生约束力，该协议并未限制韦某会向协议外其他人即黄某超、林某强要求赔偿的权利。综上，本案应由林某强与黄某超共同向韦某会赔偿事故造成的损失32234.38元（129486.29元×40%+2000元-14988元-6572.14元）。

广西壮族自治区鹿寨县人民法院经审理认为：依据《中华人民共和国民法典》第一千一百七十九条、第一千一百八十三条第一款、第一千一百九十二条第一款，《最高人民法院关于审理人身损害赔偿案件适用法律若干问题的解释》（法释〔2020〕17号）第六条、第七条、第八条、第九条、第十条、第十一条、第十二条、第十六条、第十七条，《最高人民法院关于适用〈中华人民共和国民法典〉时间效力的若干规定》第二条，《中华人民共和国民事诉讼法》第一百四十四条的规定，判决如下：

黄某超、林某强于本判决生效之日起五日内向韦某会赔偿因本案事故造成的各项损失共计 32234.38 元。

判决作出后，当事人未上诉，判决已经发生法律效力。

【法官后语】

在现实生活中，当事人在交通事故等侵权纠纷案件中，大多数当事人能够自行协商解决，在协商不成的情况下最终通过诉讼程序等方式解决。但是在当事人之间达成调解协议并履行完毕后，发现伤残的，能否继续向其他当事人进行索赔，法院又该如何认定该调解协议的效力，这是一个难点。结合到本案具体案情，某保险公司广西分公司、某运输公司与韦某会三方签订的《交通事故赔偿调解协议书》的效力如何？韦某会能否就上述调解协议履行后发现伤残的损失向雇主继续主张权利？韦某会的各项损失应该如何认定？具体可以从以下几个方面综合分析。

1. 某保险公司广西分公司、某运输公司与韦某会三方签订的《交通事故赔偿调解协议书》合法有效。该调解协议是双方在自愿、合法的基础上签订的，一般具有法律效力。经开庭核实当事人之间也不存在一方以欺诈、胁迫、威胁等手段签署协议或者协议内容损害社会利益的情形。

2. 韦某会获得事故车辆司机险保险赔偿后，又多次到医院治疗并发现伤残是否能向雇主继续主张权利呢？一方面某保险公司广西分公司、某运输公司与韦某会共同签署该保险赔偿协议，该协议约定的内容应限于保险赔偿限额范围内，林某强虽然也在协议下方签字，但其是作为某运输公司参加该调解的代表，韦某会也未在协议中表明放弃对雇主主张赔偿的权利；另一方面，本案韦某会以劳务合同关系为基础向雇主主张其在提供劳务时遭受事故损害的权利，韦某会签署调解协议后，治疗尚未终结，无法预测到伤残的情况，虽然在签署调解协议时写明包括尚未发生的后续医疗费、残疾赔偿金等项目，但其主观上并未明确放弃向雇主主张权利的意思表示。故韦某会可以就上述调解协议履行后发现的残疾的损失向雇主继续主张权利。

3. 关于韦某会的各项损失应该如何认定。先计算出韦某会的总损失，结合该协议的履行情况及双方责任大小，扣减韦某会已获得 14988 元的赔偿和协议中韦某会放弃 6572.14 元（50000 元−43427.86 元）保险赔偿责任的权利综合计算。

综上，在司法实践中，伤者在达成调解协议时并非对自身情况具备一定的判断能力，故要结合个案的案件事实，综合认定：首先，双方在签署调解协议时，伤者是否仍然处于治疗阶段，伤者对伤情的后续发展是否大致预测，是否已经将可能出现残疾的情况考虑在内，在充分了解协议签署的后果且在双方自愿的情况下签署协议，那么伤者不能再进行索赔。但是调解协议若为保险赔偿协议，约定的内容应限于保险赔偿限额范围内，约定的权利义务仅在对协议上的当事人产生约束力，协议并不能限制伤者向协议外其他人要求赔偿的权利。其次，认定是否充分了解签署协议的后果，要结合伤者的认知程度、经验不足、存在误导、欺骗等情况；最后，调解协议确认的赔偿金额与依照法律相关规定伤者应当得到的金额是否相差过多，调解协议若显失公平，则协议无效。

编写人：广西壮族自治区鹿寨县人民法院　熊巧云

39

提供劳务者受害案中接受劳务各方责任承担比例的认定

——刘某芳等诉乔某英等提供劳务者受害责任案

【案件基本信息】

1. 裁判书字号

河南省安阳市中级人民法院（2021）豫 05 民终 2384 号民事判决书

2. 案由：提供劳务者受害责任纠纷

3. 当事人

原告（被上诉人）：刘某芳、赵某丰、赵某林、赵某云

被告（上诉人）：侯某常、刘某明、某商贸公司

被告（被上诉人）：乔某英

第三人：某医院

【基本案情】

2018 年 6 月，刘某明承包了某商贸公司厂区北边院子地面平整、硬化工程，刘某明与某商贸公司股东陈某芳签订了承包协议。刘某明将该工程中路面工程的混凝土面层转包给侯某常施工承建。赵某只系为侯某常提供劳务的人员。2018 年 6 月 21 日，赵某只在为侯某常提供劳务的过程中，被乔某英驾驶铲车撞伤。乔某英系为侯某常提供劳务的人员，乔某英无相应驾驶资格证。赵某只被送至某医院住院治疗并于同日对赵某只进行了手术治疗。住院期间赵某只于 7 月 9 日 22：32 出现呼吸困难，抢救无效于 7 月 10 日 00：20 宣告死亡。赵某只住院病历首页上显示为：1. 双侧小腿挫裂伤；2. 双侧胫腓骨开放性粉碎性骨折；3. 肺栓塞？4. 气道阻塞？5. 猝死。法院于 2018 年 8 月 10 日立案受理了刘某芳、赵某丰、赵某林、赵某云与某医院医疗损害赔偿纠纷一案，于同日作出民事调解书，确认：1. 某医院于 2018 年 8 月 15 日之前一次性赔偿刘某芳、赵某丰、赵某林、赵某云医疗费、住院伙食补助费、营养费、误工费、护理费、交通费、被抚养人生活费、死亡赔偿金、丧葬费、精神损害抚慰金共计 28 万元；2. 本次医疗损害赔偿责任终结，其他双方互不追究。某医院已经赔偿刘某芳、赵某丰、赵某林、赵某云 28 万元。刘某芳系赵某只之妻，赵某丰、赵某林、赵某云系赵某只之子。且赵某云于 1984 年 2 月 21 日出生，在 2017 年 4 月 10 日被残疾人联合会认定为精神残疾四级，在 2020 年 11 月 27 日被残疾人联合会认定为精神残疾二级。

另查明，庭审中，刘某芳等申请对赵某只死亡原因，死亡与铲车撞伤后是否有因果关系，受伤和治疗过错参与度进行鉴定，法院委托甲司法鉴定中心、乙司法鉴定中心、丙物证鉴定中心、丁法庭科学技术鉴定研究所、戊法医鉴定

中心、己司法鉴定所对刘某芳等申请事项均未作出鉴定结论。

【案件焦点】

1. 赵某只受伤事实、死亡原因及被告方、第三人各自承担责任的事实理由和依据；2. 刘某芳等主张的各项损失有无事实和法律依据，应否得到支持。

【法院裁判要旨】

河南省安阳县人民法院经审理认为：《最高人民法院关于审理人身损害赔偿案件适用法律若干问题的解释》第十一条第二款规定："雇员在从事雇佣活动中因安全生产事故遭受人身损害，发包人、分包人知道或者应当知道接受发包或者分包业务的雇主没有相应资质或者安全生产条件的，应当与雇主承担连带赔偿责任。"本案中，发包方某商贸公司将其厂区北边院子地面平整、硬化工程分包给没有相应资质的刘某明，刘某明又将该工程中的部分地面混凝土面层工程转包给没有相应资质的侯某常承建。赵某只为侯某常提供劳务，在从事劳务活动中受伤，对给赵某只造成的损失，侯某常依法应当承担赔偿责任，某商贸公司、刘某明应当与雇主侯某常承担连带赔偿责任。乔某英受侯某常雇用，其在为侯某常提供劳务过程中致赵某只受伤，应由雇主侯某常承担赔偿责任，侯某常承担赔偿责任后认为乔某英有过错的可以向其追偿。刘某芳、赵某丰、赵某林、赵某云主张赵某只的死亡后果与其在为侯某常提供劳务过程中受伤之间存在法律上的因果关系，法院因刘某芳等申请，委托司法鉴定机构对赵某只死亡原因，死亡与铲车撞伤后是否有因果关系，受伤和治疗过错参与度进行鉴定，鉴定机构均未对该鉴定申请作出鉴定结论。在本案诉讼中某法律服务所委托某法医临床司法鉴定所对某医院对患者赵某只的医疗行为是否存在过错，医疗行为过错与损害后果之间的因果关系及参与度是多少进行审查，该所依据送审材料提供书证审查意见。医方对患者的死亡原因推断为肺栓塞，委托人对该死亡原因不持异议进行鉴定。2021 年 1 月 19 日，该所出具书证审查意见：医方对患者的医疗行为存在过错，过错与患者出现深静脉血栓脱落导致肺栓塞的不良后果之间存在间接因果关系，参与度理论上为次要作用。因各被告对某法医临床司法鉴定所出具的书证审查意见书存在异议，法院向该鉴定所出具函件要求其对书证审查意见书进行说明。某司法鉴定所于2021年2月1日作出答复，“某医院对赵某只的死亡原因推定为肺栓塞，委托人对该死亡原因不持异议。我所据此分析作出书证审查意见，并未超执业范围对赵某只的死亡原因再进行认定或否认。对于赵某只是否存在肺栓塞以外的死亡原因我所不能明确”。本案中赵某只死亡真实原因虽未明确认定，但赵某只在工地受伤致使双腿粉碎性骨折，并到某医院进行治疗手术，后在医院治疗过程中死亡，故赵某只在工地受伤与赵某只死亡后果存在关联性。本案的案由系提供劳务受害责任纠纷，各方对该案形成的结果承担各自相应的责任，法院酌定赵某只承担10%的责任，侯某常作为雇主对赵某只的死亡承担45%的责任，某医院在治疗过程中对赵某只死亡承担45%的责任，因刘某芳等和某医院已达成调解协议，且不再主张某医院进行赔偿，故刘某芳、赵某丰、赵某林、赵某云要求侯某常赔偿的合理部分法院予以支持。刘某芳等主张赔偿标准应当按照城镇居民赔偿，提供住房协议（租赁房屋居住合同），刘某芳等对租房协议明确表示系后补签，且无其他证据证明长期在城市生活，故对该主张法院不予采信。故刘某芳等主张的合理损失部分合计462060.66元。侯某常承担45%的赔偿责任为207927.3元，侯某常垫付23855.49元在执行时应当予以扣除，刘某明和某商贸公司承担连带赔偿责任。

河南省安阳县人民法院依照《中华人民共和国侵权责任法》第十三条、第十六条、第二十二条，《最高人民法院关于审理人身损害赔偿案件适用法律若干问题的解释》第十一条，《中华人民共和国民事诉讼法》第六十四条之规定，判决如下：

一、侯某常于本判决生效之日起十日内赔偿刘某芳、赵某丰、赵某林、赵某云死亡赔偿金、被扶养人生活费、精神损害抚慰金、护理费、丧葬费、交通费、住院伙食补助费、营养费共计207927.3元（侯某常垫付的23855.49元在执行时应当予以扣除）；

二、刘某明和某商贸公司对上述赔偿项目承担连带赔偿责任；

三、驳回刘某芳、赵某丰、赵某林、赵某云的其他诉讼请求。

侯某常、刘某明、某商贸公司不服一审判决，提出上诉。

河南省安阳市中级人民法院经审理认为：侯某常、刘某明、某商贸公司对赵某只在为侯某常承建的地面硬化施工中提供劳务活动中被侯某常另一雇员乔某英无证驾驶铲车撞伤的事实清楚，三上诉人对此事实并没有异议。因赵某只被撞伤后在某医院住院治疗 19 天时发生死亡，对赵某只的具体死亡原因经一审法院委托多家鉴定机构进行鉴定，但上述鉴定机构均未作出鉴定意见，导致人民法院无法对赵某只的死亡原因与被铲车撞伤是否存在因果关系及其伤情、医疗过错与死亡后果参与度等情况作出认定。一审法院依据当事人的陈述举证，认为赵某只死亡的真实原因虽未明确认定，但赵某只在工地受伤致使双腿粉碎性骨折，到某医院进行治疗手术，后在医院治疗过程中死亡，据此认定赵某只在工地受伤与赵某只死亡后果存在关联性。依据《中华人民共和国侵权责任法》和《最高人民法院关于审理人身损害赔偿案件适用法律若干问题的解释》的规定，判决侯某常、某医院对赵某只承担同等赔偿责任；刘某明、某商贸公司对侯某常承担连带赔偿责任，并无不当。因赵某只、乔某英均为侯某常雇员并按侯某常指派从事相应雇佣活动的事实清楚，故侯某常上诉称其不应对赵某只承担赔偿责任的理由、证据不足，法院不予支持。因被抚养人赵某云在一审法庭辩论终结前实际持有残疾人联合会为其印发的精神残疾二级残疾证的事实清楚，证据充分，一审判决关于被抚养人赵某云生活费的计算期限、标准均符合法律规定，合理适当，侯某常、刘某明、某商贸公司上诉称其不应承担被抚养人赵某云生活费的理由不能成立，于法无据，法院不予支持。某商贸公司将案涉工程承包给刘某明，刘某明又将该路面硬化工程分包给侯某常施工承建的事实清楚，因某商贸公司、刘某明均未提交其对侯某常施工要求提供相应安全生产条件或尽到了对安全生产管理的告知义务，故作为案涉工程的发包人、分包人知道或者应当知道接受发包或者分包业务的雇主没有提供相应安全生产条件导致其雇员因安全生产事故遭受人身损害，应当与雇主承担连带赔偿责任。一审判决某商贸公司、刘某明对侯某常承担连带赔偿责任，合法有据。刘某明、某商贸公司上诉称其不应对侯某常承担连带赔偿责任的理由不能成立，法院不予支持。

河南省安阳市中级人民法院依照《中华人民共和国民事诉讼法》第一百七十条第一款第一项之规定，判决如下：

驳回上诉，维持原判。

【法官后语】

提供劳务者受害责任纠纷案件的审理不仅关涉提供劳务者生命健康权的救济和保护，亦涉及接受劳务方的用工风险化解与生存发展之间的平衡。厘清各方主体之间的法律关系，通过对相关要素的审查准确认定损害赔偿责任，倒逼接受劳务方规范用工形式、提高安全保障意识，对维护社会良好用工环境起到导向作用。

1. 未尽到形式审核义务、未提供相应安全生产条件或未尽到安全生产管理告知义务的发包人、分包人应与雇主承担连带赔偿责任。对于专业化水平较高的行业，出于用工成本的考虑，往往将承接的相关工程发包、分包给其他公司或者个人，由接受发包、分包的公司或个人自行召集人员施工。实际施工人员在施工过程中遭受人身损害的，若发包人、分包人未审查确认接受发包或分包的公司具有建筑装饰装修工程承包范围的《建筑业企业资格证书》，或者未审查确认承接个人具有个体装饰装修从业者上岗证书或相应的技能等级证书，则应当认定发包人、分包人未尽到审核义务，存在选任过错。需要注意的是，应当区分发包、分包和雇主的关系问题，发包人、分包人明知或者应当知道接受发包或分包业务的雇主没有相应资质或者安全生产条件的，对雇员的人身损害，应当与雇主承担连带人身损害赔偿责任；不应当明知的，由雇主自己承担赔偿责任，与发包人和分包人无关。

接受劳务方对从事特种作业的劳务者是否具有相应资质，负有形式上的审核义务。对于从事对人身、财产安全可能造成危害结果特种作业人员，必须经过专业的安全技术培训并考核合格，取得相应的资格证书方可上岗工作。这也属于接受劳务者方应该提供的管理与安全保障义务的内容，即审查提供劳务者是否具备相应资质，是否具备安全工作的条件，故未尽到上述义务的也应认定为存在选任过错，也应承担相应责任。

新修订的《最高人民法院关于审理人身损害赔偿案件适用法律若干问题的解释》虽已将原来的第十一条予以删除，对于提供劳务者受害责任纠纷中发包人、分包人对提供劳务者受害的责任如何认定，暂无定论。但是基于用工实践和审判实践，接受劳务一方主体认定存在较大争议，风险负担方面存在的诸多问题，为有力维护受害者合法权益，在新的司法解释出台之前，宜合理认定为妥。

2. 应根据各方当事人的注意义务、过错程度、对损害发生的原因力大小等标准综合确定各方承担责任的比例。根据《中华人民共和国民法典》第一千一百九十二条规定，个人劳务关系中由劳务双方根据自身过错承担相应责任。个人劳务关系中，接受劳务方多系为自身利益或者家庭事务雇佣劳务人员，一般不具有生产经营的营利性质。对于劳务活动的专业水平、安全保障知识等往往反而不及提供劳务者，且接受劳务方的经济实力和风险负担能力有限，完全由其承担全部赔偿责任必然使其承担过大的风险，既对接受劳务方不公平，也不利于个人劳务关系的发展。当然，从立法沿革上分析，该条的规定并非旨在改变雇主责任的无过错责任归责原则，而是针对日常生活领域存在的诸如家政服务、家庭装修等个人之间形成的劳务关系。根据该类法律关系的特点和权利义务对等、风险收益相当原则作出的特别规定，提供劳务一方应当对自己的行为尽到最基本的注意义务，因劳务行为致使第三人受到损害的，对自己的过错行为应当承担相应的责任，接受劳务一方也按照其过错承担相应的赔偿责任，这权衡了双方之间的利益关系。

本案中，侯某常雇用无驾驶资格的乔某英为其提供劳务，导致在提供劳务过程中致赵某只受伤，雇主侯某常应为其未进行形式审查存在的选任过错，对雇员赵某只承担赔偿责任。另发包方某商贸公司将其厂区北边院子地面平整、硬化工程分包给没有相应资质的刘某明，刘某明又将该工程中的部分地面混凝土面层工程转包给没有相应资质的侯某常承建。致使赵某只在为侯某常提供劳务的活动中受伤，对给赵某只造成的损失，因某商贸公司、刘某明作为发包人、分包人未尽到形式审核义务、未提供相应安全生产条件或未尽到安全生产管理告知义务，存在选任过错，故应当与雇主侯某常承担连带赔偿责任。因此，法院作出酌定赵某只承担10%的责任，侯某常作为雇主对赵某只的死亡承担45%的责任，某医院在治疗过程中对赵某只死亡承担45%的责任，刘某明和某商贸公司承担连带赔偿责任的认定并无不当。

编写人：河南省安阳县人民法院　郭法宏

40

承包人违法转包导致劳务者受害应承担赔偿责任

——李某强诉某银安设备公司、干某华提供劳务者受害责任案

【案件基本信息】

1. 裁判书字号

新疆维吾尔自治区精河县人民法院（2021）新2722民初161号民事判决书

2. 案由：提供劳务者受害责任纠纷

3. 当事人

原告：李某强

被告：某银安设备公司、干某华

第三人：某银行

【基本案情】

某银安设备公司作为乙方与某银行作为甲方于2019年7月5日签订某银行金库门采购合同。某银安设备公司属于生产、安装银行金库门等特殊行业资质的企业，并与干某华于2019年7月13日签订安装承包合同，把安装某银行金

库门的项目转包给干某华。李某强与肖某等人于 2019 年 8 月 19 日在为干某华承建的第三人某银行的金库门搬运过程中因其他雇佣人员未扶稳金库门导致金库门倾倒压伤李某强。李某强受伤后被送往医院治疗，住院期间共支出医疗费 32754.02 元，干某华为李某强垫付医疗费 19000 元。经李某强委托，2020 年 9 月 10 日，某司法鉴定所对李某强伤情作出司法鉴定意见书：被鉴定人李某强因外伤致右胸第 1-8 肋骨骨折，并 4 根错位，构成九级伤残。李某强支出合理的伤残等级评定鉴定费 800 元。

【案件焦点】

1. 本案当中如何认定接受劳务一方，是承包方还是转包方；2. 提供劳务一方在提供劳务过程中受伤的损害赔偿责任由谁来承担；3. 劳务者本人与发包方、承包方或转包方承担责任比例如何分担。

【法院裁判要旨】

新疆维吾尔自治区精河县人民法院经审理认为：根据《中华人民共和国侵权责任法》第三十五条“个人之间形成劳务关系，提供劳务一方因劳务造成他人损害的，由接受劳务一方承担责任。提供劳务一方因劳务自己受到损害的，根据双方各自的过错承担相应的责任”的规定。即提供劳务一方因劳务受到损害的，必须是损害与从事的劳务活动存在因果关系，李某强是在为干某华提供劳务过程中受伤，李某强与干某华之间存在劳务关系。李某强作为完全民事行为能力人，从事的亦不是较复杂的劳务，因自己没有注意安全受到伤害，应承担一定的责任，李某强在本案中承担 30%的责任，干某华承担 70%的责任。某银安设备公司与第三人签订的合同包含安装，某银安设备公司又把安装项目转包给没有资质的干某华，某银安设备公司应对干某华承担连带清偿责任。某银行签订合同的对象是某银安设备公司，该公司具有安装金库门的资质，某银行在本案中没有过错。

新疆维吾尔自治区精河县人民法院依照《中华人民共和国侵权责任法》第三十五条，《最高人民法院关于审理人身损害赔偿案件适用法律若干问题的解释》第十条、第十一条第一款、第十九条、第二十条、第二十一条、第二十二条、第二十三条、第二十四条、第二十五条，《最高人民法院关于适用〈中华人民共和国民法典〉时间效力的若干规定》第一条第二款，《最高人民法院关于适用〈中华人民共和国民事诉讼法〉的解释》第九十条之规定，判决如下：

一、干某华于本判决书生效后十日内赔偿李某强各项损失 118527 元；

二、某银安设备公司对第一项债务承担连带清偿责任；

三、驳回李某强的其他诉讼请求。

判决作出后，当事人未上诉，判决已经发生法律效力。

【法官后语】

《中华人民共和国侵权责任法》实施后，对提供劳务受害的处理方式采取了过错责任原则，其中第三十五条规定，个人之间形成劳务关系……提供劳务一方因劳务自己受到损害的，根据双方各自的过错承担相应的责任。在审判实践中，人民法院往往根据提供劳务方和接受劳务方的过错程度，确定承担责任比例，正如本案中判令李某强承担 30% 的责任，干某华承担 70% 的责任。《中华人民共和国民法典》对于提供劳务者受害责任纠纷当中单位应当承担什么责任未作规定，为配合《中华人民共和国民法典》实施，在 2020 年 12 月 23 日新修订的《最高人民法院关于审理人身损害赔偿案件适用法律若干问题的解释》（以下简称《解释》）则完全删除了原《解释》中的第十一条，单位承担责任的法律依据似乎消失了。该条之所以被删除，笔者认为基于以下几点原因：

首先，建筑企业承担连带赔偿责任的前提之一是“因安全生产事故遭受人身损害”。《解释》第十一条的逻辑关系是发包给无资质单位或个人—导致生产安全事故—承担连带责任，可见立法原意是过错原则。但在司法实践中，仍然从一般普通意义上理解该条中所指生产安全事故，这种情况就与《中华人民共和国侵权责任法》确立的过错责任原则是相背离的。

其次，不同法律及司法解释当中的用语应当协调一致，法律与法律之间就同一问题也应尽力避免冲突、重复，下位法更应与上位法的概念、用语保持一致。对于生产安全事故不能随意进行扩大理解与适用。删除第十一条，也使法律体系内部达到科学、和谐、统一。

最后，随着我国法律体系的日渐完善，建筑施工企业的用工管理从粗放逐渐走向规范化，工地民工逐渐被纳入劳动合同和社会保险领域。如此一来，相关争议多数应通过劳动争议、工伤保险待遇处理机制或者承揽合同纠纷来解决，单位与个人之间单纯的劳务关系存在的情形越来越少。

那么，民法典时代，建筑施工企业应否对无劳动工伤保险关系的个体施工人受伤工人承担连带责任呢？结合以上分析，应分两种情况区别对待：如果属于生产安全事故，那么建筑企业应当对受伤工人承担连带赔偿责任，正如本案当中的情形，建筑企业应当对受伤工人承担连带赔偿责任；如果不属于生产安全事故，则根据有无过错以及过错程度承担相应责任。

编写人：新疆维吾尔自治区博尔塔拉蒙古自治州中级人民法院　黄欢

41

违法分包中实际施工人的雇员受伤时，发包人和雇主承担连带责任

——朱某清诉许某等生命权、身体权、健康权案

【案件基本信息】

1. 裁判书字号

江苏省泗洪县人民法院（2021）苏1324民初1600号民事判决书

2. 案由：生命权、身体权、健康权纠纷

3. 当事人

原告：朱某清

被告：许某、朱某民、朱某畅、王某

【基本案情】

2019 年 9 月 5 日，王某作为甲方与作为乙方的许某签订《协议》，约定王某将案涉某村村民自建房工程分包给许某，分包范围包括瓦工、木工、钢筋工等，协议中同时约定“在施工期间出现任何安全事故造成的责任全部由乙方承担与甲方无关”。2019 年 9 月 6 日，许某作为甲方与作为乙方的朱某民、朱某畅签订《某村村民自建房木工劳务分包协议》，约定案涉的前老村民自建房项目工程中的木工模板施工分包给乙方，承办方式为包清工，合同单价砖混结构 75 元/平方米，工程量以实际施工丈量为结算依据。后朱某民、朱某畅雇用朱某清等人进场施工。

2019 年 10 月 9 日，朱某清在某村工地上做木工时从高处坠落受伤。后朱某清被送至医院接受治疗，于 2019 年 10 月 16 日行“双侧跟骨粉碎性骨折切开复位内固定+植骨术”，于 2020 年 11 月 11 日行“双侧跟骨骨折术后愈合切开内固定取出术”。朱某清第一次住院花费 54572. 39 元，由许某垫付 50000 元，从工程款中预支 5000 元支付；第二次住院医疗费 7650. 9 元由朱某清自行支付，两次共住院 33 天。2021 年 4 月 27 日，经某司法鉴定所鉴定，朱某清构成人体损伤九级残疾，误工期为 240 日，护理期为 90 日，营养期为 90 日。

【案件焦点】

分包人王某、转包人许某是否应承担连带赔偿责任。

【法院裁判要旨】

江苏省泗洪县人民法院经审理认为：个人之间形成劳务关系，提供劳务一方因劳务原因受到损害的，根据双方的过错承担相应的责任。本案中，朱某清与朱某民、朱某畅之间应是雇佣关系，朱某民、朱某畅虽辩称其与朱某清系合伙关系，但朱某清、许某、王某均不认可，而朱某民、朱某畅提供的“证明”只是表述为“带领以下员工合伙把木工活干好，朱某民、朱某畅到最后实当领取代办费用”，该证明与许某与朱某民、朱某畅之间签订的劳务分包协议并不一致，在朱某清不予认可且朱某民、朱某畅未能进一步提供证据佐证下，此证明无法证明其与朱某清系合伙关系，朱某民、朱某畅提供的工资表、考勤表上虽有该两人的姓名，但这只能证明两人亦参加具体的工作。

朱某民、朱某畅雇用朱某清在其承包的案涉工地进行木工工作，应当提供相对安全的工作环境，采取安全保障措施，但现场并无相应的安全措施，朱某民、朱某畅存在重大过错，应承担赔偿责任。朱某清作为完全民事行为能力人，在3米多高的墙面从事木工工作，应当尽到谨慎的注意义务，但朱某清未采取相应的安全措施，亦存在一定过错。综合事故发生的成因、各方过错程度，法院酌定朱某清对其自身损害承担20%的责任，朱某民、朱某畅对朱某清的损害承担80%的责任。

许某、朱某民、朱某畅均为自然人，不具备建设工程施工合同的主体资格，许某将涉案工程转包给朱某民、朱某畅，系违法转包。许某明知朱某民、朱某畅不具备施工主体资格，却将涉案工程违法转包给朱某民、朱某畅，其对朱某清的损害，应与朱某民、朱某畅承担连带赔偿责任。王某作为发包人，应知道许某无施工资质，应当承担连带责任。

关于本案朱某清主张的各项损失，经法院核定为347012.89元，由朱某民、朱某畅共同赔偿223910元，许某、王某对上述费用承担连带赔偿责任。

江苏省泗洪县人民法院依照《最高人民法院关于适用〈中华人民共和国民法典〉时间效力的若干规定》第一条，《中华人民共和国侵权责任法》第六条、第十六条、第三十五条，《最高人民法院关于审理人身损害赔偿案件适用法律若干问题的解释》第十一条第二款、第十七条、第十八条、第十九条、第二十条、第二十一条、第二十二条、第二十三条、第二十四条、第二十五条之规定，判决如下：

一、朱某民、朱某畅于本判决生效之日起十日内赔偿朱某清各项损失223910元；

二、许某、王某对上述款项承担连带赔偿责任。

一审判决作出后，双方当事人在法定期间未上诉，判决已经生效。

【法官后语】

工程建设领域，有资质的构建筑企业承包工程后，往往将工程违法分包给没有资质的单位或自然人等实际施工人施工，当实际施工人的雇员因工受伤时，就容易产生纠纷。雇佣活动，是指从事雇主授权或者指示范围内的生产经营活动或者其他劳务活动。实践中，雇佣活动关系中雇员遭受人身伤亡或者财产损失的现象较为普遍。雇佣关系中雇员的工作成果归属于雇主，雇员按照雇主的指示、命令完成雇佣工作，满足雇主的需要，对于雇员在工作中的风险应当由雇主承担，对于雇员在工作中产生的人身、财产损害雇主应当负责。

根据《最高人民法院关于审理人身损害赔偿案件适用法律若干问题的解释》(法释〔2003〕20号)第十一条规定，雇员在从事雇佣活动中遭受人身损害，雇主应当承担赔偿责任。一般认为该条规定采用了无过错责任原则，根据利益和风险一致、风险和责任一致的民法理论，使用他人劳动获得利益的人，当然要为受雇人在劳动过程中的致他人损害的行为承担责任，而不论雇主是否存在过错。随着侵权责任法的实施，关于雇主责任的归责原则发生了变化，根据《中华人民共和国侵权责任法》第三十五条的规定，提供劳务一方在提供劳务过程中受到伤害，是否由接受劳务一方（雇主）承担责任，实行过错责任原则，有过错的当然承担责任，没有过错的就不承担责任，责任与过错程度相对应，双方均有过错的，构成过失相抵，按照双方过错程度和原因力，确定各自应当承担的责任。《中华人民共和国民法典》第一千一百九十二条亦是如此规定。上述条文中的“劳务”和“雇佣”含义并无本质性区别，“雇佣”“雇佣关系”“雇员”“雇主”与“劳务”“劳务关系”“提供劳务一方”“接受劳务一方”等术语，在我国司法实践中它们的含义实际上是相通的。虽然司法实践中雇主责任的归责原则有所变化，但是雇主应当对雇员的损害承担侵权责任的精神依然未变。

同时，《中华人民共和国建筑法》第二十二条规定，建筑工程实行直接发包的，发包单位应当将建筑工程发包给具有相应资质条件的承包单位。因此，在发包人、分包人知道或者应当知道接受发包或者分包业务的雇主没有相应资质或者安全生产条件的情况下，依然将工程发包、分包的，就违反了法定的义务，对于雇员受到的伤害与雇主具有共同过错，构成共同侵权。根据《最高人民法院关于审理人身损害赔偿案件适用法律若干问题的解释》（法释〔2003〕20号）第十一条的规定，雇员在从事雇佣活动中因安全生产事故遭受人身损害，发包人、分包人知道或者应当知道接受发包或者分包业务的雇主没有相应资质或者安全生产条件的，应当与雇主承担连带赔偿责任，虽然该司法解释现在修订后已删除该条规定，但本案侵权发生时仍适用该条规定，且该条适用的侵权原理和逻辑仍对类似的案件具有指导意义。建筑承包企业承包工程后，违法分包给实际施工人，建筑承包企业与实际施工人之间只是分包关系，而该雇员系由实际施工人雇佣，受实际施工人管理，其并非由建筑承包企业雇佣和管理，且雇员的工资报酬亦由实际施工人支付，该雇员与建筑承包企业之间并无建立劳动关系或雇佣关系的合意，在没有证据证明实际施工人系代表建筑承包企业施工的前提条件下，并不能认为该实际施工人的雇员与建筑承包企业之间存在法定劳动关系。个人劳务关系原则上不进行工伤保险，因此，确定提供劳务一方在劳务过程中自己受到的伤害，应当根据双方各自的过错承担相应的责任。

本案中，朱某清与朱某民、朱某畅之间成立雇佣关系，朱某清作为提供劳务一方受伤，朱某民、朱某畅作为接受劳务一方，应当根据法律规定承担雇主赔偿责任。王某、许某将本案工程违法分包给不具备任何资质且无任何安全生产条件的朱某民、朱某畅，王某、许某对朱某民、朱某畅应承担的赔偿责任予以承担连带责任。

编写人：江苏省泗洪县人民法院　张锐　潘觉菲

42

承揽人在完成工作过程中受到人身损害的，定作人原则上不承担赔偿责任

——李某权诉李某勇、满某月提供劳务者受害责任案

【案件基本信息】

1. 裁判书字号

北京市第三中级人民法院（2021）京 03 民终 8470 号民事判决书

2. 案由：提供劳务者受害责任纠纷

3. 当事人

原告（被上诉人）：李某权

被告（上诉人）：李某勇

被告（被上诉人）：满某月

【基本案情】

2020 年 6 月，满某月包工包料承揽李某勇建房工程。2020 年 7 月 5 日，李某权经人介绍前往该工程做工。当日 17 时许，李某权从脚手架上下来时滑下摔伤。事发后，李某勇陪同李某权前往医院急诊就医，并为李某权垫付部分医疗费。2020 年 7 月 5 日至 2020 年 7 月 16 日，李某权在医院住院就医。经诊断，李某权伤情为软组织损伤、左根骨粉碎性骨折、右根骨骨折。2020 年 7 月 20 日、7 月 23 日、8 月 14 日、9 月 14 日、10 月 15 日李某权分别去往医院复诊。2021 年 1 月 8 日，某司法鉴定所出具司法鉴定意见书，写明“（一）被鉴定人李某权所受损伤后果符合十级伤残（赔偿指数 10%）；（二）被鉴定人李某权误工期为 180-210 日，护理期为 90 日，营养期为 120 日”。

【案件焦点】

李某勇作为定作人，对李某权在劳务过程中受到损害，是否应承担赔偿责任。

【法院裁判要旨】

北京市平谷区人民法院经审理认为：在本次事故中，李某权作为提供劳务一方，在从事高处作业时自身未尽到安全注意义务，而满某月作为接受劳务一方，在组织施工过程中未提供必要的安全防护措施以尽安全保障义务，二人就本次事故发生应承担相应的责任；李某勇作为定作人，在施工时未就施工人员是否具备必要的安全防护措施进行审查，对于事故的发生负有一定责任。故，就本次事故发生法院酌情确定李某权承担30%的责任，满某月承担50%的责任，李某勇承担20%的责任。

北京市平谷区人民法院依照《中华人民共和国侵权责任法》第十六条、第二十二条、第二十六条、第三十五条，《最高人民法院关于审理人身损害赔偿案件适用法律若干问题的解释》第十条、第十九条、第二十条、第二十一条、第二十三条、第二十四条、第二十五条之规定，作出如下判决：

一、满某月于本判决生效后十日内赔偿李某权医疗费、住院伙食补助费、营养费、误工费、护理费、残疾赔偿金、精神损害抚慰金共计63205元；

二、李某勇于本判决生效后十日内赔偿李某权医疗费、住院伙食补助费、营养费、误工费、护理费、残疾赔偿金、精神损害抚慰金共计25282元；

三、驳回李某权的其他诉讼请求。

李某勇不服一审判决，提出上诉。

北京市第三中级人民法院经审理认为：结合各方当事人的陈述和证人证言，可以看出李某权与满某月之间形成劳务关系，李某权作为提供劳务的一方，满某月作为接受劳务的一方，二者对于本案事故的发生均存在一定责任。李某勇作为定作人，没有证据证明其对定作、指示或者选任存在过失，故其对本次事故的发生不应承担赔偿责任。一审法院认定其对事故发生负有一定责任，酌定其承担20%的赔偿责任，缺乏事实及法律依据，二审法院依法予以纠正。综合考虑全案事实、当事人的陈述及现有证据，依法酌情确定李某权就本次事故发生承担30%的责任，满某月就本次事故发生承担70%的责任。

北京市第三中级人民法院依照《中华人民共和国民事诉讼法》第一百七十条第一款第二项之规定，作出如下判决：

一、撤销一审民事判决；

二、满某月于本判决生效后十日内赔偿李某权医疗费、住院伙食补助费、营养费、误工费、护理费、残疾赔偿金、精神损害抚慰金等共计88487元；

三、驳回李某权的其他诉讼请求。

【法官后语】

本案中双方争议的焦点主要集中于承揽人在完成工作过程中自身遭受损害的，定作人是否应当承担赔偿责任。

按照法律规定，承揽人在完成工作过程中对第三人造成损害或者造成自身损害的，定作人不承担赔偿责任。但定作人对定作、指示或者选任有过失的，应当承担相应的赔偿责任。也就是说，在承揽合同关系中，如果承揽人在完成任务时自身遭受损害或者致人损害，原则上定作人是不需要承担责任的。但是有例外情形，即定作人对定作、指示或者选任有过失的，也要承担相应的赔偿责任。

具体到本案中，李某勇作为定作人，其对承揽人李某权在完成工作任务过程中发生事故遭受的损失应否承担赔偿责任，需要进一步分析其对定作、指示或者选任是否存在过失。

首先，从李某勇的定作义务看，李某勇要求满某月承揽的工程为农民自建一层住宅，为此其提供了相应的工作场所，该定作任务符合正常人认知和农村实际情况，不存在明显不合理的危险，李某勇对定作该工程并无过失。其次，从李某勇的指示义务看，李某权并没有提供充分证据证明李某勇对其直接下达了关于施工的指示，并强令其下雨时继续施工，也没有证据证明发生事故当日天气条件恶劣至无法施工，所以难以认定李某勇在指示方面存在过失。最后，从李某勇的选任义务看，相关法律对农民自建两层（含两层）以下的住宅承建方并无建筑从业资质的特别要求，虽然满某月等人不具备建筑从业资质，但因涉案工程系农民自建一层住宅，法律不要求承揽方必须具备建筑从业资质，所以李某勇在选任方面也不存在明显过失。既然李某勇在定作、指示、选任三个方面均无过失，李某权要求其对本案中的事故所致损害承担责任即缺乏法律依据，依法不应得到支持。

那么，李某权在施工过程中发生事故遭受的损害后果究竟由谁来负责呢？根据法律规定，个人之间形成劳务关系，提供劳务一方因劳务造成他人损害的，由接受劳务一方承担侵权责任。提供劳务一方因劳务自己受到损害的，根据双方各自的过错承担相应的责任。李某权在提供劳务时，负有保障自身安全的一般注意义务，其在垒墙的时候适逢雨天，其应当对作业面湿滑保持警惕，谨慎作业。其不慎从脚手架上滑下摔伤，自身具有一定过错。满某月作为接受劳务一方，在组织施工过程中未提供必要的安全防护措施以尽安全保障义务，其亦认可一审判决李某勇承担的责任应由其来承担，故可依法认定其对本次事故的发生负有主要责任。二审法院综合考虑全案事实、当事人的陈述及现有证据，依法酌情确定李某权就本次事故发生承担30%的责任，满某月就本次事故发生承担70%的责任，是符合客观实际的，是合理合法的。

总之，在承揽合同关系中，除非定作人对定作、指示或者选任有过失，其原则上无须对承揽人在完成任务时自身遭受损害或者致人损害后果承担责任。

编写人：北京市平谷区人民法院　于思涛

43

承揽关系中，工作场所提供者亦应尽到安全保障义务

——赵某玉诉某服饰公司提供劳务者受害责任案

【案件基本信息】

1. 裁判书字号

江苏省如皋市人民法院（2021）苏0682民初4870号民事判决书

2. 案由：提供劳务者受害责任纠纷

3. 当事人

原告：赵某玉

被告：某服饰公司

第三人：蔡某珍

【基本案情】

赵某玉与蔡某珍一起在某服饰公司加工衣物，2019年9月16日，赵某玉因接听电话从车间货梯门出口处出来时，不慎跌落、受伤。当日被送至医院治疗，于2019年10月18日出院。经委托，甲司法鉴定所于2021年1月13日作出司法鉴定意见：被鉴定人赵某玉罹患精神障碍，日常生活有关的活动能力中度受限。乙司法鉴定所于2021年2月25日作出鉴定意见：被鉴定人赵某玉因外伤致蛛网膜下腔出血、左额颞顶部硬膜下血肿、左额颞叶脑挫伤等的诊断成立，经手术治疗，目前其遗有精神障碍，评定为九级伤残；其伤后的误工期限以180日为宜；其伤后的护理以一人护理60日为宜；其伤后的营养期限以60日为宜。

【案件焦点】

赵某玉作为承揽人，某服饰公司作为工作地点提供者，在赵某玉非因承揽工作受伤时，某服饰公司是否需尽到安全保障义务并承担相应的侵权责任。

【法院裁判要旨】

江苏省如皋市人民法院经审理认为：因过错侵害他人民事权益，应当承担侵权责任。本案中，赵某玉与蔡某珍等人系在某服饰公司提供的场所内从事手工业务，赵某玉及蔡某珍的工作具有独立性，赵某玉完成工作过程中自行携带工具，与某服饰公司不具有人身依赖性，在工作的过程中并非单纯的提供劳务，而是完成一定的工作成果，符合承揽关系的法律特征。赵某玉在某服饰公司加工衣物期间，因接打电话从货梯出口处摔倒，事故发生时该货梯处于开放状态，具有一定危险性，某服饰公司作为货梯的管理人未尽到安全保障义务，对赵某玉的受伤应当承担赔偿责任。赵某玉作为完全民事行为能力人，在存在其他正常通道与出口的情况下，擅自从货梯处出入，疏于观察，未尽到安全注意义务，自身对事故发生亦存在过错。法院酌定赵某玉的各项损失合计 261035.35 元，由某服饰公司赔偿 30%即 78310.61 元，其余损失由赵某玉自行负担。

江苏省如皋市人民法院依据《最高人民法院关于适用〈中华人民共和国民法典〉时间效力的若干规定》第一条第二款，《中华人民共和国侵权责任法》第六条、第三十七条，《最高人民法院关于审理人身损害赔偿案件适用法律若干问题的解释》第十七条、第十八条、第十九条、第二十条、第二十一条、第二十二条、第二十三条、第二十四条、第二十五条之规定，作出如下判决：

一、某服饰公司于本判决发生法律效力后十日内向赵某玉支付因本起事故造成的各项损失 78310.61 元；

二、驳回赵某玉的其他诉讼请求。

判决作出后，当事人未上诉，判决已经发生法律效力。

【法官后语】

本案适用了已失效的《中华人民共和国侵权责任法》（以下简称《侵权责

任法》）第三十七条第一款，现行《中华人民共和国民法典》（以下简称《民法典》）第一千一百九十八条第一款规定，宾馆、商场、银行、车站、机场、体育场馆、娱乐场所等经营场所、公共场所的经营者、管理者或者群众性活动的组织者，未尽到安全保障义务，造成他人损害的，应当承担侵权责任。通过《民法典》中将机场、体育场这类非营利性场所囊括其中，可以看出人们社交中依赖、影响程度在不断增强，安全保障义务适用的空间不断扩大，当代社会对危险的防范和控制要求也不断提高。

本案中，对于某服饰公司的责任承担存在两种观点。观点一：赵某玉作为承揽人，其因接打电话而摔倒，系自身过错导致受伤，与定作人的定作、指示、选任过失无关，某服饰公司不应当承担侵权赔偿责任。观点二：赵某玉虽未因承揽的工作受伤，但其受伤地点在某服饰公司公司内，某服饰公司作为货梯管理者应当履行合理的防范措施，其因未尽到安全保障义务导致承揽人受伤的，亦应承担相应的侵权责任。本案采纳了第二种观点，浅析如下：

一、安全保障义务的理论基础

目前，安全保障义务的适用空间随着经济业态的繁荣发展不断扩大，已泛化至产品生产和网络服务等领域。安全保障义务作为一种风险防范义务，义务人对其所从事的经营和管理的活动场所具有他人无可比拟的控制力，所以也最能预见可能潜在的危险，应采取措施防止和减轻损害。笔者认为，从权利义务相一致的原则来看，因获利而产生的风险应归于义务人，若义务人不承担防范风险发生的责任则有违公平原则。从利益衡量角度来看，义务人是否规范、全面地履行义务，对于社会秩序的正常运转和人身财产安全的充分保障都起到了至关重要的作用。但为了安全保障义务制度的良性发展，也不能盲目扩大义务人的范围，导致“和稀泥”的情况发生。我们要结合期待可能性原则和过错责任原则来认定义务人承担责任的合理限度。衡量安全保障义务人是否尽到了合理的注意义务，不能仅以发生损害结果为依据，而应从法定标准、行业标准、诚实信用标准、职业要求、生活阅历等方面来综合评价其可预见性。同时，也要考虑受害人过错、受害人同意、不可抗力、自甘风险、第三人过错等因素，减轻义务人的责任。这样，才能在司法实践中构建安全保障义务制度适用的合理边界。

二、成衣车间能否认定为公共场所

《侵权责任法》中列明的场所为公共场所，《民法典》中增加了经营场所这一表述，笔者认为，从立法本意分析，安全保障义务适用的场所应当为具有共享性和秩序性的活动场所，这类场所的经营、管理者是事实上能够对场所进行管理和控制的人，义务人也即场所的实际管理人。第一，本案中，某服饰公司的员工和承揽人都依赖其提供的成衣车间来完成工作。该场所向多人开放，供他们使用，可以认定具有共享性。第二，某服饰公司对其成衣车间负责提供正常的生产环境，维持正常的生产秩序，对员工进行管理，同时也应负责统筹其他人员如承揽人等在其场所内的有序工作，可以认定具有秩序性。本案发生于某服饰公司经营、管理的成衣车间货梯内，成衣车间作为公共场所，某服饰公司对其所属的货梯具有管理责任。货梯作为一种存在明显风险的设备，某服饰公司应当通过张贴告示，提醒告知、明确管理等方式对场所内人员尽到安全保障义务。

三、某服饰公司责任承担的法律依据

笔者认为，安全保障义务的归责原则为过错推定原则，即依照法律规定推定行为人有过错，行为人不能证明自己没有过错的应当承担侵权责任。本案中，某服饰公司未能充分举证其履行了风险告知等义务，而货梯的使用存在明显的风险，对某服饰公司而言是可预见的，故其应当承担相应的侵权责任。本案中，某服饰公司承担30%的责任，主要是从原告的自身过错考虑。第一，赵某玉应明知货梯的用途。本案中，赵某玉已在成衣车间工作许久，从日常工作接触中能够知晓货梯的使用用途是运送货物，并非搭载乘客。在有其他通道的情况下，赵某玉仍抱有侥幸心理选择从该处通过，存在过错。第二，赵某玉没有尽到安全注意义务。案发时为白天，光线、视野较好，但因赵某玉在经过货梯出口时接打电话，注意力分散而导致摔倒，存在过错。综合上述原因，本案在判决时对某服饰公司的责任予以了减轻。

本案某服饰公司与赵某玉间虽为承揽关系，但工作场所由某服饰公司提供，作为场所提供者其应采取合理措施防范危险发生，尽到安全保障义务。未尽到安全保障义务，造成承揽人损害的，应当承担侵权责任。

编写人：江苏省如皋市人民法院　郝玲丽　孙俊驹

44

选任不具安全生产条件的特种作业主体的连带责任认定

——刘某忱诉甲物流公司、杨某山提供劳务者受害责任案

【案件基本信息】

1. 裁判书字号

北京市第三中级人民法院（2021）京03民终4502号民事判决书

2. 案由：提供劳务者受害责任纠纷

3. 当事人

原告（被上诉人）：刘某忱

被告（上诉人）：甲物流公司

被告：杨某山

第三人：某汽车公司、乙物流公司怀柔分公司

【基本案情】

刘某忱受杨某山雇用从事背车工作。2018年7月6日，因当日背车架（吊车）出现故障需要维修，当时车在空中20厘米处，需要卸车，得用千斤顶将车往上顶安装轮胎，刘某忱在车底下操作千斤顶，千斤顶错位了，刘某忱被车辆砸伤并截瘫。经某司法鉴定中心鉴定为：二级伤残。

关于本案背车所涉的行业流程，主要如下：涉案车辆为欧曼重卡车辆，为

某汽车公司所有。某汽车公司（甲方）与乙物流公司（乙方）签订《承运合同》，并约定对乙方违规背车、违规配货对甲方造成损失的，甲方有权向乙方索赔……乙物流公司有下游承运商大约十家，甲物流公司是其中一家，各承运商自行委派运输司机。合同约定运输方式有人工驾送和背车驾送，并载明违规背车现象指乙方承运的商品车人工驾送中一背二及以上的行为，同时约定乙方不得将其承接的业务分包给不具备履行本合同应当具备的相应资质条件的单位或个人……

杨某山在此前相关诉讼陈述其与甲物流公司是承包关系，其使用甲物流公司的场地背车，不用给物流公司缴费。后在本案中，杨某山认为其与甲物流公司之间是场地租赁关系，其签订的是《背车场地租赁合同》。《商用车背车装载技术要求》对背车运输过程中的背车装载原则及装载技术要求进行了规定。背车装载是指一辆商用车承载另一辆商用车的相关作业过程，分背车台装载和吊装装载两种方式。作业设备设施有背车台设施、吊装设备（桥架型起重机、臂架型起重机）。根据《特种设备目录》，起重机械位列其中。

诉讼中各方均认可乙物流公司将《承运合同》项下的物流运输服务（包括背车架送服务）分包给包括甲物流公司后，仅对甲物流公司的背载工艺进行审查，未审查甲物流公司是否具备背车装载方面的资质及安全生产条件。甲物流公司无背车设备，亦将《运输合同》中背车架送所涉及的背车装载业务包给杨某山，清楚背车系属违规，但是现实中都是这么做的，未审核杨某山是否具备背车装载资质。

【案件焦点】

1. 对刘某忱人身损害后果承担赔偿责任主体的认定；2. 对刘某忱合理损失项目及数额的核定。

【法院裁判要旨】

北京市顺义区人民法院经审理认为：刘某忱与杨某山之间的法律关系为劳务关系。杨某山与甲物流公司的法律关系构成承揽合同关系。某汽车公司、乙物流公司均是将所背车辆视为被运送货物，因此成立的是运输合同关系。

首先，背车装载涉及特种设备，杨某山作为个人，不具备安全生产条件及特种设备使用、检验、检测等条件，其未履行《中华人民共和国安全生产法》及《中华人民共和国特种设备安全法》中法定的职责和义务。杨某山明知该行为具有较大的人身危险性，而未呼叫专业人员或采取专业设备进行维修即指示刘某忱继续工作，显然对事故的发生存在重大过错，其应承担赔偿责任。同时刘某忱作为作业人员，未能经专门的安全作业培训，无证进行特种作业操作，其贸然同意采取危险措施进行作业导致受伤，其对自身安全负有疏忽和放任的过失。法院酌定杨某山承担80%的责任，刘某忱自行承担20%的责任。

其次，关于甲物流公司是否承担赔偿责任的问题。甲物流公司作为专业的物流单位及涉案场地使用人，应熟知并严格遵守国家相关安全生产法规的强制性规定，更应注意通过有效严谨的审查措施尽可能预防因违规背车面临的安全风险，其将背车装载业务发包给没有资质的杨某山具有过错，与杨某山构成共同侵权，应承担连带赔偿责任。

某汽车公司与乙物流公司是否承担责任的问题。乙物流公司其并无背车装载技术条件也未履行背车装载和背车架送服务，而是将此项业务转包。某汽车公司作为专业的汽车生产企业，应熟知并严格遵守国家相关法律规定，更应注意通过有效严谨的审查措施尽可能选任具备安全装载条件的运输企业承揽业务，而某汽车公司和乙物流公司在选用承揽承运业务时未尽到合理审查义务，均负有选任不具备安全生产条件的单位的过失，均应当与甲物流公司一起与杨某山承担连带赔偿责任。

北京市顺义区人民法院根据《中华人民共和国侵权责任法》第三十五条，《中华人民共和国安全生产法》第四十六条、第一百条，《最高人民法院关于审理人身损害赔偿案件适用法律若干问题的解释》第十条、第十一条第二款、第十七条、第十八条、第十九条、第二十条、第二十一条、第二十二条、第二十三条、第二十四条、第二十五条、第二十八条，《最高人民法院关于适用〈中华人民共和国民事诉讼法〉的解释》第九十条之规定，判决如下：

一、杨某山于本判决生效之日起七日内赔偿刘某忱医疗费、医疗依赖费、住院伙食补助费、残疾赔偿金（含被扶养人生活费）、误工费、后续治疗费、营养费、精神抚慰金、交通费、护理依赖费共计1210698.03元；

二、甲物流公司、第三人某汽车公司、第三人乙物流公司怀柔分公司对本判决第一项承担连带赔偿责任；

三、驳回刘某忱的其他诉讼请求。

甲物流公司不服一审判决，提起上诉。

北京市第三中级人民法院同意一审法院裁判意见，依照《中华人民共和国民事诉讼法》第一百七十条第一款第一项之规定，判决如下：

驳回上诉，维持原判。

【法官后语】

背车装载是指当前商用车运输中常见的一种运输作业方式，需要操作人员具有一定专业技术能力并通过背车台设施、吊装设备（桥架型起重机、臂架型起重机）等器械才能完成，《特种设备目录》载明起重机械等为特种设备。特种设备作为单独分类的一种，国家针对特种设备作业和安全生产出台了相应的法律和规范，对从事此类专业性质工作的单位或个人赋予严格的条件和要求，以保障生产经营单位的安全生产条件、从业人员的安全生产权利。在审判实践中，因特种设备操作不当发生的事故对人身权往往造成重大损害甚至会危及生命权，同时也会造成公私财产的重大损失，后果极其严重。作为从事运输行业的市场主体尤其是涉及背车装载的业务更应当对运输的全过程进行有效监督，全面审查各个环节中操作主体的资质及安全生产条件，确保背车装载符合法律规定、行业规范。

《中华人民共和国安全生产法》第二十条规定了生产经营单位的安全生产条件，第四十九条规定了生产经营项目、场所、设备发包或出租的安全生产责任，第一百零三条规定了生产经营单位违法发包、出租的法律责任，同时结合关于发包人、分包人的连带赔偿责任规定，上述法律均强制性规定责任主体对合同相对方生产条件、相应资质的法定审查义务。

本案中的焦点问题在于甲物流公司、乙物流公司、某汽车公司是否承担连带责任，法院审理明晰各主体之间的关系后认为涉诉的欧曼重卡属于某汽车公司委托乙物流公司进行运输，乙物流公司又将该项业务委托至甲物流公司，上述三家公司作为从事物流行业的市场主体，其享有一定的市场地位并应当具备对《中华人民共和国安全生产法》《背车装载规范》等从事该行业的法律基础，鉴于背车装载属于具有一定技术含量的作业并需要特种设备方能进行，甲物流公司将背车装载业务发包给杨某山，并提供不具备安全生产条件的场地这一行为显然违背安全生产精神，与造成刘某忱实际损害后果的雇主杨某山具有共同过错，二人构成共同侵权，应和杨某山承担连带责任。关于乙物流公司和某汽车公司其二公司因层层违法转包行为将该项业务交由甲物流公司，其二者均没有对背车装载所需要的资质进行审查，在选任时存在过失，除刘某忱因自身的过错承担部分责任外，根据《中华人民共和国安全生产法》的规定，二者亦应当对刘某忱的损害承担连带责任。

本案通过厘清涉案主体之间的合同关系，通过对权利义务的审查，从层层叠加的关系中辨别承揽合同关系、劳务合同关系、雇佣关系，结合背车装载的技术规范要求，明确涉及特种设备作业时发包方、承包方等合同各方主体的审查注意义务及选任责任。引导市场主体在涉及特种设备作业时应当严格按照《中华人民共和国安全生产法》和行业技术规范选任具备相应资质的单位或个人生产经营并提供特种设备作业所需要的安全生产条件，否则应当承担连带责任。

编写人：北京市顺义区人民法院　张志鹏　涂琳

45

在多因一果造成的损害中，确定因果关系的标准宜宽

——李某山诉倪某明等提供劳务者受害责任案

【案件基本信息】

1. 裁判书字号

河南省南阳市中级人民法院（2022）豫13民终637号民事判决书

2. 案由：提供劳务者受害责任纠纷

3. 当事人

原告（上诉人）：李某山

被告（上诉人）：张某新

被告（被上诉人）：倪某明、樊某

【基本案情】

樊某家中建房，樊某将建房工程承包给倪某明施工，双方签订了建房施工合同，建房三层，倪某明包工不包料，每平方米工价220元，甲方樊某给乙方倪某明保险费1000元，约定在施工中人员出现工伤、因施工造成他人损伤等事故，一切由乙方负责。倪某明将砌墙的工程交由张某新完成，约定每砌一块砖0.14元，验收后付款。张某新带上儿子张某垚，又约到李某山和秦某、王某武共五人和两个小工，组织砌墙施工，约定小工每天130元，大工按工程总量扣除小工工资后平均分配。由张某新记工，砌墙的工费由倪某明支付给张某新后，张某新再按照内部的约定分发给其他的大工、小工。除砌墙的工具外，工地上所需要的其他设施，如搭架子用的材料等由倪某明负责提供。李某山系张某新喊去干垒墙的活，属于大工，报酬是砌墙工程总价中扣除小工工资，由张某新

平均在五个大工中分配。事故发生时使用的架子是李某山和另一人共同搭建的，所用的材料是倪某明提供。李某山从所搭的架子上摔下受伤，被张某新、秦某等送往医院救治。李某山先后共住院治疗10天，花费医疗费38498.49元，李某山住院期间护理人员为2人，交通费2000元。因医疗费的支付问题双方发生争议，李某山诉至法院，请求法院依法判令樊某、倪某明互负连带责任赔偿医药费等（暂定）10万元。原审审理中，李某山将诉讼请求变更为7万元。审理中，倪某明、樊某申请对李某山外伤与颈髓损伤因果关系及用药合理性进行文审鉴定。经法院委托，某司法鉴定所作出鉴定意见书，鉴定意见为：李某山外伤与其颈髓损伤伴四肢瘫存在直接因果关系；甲医院及乙医院在其住院治疗期间用药合理。原审审理中，李某山向法院提出申请先予执行医药费用40000元，法院经审查后作出裁定，裁定：1. 倪某明先予支付李某山医药费15000元；2. 樊某先予支付李某山医药费5000元。此款已执行完毕。

【案件焦点】

1. 李某山及倪某明等人之间的法律关系；2. 倪某明等人应否承担责任，承担何种责任。

【法院裁判要旨】

河南省方城县人民法院经审理认为：关于李某山及倪某明等人之间的法律关系，樊某与倪某明形成了承揽合同关系，关于倪某明与张某新属承揽合同关系，张某新与李某山之间属于雇佣劳务关系。关于各当事人的责任问题，李某山作为砌砖工作的成年雇员，属于完全民事行为能力人，平时也多参加砌墙等相关建筑工作，对安全防护的基本要求应是明知的，而在其施工中，身处建房施工现场（高危场所），未采取安全防范措施，未能尽到审慎的安全注意义务，在自己所搭的架子上倒塌受伤，造成自身受伤的严重后果，对损害的发生自身存在过失，应当减轻他人承担的赔偿责任。故李某山在本案中对自己各项损失应承担30%的责任。张某新作为建房砌墙工作的承揽人和李某山的雇主，施工过程中，应严格按照施工要求及操作规范管理、控制施工现场，安装施工安全防护设施，调配施工人员，但张某新并未严格规范管理，亦未在李某山施工的现场提供安装安全防护设施，其对施工现场的安全管理存在重大疏漏。张某新作为李某山的雇主，未具备建筑施工资质承揽工程，对施工现场疏于管理，对李某山因伤遭受的损失应承担主要责任，法院酌定由张某新对李某山的各项损失承担40%的赔偿责任。倪某明作为砌墙工程的定作人，未提供合格的砌墙用升降设备或合格的搭架子材料，对事故的造成具有一定过错，法院酌定由倪某明承担20%的赔偿责任。樊某将三层房屋承包给无施工资质的倪某明修建，没有按规定选择有施工资质的单位施工，其行为存在选任过失，法院酌定由樊某对李某山的各项损失承担10%的赔偿责任。李某山本次诉讼涉及各项损失共计53530.69元，应根据双方各自的过错承担相应的责任，即应由张某新承担40%的赔偿责任为21412.28元，倪某明承担20%的赔偿责任为10706.1元，樊某承担10%的赔偿责任为5353.1元。先予执行部分应予扣减。

河南省方城县人民法院依照《中华人民共和国民法通则》第一百一十九条、第一百三十一条，《中华人民共和国合同法》第二百五十一条，《中华人民共和国侵权责任法》第六条、第十六条、第二十六条、第三十五条，《最高人民法院关于审理人身损害赔偿案件适用法律若干问题的解释》（2003年12月4日最高人民法院审判委员会通过）第二条、第十条、第十一条、第十七条、第十九条、第二十条、第二十一条、第二十二条、第二十三条、第二十四条，《最高人民法院关于适用〈中华人民共和国民法典〉时间效力的若干规定》第一条第二款，《中华人民共和国民事诉讼法》第六十四条、第一百四十四条之规定，判决如下：

一、张某新于本判决生效后十日内赔偿李某山医疗费、营养费、住院伙食补助费、误工费、护理费、交通费等各项经济损失共计21412.28元；

二、倪某明于本判决生效后十日内赔偿李某山医疗费、营养费、住院伙食补助费、误工费、护理费、交通费等各项经济损失共计10706.1元（已通过法院先予执行履行完毕）；

三、樊某于本判决生效后十日内赔偿李某山医疗费、营养费、住院伙食补助费、误工费、护理费、交通费等各项经济损失共计5353.1元（已通过法院先予执行履行5000元）；

四、驳回李某山的其他诉讼请求。

李某山、张某新不服一审判决，提起上诉。

河南省南阳市中级人民法院同意一审法院裁判意见，依照《中华人民共和国民事诉讼法》第一百七十七条第一款第一项之规定，判决如下：

驳回上诉，维持原判。

【法官后语】

本案中，李某山因提供劳务自身受到损害，且损失较大，其起诉请求给予司法救济，人民法院应当给予支持，这是没有争议的。而有争议的是：谁应成为本案的赔偿主体并承担赔偿责任，各被告应承担怎样的具体赔偿责任？回答这一问题，需要从以下三个方面作出分析、判断。

一、确定本案中的赔偿责任应适用何种归责原则

在我国侵权法理论上，普遍认为归责原则有三个，即过错归责原则、无过错归责原则和公平归责原则。司法实践中，过错归责原则适用于一般侵权领域，无过错归责适用于特殊侵权领域，公平原则适用于这两个领域之外的例外情况，以平衡加害人与受害人的利益。依据过错归责原则，过错是承担责任的前提，有过错才承担民事责任，无过错则不承担民事责任。因本案系侵权纠纷，应适用过错归责原则。依此对损害后果的发生有过错的，才应确定其承担赔偿责任；否则，就应确定不承担赔偿责任。

二、李某山受到的损失是否与自身和三被告的过错存在因果关系

无论在何种性质的侵权责任中，因果关系是构成侵权责任的必备条件之一。因果关系的结果是损害事实，这是不言而喻的，无异议，但因果关系的原因指的什么，则有多种不同的见解。我们认为，只要是导致损害结果发生的因素，都可以被认定是因果关系的原因。这样认定因果关系，在有的情况下，可能会使因果关系的链条拉得过长，确定承担损害结果的责任主体宽泛了些，不够合理，但有利于分担损失，化解纠纷，稳定秩序。像本案中的李某山伤情较重，

大概率后续产生伤残等数额较大的损害后果，如果仅确定张某新作为雇主与李某山的损失存在因果关系，由张某新承担该事故的全部损失，不仅会使张某新不堪重负，支付不了巨额赔偿金，受害人的损失得不到司法救济，难以“案结事了”，也不利于对此类事故的相关当事方产生一定的警示效果。基于上述认识，我们认为，本案原告与三名被告的上述过错，均是损失的因素，当事各方的各自过错均与损害后果的发生存在因果关系。可以说，本案中只要有一名过错方无上述的过错，就不能导致损害后果的发生。所以确定各方的过错与损害后果均存在因果关系，是基于事实的判断，在一般生活常识上是说得通的。

三、三被告应否承担连带责任

侵权法上的连带责任成立的一个前提条件是数人的共同侵权。共同侵权有三种形式，一是共同故意侵权；二是共同过失侵权；三是既无故意也无过失但侵权行为直接结合发生同一损害后果的共同侵权。司法实践中，一般将加害人的过错以侵权看待。本案各方的过错，从侵权角度考量，既无共同故意，也无共同过失，各被告人的过错行为不存在直接结合，因此三被告的过错行为不构成共同侵权，对损害后果不应承担连带责任。

二人以上没有共同故意或者共同过失，但其分别实施的数个行为间接结合发生同一损害后果的，应当根据过失大小或者原因力比例各自承担相应的赔偿责任，故本案原告与三被告应按各自的过错程度承担相应的责任。

编写人：河南省方城县人民法院　杜柯

五、赔偿协议与标准

46

提供劳务者受伤定残后，后续治疗费的认定标准及受害人死亡后丧葬费是否应当支持的认定

——张某超等诉陈某军等提供劳务者受害责任案

【案件基本信息】

1. 裁判书字号

河南省安阳县人民法院（2021）豫0522民初1428号民事判决书

2. 案由：提供劳务者受害责任纠纷

3. 当事人

原告：张某超、王某云、张某和、张甲

被告：陈某军、袁某生、某建筑工程公司

【基本案情】

某建筑工程公司承包某地产公司安阳某小区项目，袁某生为实际施工人。袁某生将部分工程又承包给陈某军施工。2018年10月，陈某军雇用李某花（四原告亲属，也是本案的受害人）到其承包的工地上干活。2018年11月21日，李某花在下楼梯时从没安装护栏的楼梯摔落受伤。随后李某花被送往甲医院、乙医院、丙医院住院治疗。经司法鉴定，李某花构成一级伤残。2020年3

月 27 日，李某花向河南省安阳县人民法院提起诉讼。经河南省安阳县人民法院、河南省安阳市中级人民法院两次审理，法院依法确认了各被告的责任，并判决后续费用待实际发生后另行主张。此次事故导致李某花长期瘫痪在床，处于植物人状态。法院判决后，李某花又先后在甲医院、丁医院住院治疗。2020 年 12 月 8 日，李某花到戊医院进行昏迷促醒等方面的康复治疗 25 天。2021 年 2 月 21 日，李某花因伤势过重死亡。在法院判决后，李某花治疗又产生大量费用。

【案件焦点】

张某超等主张各项损失有无事实和法律依据，应否得到支持，张某超等的损失应该由谁负担，如何负担。

【法院裁判要旨】

河南省安阳县人民法院经审理认为：2020 年 3 月，李某花向法院起诉，2020 年 6 月，法院对双方侵权因果关系进行了确定，判决陈某军对李某花损失承担 80%的赔偿责任，袁某生、某建筑工程公司对李某花损失承担连带赔偿责任。第一次判决前李某花受伤后最后一次住院为在己医院，治疗肺部感染，出院建议继续用药治疗，病情变化及时随诊。2020 年 6 月 21 日，李某花因肺部感染到丁医院住院治疗的费用，应予以支持。李某花从受伤至去世一直处于昏迷、植物人状态。其从受伤到去戊医院治疗中间两年有余，根据李某花受伤情况、以往治疗情况及治疗后恢复情况，张某超等在李某花受伤后两年带其到戊医院进行植物人促醒治疗，属于过度治疗，对其产生的费用，不予支持。法院依法确定其合理费用为：医疗费 12024.2 元；交通费 360 元（20 元/天×18 天）；残疾辅助器具费酌定 1200 元；住院伙食补助费 900 元（50 元/天×18 天），以上共计 14484.2 元。陈某军承担 80%的责任，即 11587.36 元。袁某生、某建筑工程公司对上述款项承担连带赔偿责任。张某超等主张的其他外购药品、在卫生室的医疗费，其提供的不是正规票据，对该部分的主张，不予支持。张某超等主张丧葬费能否支持的问题，李某花于 2018 年 11 月受伤，2021 年 2 月

21日去世。鉴于从李某花受伤到去世间隔时间较长，其主张受伤两年后死亡产生的丧葬费用，法院不予支持。

河南省安阳县人民法院依照《中华人民共和国侵权责任法》第二条、第十六条、第三十五条，《最高人民法院关于适用〈中华人民共和国民法典〉时间效力的若干规定》第一条、第二十八条，《中华人民共和国民事诉讼法》第六十四条、第一百四十二条、第一百四十四条之规定，作出如下判决：

一、陈某军于本判决生效后十日内赔偿王某云、张某和、张某超、张甲医疗费、住院伙食补助费、交通费、残疾器具费共计11587.36元；

二、袁某生、某建筑工程公司对第一项承担连带赔偿责任；

三、驳回王某云、张某和、张某超、张甲的其他诉讼请求。

判决作出后，当事人未上诉，判决已经发生法律效力。

【法官后语】

提供劳务者受害责任纠纷案件，不仅关涉提供劳务者生命健康权的救济与保护，亦涉及接受劳务方的用工风险化解与生存发展之间的平衡。在当前维护农民工权益和法治化营商环境的大背景下，妥善审理此类案件需要准确认定损害赔偿责任主体与赔偿范围，依法保护各方当事人的合法权益。

1. 过度治疗产生的不合理费用，赔偿义务人不应承担。赔偿义务人承担后续治疗费应满足两个前提：第一，该费用的发生必须是行为人的侵权行为所导致；第二，必须是合理的费用，是否合理应当从社会一般人的角度衡量。本案中，李某花在第一次判决前，最后一次住院为在己医院治疗肺部感染，出院建议继续用药治疗，病情变化及时随诊。之后，2020年6月21日，李某花因肺部感染到丁医院住院治疗，该笔费用系李某花伤势尚未治愈情况下，确需继续治疗所产生的费用，陈某军等理应承担。而李某花被评定为一级伤残、处于植物人状态后，后续昏迷促醒等方面的康复治疗费用是否应得到支持仍有争议。一般认为，应该将对病人的诊疗总体上是否趋好，作为判定是否过度治疗的基本准则。具体说来，要看治疗是否减轻了病人的痛苦，是否能延长病人的寿命等。而从社会一般人的角度衡量，对于大多数植物人患者，目前尚无可以治愈或能够长期生存的有效手段。李某花的亲属想要通过专业的昏迷促醒治疗使其病情有所好转的心情固然可以理解，但是不能为患者真正提高诊治价值，而进行的手术或服用疗效不明的贵重药品等治疗，应当认定为过度治疗。本案中，李某花进行昏迷促醒等方面的康复治疗25天，共计花费73541.98元。张某超等没有充分证据予以证明或充分理由予以说明该治疗是必要、经济、有效的。因此，这种过度治疗产生的费用，赔偿义务人不应承担。

2. 受害人定残多年后死亡，赔偿义务人不再承担丧葬费。本案的第二个争议焦点是受害人从受伤到去世间隔两年多的时间，其丧葬费是否应由雇主承担？对此问题有以下两种观点：

第一，李某花经手术治疗后呈植物人状态，虽经过一段时间护理仍最终死亡，在此过程中，无证据证明从李某花受伤到死亡存在其他介入因素。因此，李某花的死亡系本次提供劳务事故所致，应为本次提供劳务事故的损害结果，故雇主应当赔偿丧葬费。

第二，死亡证明书系医院在病人死亡后未经尸体解剖等确认措施而出具的，并不能认定病人死亡的真正原因。本案中，没有对李某花进行死亡鉴定，死亡原因无法判断，且李某花受伤至去世间隔两年多时间，是否与自身病情有关无法确定，故不应支持张某超等关于丧葬费的诉讼请求。

笔者认为：首先，在无法确定死亡原因的情况下，应根据死因鉴定结论进行判断。其次，看受害人死亡的时间节点。李某花经手术治疗后呈植物人状态，若其在手术过程中死亡，或在第一次出院后护理期间病情恶化又入院治疗期间死亡，其死亡原因可确定系本次事故所致。但李某花2018年11月21日受伤，2020年12月8日到戊医院进行昏迷促醒治疗，2021年2月21日去世，在病情稳定过程中，家属又带其到医院进行昏迷促醒治疗。故造成李某花死亡可能是治疗所致，也可能是其他因素所致。最后，考虑案件终结状态。根据社会常识及生活经验判断，死亡是李某花植物人状态下的自然发展趋势，短则数月，多则数年。在数年的发展过程中，是否有其他介入因素导致受害人死亡无法判断，故受害人在生存数年后死亡是否与事故有相当的因果关系不能确定。案结事了是每一个诉讼参与人的最理想状态，案件的解决应当有一个终结，若受害人生存数十年后仍然起诉要求赔付丧葬费，案件将长期处于不稳定状态之中，迟迟得不到解决。

编写人：河南省安阳市中级人民法院　邢霞
河南省安阳县人民法院　尹丽苑

47

雇主为雇员投保的保险理赔款是否可冲抵赔偿

——果某诉某村委会等提供劳务者受害责任案

【案件基本信息】

1. 裁判书字号

北京市第三中级人民法院（2021）京03民终10952号民事判决书

2. 案由：提供劳务者受害责任纠纷

3. 当事人

原告（被上诉人）：果某

被告（上诉人）：某村委会

被告：某镇政府、某合作社

【基本案情】

果某林生前系村民，户口性质为农业家庭户。果某系果某林之子，果某林之父果某兰于2000年12月31日因死亡户口注销，果某林之母李某云于2015年12月16日因死亡户口注销，果某林之妻赵某伶（果某之母）于2002年12月12日因死亡户口注销。

2018年11月1日，果某林与某村委会签订《2018—2019年度村管护员管护责任书》，负责某村生态林的管护，上岗时间为2018年11月1日至2019年5月31日。2019年2月3日，果某林与某村委会签订《某村委会交通安全责任书》。2019年10月1日上午9点，高某伟召集果某林等人在某村委会召开防火会，安排果某林前往大南峪沟口摆放防火牌，果某林在大南峪沟口附近摔伤，被送往医院住院治疗。当日，医院出具诊断书，诊断结论为：两侧额叶脑损伤；两侧硬膜下血肿；蛛网膜下腔出血；颅内积气；左侧颞骨骨折。2019年10月1日至2019年10月17日，果某林在医院住院16天。2019年10月17日，果某林因伤重不治而亡。同日，医院出具居民死亡医学证明书，证明果某林因特重型闭合性颅脑损伤死亡。

2019年10月19日，高某奇在派出所做笔录，内容为："我叫高某奇，现在某村受雇于镇林业站看山护林防火。2019年10月1日上午，我们十多个护林防火员在村委会开会，村书记高某伟和防火队长陈某仲给我们布置了今年的防火工作。我和果某林、果某山就把六、七块护林防火宣传牌装到我的电动三轮车上，我开着电动三轮车，果某林坐在我的电动三轮车车箱里。大约在11时许，我们来到了大南峪沟口位置，我停稳车后，果某林下车后拿起最后一块牌子，他双手举着牌子往路边走，不知道怎么回事，他突然仰面朝天，头东脚西倒在地上，他手里的宣传牌砸在额头上了。我和身后的果某山马上过去把他扶起来，果某林说没大事儿，我们发现他的后脑勺和脑门儿有流血的地方，这时果某山开始给书记高某伟打电话。十几分钟后，高某伟开车到这里，我们一起把果某林送到医院去救治。"经法院与高某奇核实，高某奇表示其在派出所做的笔录系其本人真实意思表示，未受到他人胁迫。

2019年10月29日，某公安分局出具鉴定结论书，鉴定结论为：果某林符合颅脑损伤死亡。2019年10月29日，某公安分局出具调查结论，得出如下结论：1. 该人符合颅脑损伤死亡；2. 该人死亡不属于刑事案件，属非正常死亡案件。2019年11月1日，殡仪馆出具火化证明，证明内容为：果某林于2019年10月17日去世，遗体于2019年11月1日在我馆火化。2020年8月4日，果某山出庭作证，其证言为："我往北庄方向走，开的是长安牌的小轿车。我看到果某林躺在路上，广告牌在身上压着。当时电话没有信号，我开车去找村委会人员，三轮车是停止状态，我停车的位置和他躺在地上的位置有三四十米。人在电动车后边躺着，我没有看到他是怎么摔倒的，车和人的距离大概是一米左右，人和车都在路南，现场只有高某奇和果某林两个人。”

【案件焦点】

雇主为雇员投保人身保险以分散风险、降低用工成本，保险赔偿款与侵权赔偿款是否可以相互冲抵。

【法院裁判要旨】

提供劳务一方在从事劳务活动中遭受人身损害，接受劳务一方应当承担赔偿责任。本案中，果某林与某村委会签订了《2018—2019年度村管护员管护责任书》，协议书中约定果某林负责某村生态林的管护，服务时间为2018年11月1日至2019年5月31日。双方又于2019年2月3日签订了《某村委会交通安全责任书》。2019年10月1日，某村委会召开防火会，村主任高某伟为果某林安排了具体工作任务。尽管事发时某村委会与果某林签订的《2018—2019年度村管护员管护责任书》已到期，尚未续签新的管护责任书，但果某林已经按照工作安排前往大南峪沟摆放防火牌，实际履行了工作义务，因此，某村委会与果某林之间形成了事实上的劳务关系。果某林在前往工作地点的途中摔伤，并因此不治死亡，某村委会作为果某林劳务活动的直接受益人应当承担赔偿责任。某镇政府并非劳务雇佣人，亦非劳务受益人，故不应承担赔偿责任。某合作社与果某林之间不存在劳务关系，也未签订过劳务合同，故不应当承担赔偿责任。对于果某要求某村委会承担赔偿责任的诉讼请求，法院予以支持；对于果某要求某合作社及某镇政府承担连带赔偿责任的诉讼请求于法无据，法院不予支持。果某主张的医疗费，法院凭医疗费票据按照个人支付的金额予以支持；果某主张的住院伙食补助费、营养费、护理费、死亡赔偿金数额合理，法院予以支持；果某主张的精神损害抚慰金数额过高，法院予以酌定；果某主张的丧葬费数额过高，法院依据2020年度职工月平均工资标准予以确定；果某主张的家属误工费数额过高，法院予以酌定。

北京市密云区人民法院依据《中华人民共和国侵权责任法》第六条、第十六条、第二十二条、第三十五条，《最高人民法院关于适用〈中华人民共和国民法典〉时间效力的若干规定》第二条之规定，作出如下判决：

一、某村民委员会于本判决生效之日起七日内，给付果某医疗费38214.77元、住院伙食补助费1600元、营养费800元、护理费2400元、死亡赔偿金512142元、精神损害抚慰金50000元、丧葬费59460元、家属误工费2000元，以上共计666616.77元；

二、驳回果某的其他诉讼请求。

某村委会不服一审判决，提出上诉。

北京市第三中级人民法院经审理认为：提供劳务一方在从事劳务活动中遭受人身损害，接受劳务一方应当承担赔偿责任。关于某村委会在上诉意见中主张其与果某林之间不存在雇佣关系的问题。法院经审查认为，本案中，果某林在事发时系按照某村委会的工作安排摆放防火牌，其工作内容系基于村委会安排，且事发前其作为管护员的相关责任书均系其与某村委会之间签订，其在尚未续签新的责任书的情形下实际仍在履行工作义务，故一审法院在此情形下，认定某村委会与果某林之间形成了事实上的劳务关系并无不当。某村委会上诉主张某镇政府系果某林的直接雇佣人，但其并未能就此进行充分举证，且某镇政府统一为管护员办理保险及进行相应管理系基于其作为镇一级政府的职责需要，从果某林在内的护林员的人选选任、录用及工作内容安排等情况来看，某镇政府并非劳务雇佣人，亦非劳务受益人，故不应承担赔偿责任，某村委会的上诉意见没有事实及法律依据，法院对此不予采信。

根据已经查明的事实，果某林在前往工作地点的途中摔伤，并因此不治而亡，某村委会作为果某林劳务活动的直接受益人应当承担赔偿责任。某村委会在上诉意见中主张果某林应就其死亡承担部分责任，其并未就相应主张充分举证，结合一审中证人证言对果某林摔伤过程的陈述及本案现有证据，某村委会相应主张缺乏充分依据，法院不予采信。

关于某村委会在上诉意见中主张保险赔付金额应予以扣除的问题。法院经审查认为，根据已经查明的情况，果某林因从事管护工作所上意外保险赔付金额系因果某林在履行工作内容过程中死亡所产生的补偿，该笔金额应从本案赔偿数额中予以扣除，一审法院未予以扣除不妥，法院予以纠正。

北京市第三中级人民法院依照《中华人民共和国民事诉讼法》第一百七十条第一款第一项的规定，作出如下判决：

一、撤销一审民事判决；

二、某村民委员会于本判决生效之日起七日内，给付果某医疗费38214.77元、住院伙食补助费1600元、营养费800元、护理费2400元、死亡赔偿金512142元、精神损害抚慰金50000元、丧葬费59460元、家属误工费2000元，扣除保险已赔付100000元，以上共计566616.77元；

三、驳回果某的其他诉讼请求。

【法官后语】

本案的争议焦点为果某林因从事管护工作所受意外保险赔付金额是否应从本案赔偿数额中予以扣除。

根据法律规定，单位以雇员为被保险人时，单位并不能作为受益人。《中华人民共和国保险法》第三十九条第二款规定："投保人指定受益人时须经被保险人同意。投保人为与其有劳动关系的劳动者投保人身保险，不得指定被保险人及其近亲属以外的人为受益人。"《中华人民共和国保险法》第四十六条规定："被保险人因第三者的行为而发生死亡、伤残或者疾病等保险事故的，保险人向被保险人或者受益人给付保险赔偿款后，不享有向第三者追偿的权利，但被保险人或者受益人仍有权向第三者请求赔偿。"根据上述规定，雇主以雇员为被保险人投保人身保险时，雇主因不具有法律规定的近亲属关系，不能作为受益人，无权领受保险赔偿款；雇员作为人身保险中的被保险人在遭受人身伤害时，除可以获得保险赔偿款外，仍可基于侵权关系向侵权人主张获得人身损害赔偿款。但已得保险赔偿款是否可以冲抵雇主应承担的赔偿责任，法律并未明确规定。

司法实践中对该问题也有着不同观点。一种观点认为，保险理赔款不能冲抵雇主应承担的人身损害赔偿。人身保险，不是强制性保险，其人身保险的属性，不同于由保险人代替致害人对受害人承担赔偿责任的责任保险，人身保险中的被保险人除可以依据保险合同的约定向保险人请求获得保险赔偿款外，还有权依法向侵权责任方请求获得人身损害赔偿款，并不能因雇主为雇员投保了团体意外伤害保险而获得相应的免除。雇员依据保险合同所获得的赔偿，与依据侵权获得的赔偿各自基于不同的法律关系，侵权责任人不能因受害者已获得保险赔偿款而免除其自身的赔偿责任。另一种观点认为，应支持保险理赔款冲抵雇主应承担的人身损害赔偿。首先，雇员人身损害责任属于侵权纠纷，无论从哪种渠道获取救济，目的是尽可能弥补损失；其次，抵扣既没有损害雇员的利益，又符合雇主订立保险合同的最初目的，具有正当性，雇主合法减轻负担、间接受益具有正当性；最后，立法的初衷是为切实保护劳动者权益，立法也未禁止雇主通过商业保险间接获益，因此，当事人获得的保险理赔金与雇主赔偿数额可以作相应抵扣。

笔者倾向于第二种观点，首先，该保险合同并非果某林出资投保，而系政府出资购买，目的在于降低损害发生的风险，抵扣更符合投保人真实意愿。其次，雇佣活动作为一般民事活动，应遵循公平、诚信，倡导善良公德，政府为护林员投保意外险，一方面能减低自身风险；另一方面也有利于护林员在从事雇佣活动中受到意外伤害时能及时获得经济上的赔偿，并未损害其合法权益，故在法律对于保险金是否抵扣雇主责任赔偿款尚无明确规定的情形下，抵扣更符合公平原则，也更有利于保障雇员权益。最后，人身损害的民事赔偿原则是填平原则，以弥补权利人的损失为目的，赔偿权利人不能因民事赔偿而获利。

编写人：北京市密云区人民法院　宿航

48

建设施工中购买的团体意外险获赔后，投保人无权要求抵扣或追偿

——秦某诉甲建筑工程公司等提供劳务者受害责任案

【案件基本信息】

1. 裁判书字号

四川省巴中市中级人民法院（2021）川19民终1011号民事判决书

2. 案由：提供劳务者受害责任纠纷

3. 当事人

原告（被上诉人）：秦某

被告（上诉人）：甲建筑工程公司

被告（被上诉人）：李某君、乙建设公司

【基本案情】

2018年10月15日，乙建设公司以甲方名义与甲建筑工程公司以乙方名义签订《建设工程施工劳务分包合同》，约定将某小区系列劳务工程分包给甲建筑工程公司。2019年5月22日，李某君与甲建筑工程公司签订《某小区一标段劳务承包合同（木工及外架班组）》，约定将甲建筑工程公司承包范围内的9号、10号楼木工工程分包给没有资质的李某君。2020年9月1日上午9时，秦某在10号楼电梯井内从事木工支木工作时未系安全绳，后因木板断裂从7楼摔至2楼地板而受伤。秦某受伤后住院治疗，35天好转后出院。2020年12月4日，某司法鉴定所出具了司法鉴定意见书，评定秦某构成十级伤残，误工期120日、护理期50日、营养期50日。

【案件焦点】

1. 是否应当追加某保险公司为本案的当事人；2. 甲建筑工程公司是否应当承担连带责任。

【法院裁判要旨】

四川省平昌县人民法院经审理认为：乙建设公司将某小区劳务分包给具有资质的甲建筑工程公司，双方签订的《建筑工程施工劳务分包合同》合法有效。甲建筑工程公司将案涉工地9号、10号楼木工及外架劳务肢解分包给不具有相应资质的李某君，双方签订的劳务承包合同不符合法律规定。庭审中李某君承认秦某系为自己提供劳务，乙建设公司委托诉讼代理人在庭审中陈述为秦某等人发放工资是为防止出现拖欠工资问题，甲建筑工程公司并未提供秦某与乙建设公司之间存在用工合同，故对甲建筑工程公司辩称秦某系乙建设公司员工不予支持。雇员在从事雇佣活动中因安全生产事故遭受人身损害，发包人、分包人知道或者应当知道接受发包或者分包业务的雇主没有相应资质或者安全生产条件的，应当与雇主承担连带赔偿责任。同时，秦某在电梯里支木时未系安全带，未尽一般注意义务，应减轻赔偿人的赔偿责任。

四川省平昌县人民法院依据《中华人民共和国侵权责任法》第三条、第十三条、第十五条、第十六条、第二十六条、第三十五条，《最高人民法院关于审理人身损害赔偿案件适用法律若干问题的解释》第十一条之规定，判决如下：

一、秦某受伤后各项损失105667.42元，由李某君赔付73967.19元，其余部分由秦某自负31700.23元，扣减李某君已经赔付的9159.42元，李某君还应赔付秦某64807.77元；

二、甲建筑工程公司对李某君上述应赔偿秦某的款项承担连带责任；

三、驳回秦某的其他诉讼请求。

甲建筑工程公司不服一审判决，提起上诉。

四川省巴中市中级人民法院经审理认为：乙建设公司将某小区劳务分包给具有资质的甲建筑工程公司，甲建筑工程公司又将案涉工地的9号楼、10号楼木工及外架劳务肢解分包给不具有资质的个人李某君，李某君又雇请了秦某从事木工工作。本案系提供劳务者受害责任纠纷，提供劳务方为秦某，接受劳务方为李某君，双方形成了雇佣关系，某保险公司并非本案必须参加诉讼的当事人，虽然甲建筑工程公司认为其与乙建设公司签订的《建设工程施工劳务分包合同》中有关于保险的约定，但其与乙建设公司之间的约定并不当然对秦某产生拘束力且秦某作为一审原告亦未申请追加某保险公司为本案当事人，故甲建筑工程公司认为应当追加某保险公司的理由不成立。甲建筑工程公司作为劳务承包方将案涉工地的9号楼、10号楼木工及外架劳务肢解分包给不具有相应资质的个人李某君，根据《最高人民法院关于审理人身损害赔偿案件适用法律若干问题的解释》第十一条的规定，甲建筑工程公司存在选任上的过失，应当与雇主李某君承担连带责任，甲建筑工程公司辩称将木工分包给李某君属于加工承揽的理由不成立。

四川省巴中市中级人民法院依照《中华人民共和国民事诉讼法》第一百七十条第一款第一项之规定，判决如下：

驳回上诉，维持原判。

【法官后语】

在建设施工中，为了确保建筑工人的合法权益，建设公司及其劳务实际承包人常常以建设公司名义为建筑工人购买团体意外险，在保险合同中载明投保人为建设公司、被保险人为建筑工人、受益人为法定受益人。但发生意外事故后，保险公司常常将理赔款直接发放给被保险人。如果发生诉讼，被保险人未申请追加保险公司为被告，即使是建设公司与劳务实际承包人之间关于保险有约定，但该约定并不当然对被保险人产生拘束力，实际投保人是无权申请追加保险公司为被告的。

团体意外险是一种人身性保险，其与交通事故中的保险应有所不同。对于交通事故责任纠纷，有明确法律规定交通事故责任纠纷应当追加保险公司为当事人，且侵权人赔付时应当扣减保险公司赔付的款项。而对于团体意外险而言，目前尚无明确的法律或者司法解释规定侵权责任人在赔偿受害人损失时应当扣减受害人所获得的保险赔偿款。建设工人从事的是高危行业，与其他行业有很大区别，建设工人在施工中一旦发生意外很可能导致重伤或者死亡。同时建筑公司或者劳务实际承包人作为投保人为每名工人购买团体意外保险所花费的金额并不大，对建设公司或者劳务实际承包人而言并非难事，所以团体意外险应当认定为劳务接受方即投保人为提供劳务的建设工人所提供的一种福利待遇，并非为了减轻劳务接受方的责任，发生意外后所获得的保险赔偿应由被投保人或其近亲属所享受。《中华人民共和国保险法》第三十九条第二款明确规定"投保人指定受益人时须经被保险人同意。投保人为与其有劳动关系的劳动者投保人身保险，不得指定被保险人及其亲属以外的人为受益人"，所以在团体意外保险合同中载明受益人为法定受益人时，发生保险事故后应当由被保险人也即建筑工人或其近亲属享有保险理赔款权利，作为投保人的建筑公司、实际劳务承包人在赔付时无权扣减，同时也无权向被保险人追偿。

编写人：四川省巴中市中级人民法院　张志民
四川省平昌县人民法院　杨泽

49

显失公平在赔偿和解协议中的认定规则

——李甲诉王某等提供劳务者受害责任案

【案件基本信息】

1. 裁判书字号

北京市通州区人民法院（2020）京 0112 民初 26883 号民事判决书

2. 案由：提供劳务者受害责任纠纷

3. 当事人

原告：李甲

被告：王某、李乙、芦某、某城建集团、某设备安装公司、某建筑工程公司

【基本案情】

某城建集团为涉案工程的总包，把工程分包给某设备安装公司，某设备安装公司将劳务分包给某建筑工程公司，某建筑工程公司雇用李甲从事消防设备安装。2019年10月22日，王某（甲方）代表某建筑工程公司与李甲（乙方）签订《协议书》约定："2019年10月21日下午4：30左右，乙方在甲方工地施工时，因本人不慎，造成摔倒，当时脚部先着地，甲方立即组织人员将乙方送至甲医院，经检查确诊为后脚骨骨折，后转至乙医院治疗，且安排专职护工照顾其在医院期间生活，经乙方要求，本次住院费用由甲方承担，甲方向乙方支付其误工费、营养费、护工费及第二次住院费、误工费、护工费等其他一切费用，共计30000元，大写（叁万元），乙方保证其家属不闹事，和平冷静处理本次意外事件。本次事件的发生，甲方已按照乙方要求对其进行治疗和补偿，且后续一切事情概与甲方无关。再次祝愿乙方早日康复。"协议签订后，王某向李甲支付各项赔偿款共计47356.06元。

在案件审理过程中，李甲申请对其因涉案事故造成的伤残等级、误工期、护理期、营养期进行鉴定。该院依法委托某司法鉴定所开展鉴定工作。后该鉴定所出具司法鉴定意见书，鉴定意见为：1. 被鉴定人李甲的伤残等级不构成伤残等级。2. 建议被鉴定人李甲的误工期为90—240日，护理期为60—90日，营养期为60—90日。王某为此支出鉴定评估费用3450元。

【案件焦点】

李甲与某建筑工程公司就赔偿达成和解协议，李甲能否以显失公平为由主张撤销或追加赔偿金额。

【法院裁判要旨】

北京市通州区人民法院经审理认为：李甲系在涉案工地上施工时发生事故，事故发生后，王某、李乙系代表某建筑工程公司处理涉案事故。据此可以认定，李甲与某建筑工程公司之间存在劳务关系。李甲的合理损失理应由某建筑工程公司进行赔偿。故李甲要求其他被告承担损失赔偿责任的诉求，于法无据，法院不予支持。本案中，双方的争议焦点为李甲的诉求是否应予支持。对此法院认为，第一，根据查明的事实，双方在事故发生后签署了《协议书》，对于医疗费的负担，以及误工费、营养费、护理费及二次手术费等费用进行了协商确认，现无证据显示在签订该协议书时李甲存在被胁迫的情形，李甲作为完全民事行为能力人，对于其基本伤情以及应该获得的赔偿（补偿）应该有一个基本的判断；第二，根据查明的事实，李甲并未构成伤残，综合鉴定评估意见书载明的护理期、营养期、误工期以及李甲对于伤害自身存在的过错，如未系安全绳，在协议书中确认“因本人不慎”等，结合李甲已经实际获得的赔偿（补偿）金额来看，双方签署的《协议书》也不存在显失公平的情形。双方签署的协议书真实有效，且协议已经实际履行完毕。故李甲要求被告赔偿各项损失的诉讼请求，依据不足，法院不予支持。

北京市通州区人民法院依据《中华人民共和国民事诉讼法》第六十四条第一款之规定，判决如下：

驳回李甲的诉讼请求。

判决作出后，双方当事人均未上诉，本判决现已生效。

【法官后语】

本案是提供劳务者受害责任纠纷，争议焦点是李甲与某建筑工程公司签订的赔偿和解协议中的赔偿条款是否属于显失公平的合同条款，这就涉及如何认定显失公平。

一、“显失公平”的一般认定标准

所谓显失公平，是指一方当事人利用优势或者利用对方没有经验，致使双方的权利与义务，明显违反公平、等价有偿原则。《中华人民共和国民法典》第一百五十一条规定，一方利用对方处于危困状态、缺乏判断能力等情形，致使民事法律行为成立时显失公平的，受损害方有权请求人民法院或仲裁机构予以撤销。依据该条规定，显失公平的构成要件如下：

1. 主观要件。所谓主观要件，是指在订立合同时，一方具有利用优势或利用对方轻率、无经验等而与对方订立显失公平合同的故意。此种主观状态，表明行为人背离了诚信原则的要求。主观要件的典型情况主要包含以下两种情况：一是利用对方处于危困状态。这种情形一般是指利用受损害方因陷入某种暂时性的急迫困境，急需金钱或有其他急需的状态。二是利用对方缺乏判断能力。所谓缺乏判断能力，主要是指欠缺一般的生活经验或交易经验，如金融机构的从业人员向文化水平较低的老年人兜售风险较高的理财产品。需要指出的是，显失公平中的缺乏判断能力，主要是指欠缺一般的生活经验或交易经验，而不包括欠缺特殊的判断能力。

2. 客观要件。一是双方当事人的利益显著失衡。在判断是否构成显著失衡时，应根据各种交易关系的具体情况加以认定，特别要通过考虑供求关系、价格涨落等各种要素，判断利益的失衡是否达到"显著"的程度。显失公平制度并不是为了消除当事人应承担的商业风险，而是禁止或限制一方当事人获取不符合交易规则的"暴利"。如果没有达到显著失衡的程度，就不能运用显失公平规则撤销该交易。判断是否构成显失公平，还要注意交易规则，要置身交易内，以当事人的交易场景为标准，而不能以法官或仲裁员想象的场景为标准。二是必须是民事法律行为成立时显失公平。也就是说，必须以交易的时点为基准点，来判断双方的利益是否"显著"失衡，一方是否获得暴利。

二、在赔偿和解协议中"显失公平"认定难点

赔偿和解协议，一般是指侵权人或雇主需对受害人承担赔偿责任时，双方达成协议约定由侵权人或雇主赔偿受害人一笔金钱，受害人放弃追究侵权人或雇主该赔偿外的其他责任。这类赔偿协议可看作当事人就特定法律纠纷达成的和解协议，在我国属于无名合同的范畴。一方当事人通过给付一定的金钱，换取对方免除或部分免除其法律责任，故双方存在交换关系，因而可能发生交换不对等的问题，也就存在适用显失公平制度的空间。

有别于传统的商事合同，赔偿和解协议"显失公平"认定有两个方面值得关注：一是赔偿和解协议给付对价往往是人的生命、身体、健康等权利，故此类和解协议的客观等值判断难以依赖市场价格，且受害人可能存在后续治疗等问题，进一步加大了判断的难度。针对上述情况，司法实践中主要根据《工伤

保险条例》《最高人民法院关于审理人身损害赔偿案件适用法律若干问题的解释》等法律规定确定的各类赔偿项目标准进行综合判定，如果赔偿协议约定的赔偿额高于法定标准，或与法定标准差距不大且已经履行完毕，一般不宜认定为显失公平。反之，如果赔偿标准与法定标准相去甚远，则考虑认定为显失公平应予撤销。二是赔偿和解协议签订的主体相较于传统商事合同更为复杂。例如，在工伤赔偿、提供劳务者受害责任纠纷中，双方当事人为雇佣关系，雇主通常具有谈判优势，雇员处于急于用钱治疗的一方且雇员对于法律赋予其应当获得的赔偿缺乏必要的认识，故很多情况下雇员违背其真实意思表示与雇主签订对其不利的和解协议。此时，需要结合侵权行为发生后，受害者的学识能力、受伤程度、家庭经济状况、协议条款、赔偿数额等进行综合判断。此外，在赔偿和解协议签订过程中，常常出现由中立组织（如交警队、人民调解委员会等）的主持下达成和解协议，该种情况，一般不应推定显失公平主观要件的成立。

结合本案，李甲在工地摔伤后，某建筑工程公司及时派人送医，并主动支付住院费用，出院后与李甲签订和解协议，支付李甲误工费、营养费、护工费及第二次住院费、误工费、护工费等共计3万元，并已超额支付完毕。由此可见，在协议签订过程中，某建筑工程公司不存在乘人之危等情形，且从赔偿协议约定的内容上看，赔偿数额已经考虑到李甲二次治疗的费用，在李甲经鉴定不构成伤残且二次治疗尚未发生的情况下，上述数额已经超出法定标准，不应认定为显失公平。综上，该院判决驳回李甲的全部诉讼请求并无不妥。

编写人：北京市通州区人民法院　梁联林　许多清

50

保险人将部门规章的强制性规定作为保险合同免责事由，仍应就其含义、后果等履行明确说明义务

——侯某洪诉李某成等提供劳务者受害责任案

【案件基本信息】

1. 裁判书字号

四川省绵阳市安州区人民法院（2021）川0724民初3417号民事判决书

2. 案由：提供劳务者受害责任纠纷

3. 当事人

原告：侯某洪

被告：李某成、甲保险公司、乙保险公司、某运输公司

【基本案情】

侯某洪系李某成雇用的司机，持有准驾车型为B2的机动车驾驶证，其在雇佣期间未办理道路货运驾驶员从业资格证。2020年8月14日0时30分许，侯某洪驾驶重型自卸货车从事矿石运输，当行驶至某路段时，因操作不当，致使车辆侧翻，造成侯某洪受伤及车辆受损的交通事故。该事故经交警部门认定：侯某洪负此次事故的全部责任。经鉴定，侯某洪因交通事故构成九级伤残、十级伤残。

李某成与某运输公司签订《汽车挂靠服务合同》，案涉车辆登记在某运输公司名下，使用性质为营业货车（非危化品运输车）。2020年4月3日，某运输公司以案涉车辆在甲保险公司处投保机动车车上人员责任险（驾驶员）一份，保险期间自2020年4月7日起至2021年4月6日止，赔偿限额为100000

元。《机动车车上人员责任保险》第四十条约定“在上述保险责任范围内，下列情况下，不论任何原因造成的人身伤亡，保险人均不负责赔偿：驾驶人有下列情形之一者……6. 驾驶出租机动车或者营业性机动车无交通运输管理部门核发的许可证书或者其他必备证书”。同日，某运输公司在《投保人声明》上盖章，确认“已收到条款及《机动车综合商业保险免责事项说明书》、保险人已明确说明免除保险人责任条款的内容及法律后果”。

2020 年 4 月 3 日，某运输公司在乙保险公司处投保雇主责任险一份，保险期间自 2020 年 4 月 7 日起至 2021 年 4 月 6 日止，每人伤残赔偿限额 500000 元，每人医疗费用赔偿限额 50000 元等。本案事故发生在保险期间。

【案件焦点】

车上人员责任险（驾驶员）保险的保险人是否就免责条款尽到明确说明义务，应否承担保险责任。

【法院裁判要旨】

四川省绵阳市安州区人民法院经审理认为：案涉车上人员责任险（驾驶员）保险合同条款中虽明确载有“驾驶出租机动车或者营业性机动车无交通运输管理部门核发的许可证书或者其他必备证书”可以免除保险责任的条款，但保险人针对该免责条款对投保人未尽明确告知义务。理由如下：首先，该条款中的“许可证书或其他必备证书”含义不清、范围不明，未明示要求营运性机动车的驾驶人员须取得的许可证书或者必备证书的范围、种类、性质，保险合同双方往往对该条款作不同理解，应当依据合同法规定作出对保险人不利的解释。其次，《道路运输从业人员管理规定》要求经营性道路客货运输驾驶员必须取得相应从业资格。因《道路运输从业人员管理规定》属于部门规章，保险人应就相关免责条款向投保人尽到明确说明义务。明确说明，是指保险人在与投保人签订保险合同之前或之时，除了在保险单上提示投保人注意之外，还应当对有关免责条款的概念、内容及其法律后果等，以书面或者口头形式向投保人或者代理人作出解释，以使投保人明了该条款的真实含义和法律后果。本案中，甲保险公司仅举证证明某运输公司在投保人声明中盖章，不足以证明其已向投保人明确说明主管部门核发的具体证书的种类和名称并经投保人确认、投保人明了该免责条款的真实含义和法律后果。因此，在保险人未尽明确说明义务的前提下，侯某洪主张该免责条款不发生效力于法有据，甲保险公司应当承担车上人员责任险（驾驶员）保险责任。

四川省绵阳市安州区人民法院依照《最高人民法院关于适用〈中华人民共和国民法典〉时间效力的若干规定》第一条第二款，《中华人民共和国侵权责任法》第三十五条，《中华人民共和国保险法》第十四条、第十七条、第六十五条、第六十六条，《中华人民共和国民事诉讼法》第六十四条，《最高人民法院关于审理道路交通事故损害赔偿案件适用法律若干问题的解释》第三条，《最高人民法院关于适用〈中华人民共和国保险法〉若干问题的解释（二）》第九条、第十三条，《最高人民法院关于审理人身损害赔偿案件适用法律若干问题的解释》第十一条、第十七条、第十九条、第二十条、第二十一条、第二十二条、第二十三条、第二十四条、第二十五条之规定，判决如下：

一、甲保险公司自本判决生效之日起十日内在机动车车上人员责任保险（驾驶员）责任限额内赔偿侯某洪各项经济损失100000元；

二、乙保险公司自本判决生效之日起十日内在雇主责任保险限额内赔偿侯某洪各项经济损失84897.6元，向李某成支付垫资款30000元，共计114897.6元；

三、驳回侯某洪的其他诉讼请求。

判决作出后，当事人未上诉，判决已经发生法律效力。

【法官后语】

保险合同是最常见、最典型的格式合同，投保人在投保时，对保险单上的条款一般只能接受，不能修改。其中的免责条款是保险合同的基本条款，在保险合同中具有举足轻重的地位，而其经常被保险人滥用，损害被保险人的合法权益。为此，《中华人民共和国保险法》第十七条分两款对保险人的提示和说明义务进行了规定。从该法条内容上、段落分层上看，说明义务包括一般说明义务和明确说明义务，一般说明义务与明确说明义务的含义并不完全相同，其在表述上所要求的效果程度存在差异。明确说明义务要求保险人对投保人所作的阐述、解释不仅要让投保人在订立合同时知晓保险条款的内容，更侧重使投保人充分了解有关条款的真实含义，及其所将引起的法律后果，比一般说明义务要求更高。因此甲保险公司作为保险人，对案涉保险合同的免责条款负有提示义务和明确说明义务。

根据《最高人民法院关于适用〈中华人民共和国保险法〉若干问题的解释（二）》第十条的规定，本案需对案涉的免责条款是否属于保险人将法律、行政法规中的禁止性规定情形作为保险合同免责条款的免责事由进行审查，从而确定甲保险公司对案涉免责条款是否负有明确说明义务。本案中，案涉保险合同第四十条约定“在上述保险责任范围内，下列情况下，不论任何原因造成的人身伤亡，保险人均不负责赔偿：驾驶人有下列情形之一者……6. 驾驶出租机动车或者营业性机动车无交通运输管理部门核发的许可证书或者其他必备证书”。对此，交通运输部发布的《道路运输从业人员管理规定》第十条规定：“经营性道路货物运输驾驶员应当符合下列条件……（四）经考试合格，取得相应的从业资格证件。”由于该规定属于部门规章，且该规定只是强制性规定，并非禁止性规定，显然不属于根据《最高人民法院关于适用〈中华人民共和国保险法〉若干问题的解释（二）》第十条规定的保险人可以不尽明确的说明义务的情形。因此，本案中甲保险公司应该对案涉免责条款尽明确说明义务。

厘清甲保险公司应当对案涉免责条款尽明确说明义务后，就应当进一步明确甲保险公司在签订案涉保险合同前是否已经履行了明确说明义务。案涉免责条款约定的“许可证书或其他必备证书”含义不清、范围不明，未明示要求营运性机动车的驾驶人员须取得的许可证书或者必备证书的范围、种类、性质等。虽然甲保险公司举证的投保单上有某运输公司的盖章，以及手书“保险人已明确说明免除保险人责任条款的内容及法律后果”字样，但仍不足以证明其已向投保人明确说明主管部门核发的具体证书的种类和名称并经投保人确认、投保人明了该免责条款的真实含义和法律后果，因此不能免除保险人的保险责任。

编写人：四川省绵阳市安州区人民法院　巫小燕

六、义务帮工的认定与责任承担

51

事先未约定价格，一方以自有设备及其操作技术和劳力独立完成作业，应认定为加工承揽关系

——杨某太诉安某伦义务帮工人受害责任案

【案件基本信息】

1. 裁判书字号

四川省绵阳市中级人民法院（2021）川07民终2916号民事判决书

2. 案由：义务帮工人受害责任纠纷

3. 当事人

原告（上诉人）：杨某太

被告（被上诉人）：安某伦

【基本案情】

2020年2月11日，杨某太受安某伦邀请操作自有的“旋耕机”为安某伦耕地。当日上午，杨某太耕完安某伦家一块面积约“一分”的地及另一块地的大部分后，依照农村耕地习俗到安某伦家吃饭，并与安某伦姐夫安某明共喝了约半斤白酒。饭后约13时许，杨某太继续上午剩余未完成部分耕地。该块地耕完后，杨某太准备继续耕作坡下另一块安某伦所有的地，操作“旋耕机”顺着

高约1.5米、坡度约45°的斜坡下行时，连人带机器冲到坡下，致使杨某太左脚踝关节以下被旋耕机绞断、全身多处受伤。杨某太随即被送往医院住院治疗，入院诊断为：1. 急性失血性休克，中度贫血；2. 右小腿远端毁损；3. 左腓骨远端开放性粉碎性骨折伴骨质缺失；4. 左踝关节开放性脱位；5. 左下肢血管损伤；6. 左侧跟腱开放性断裂伴缺失；7. 左下肢多根肌腱断裂；8. 左下肢皮肤软组织大面积脱落伴缺失；9. 左下肢大量肌肉软组织损伤；10. 左股骨下段撕脱性骨折；11. 低蛋白血症；12. 血小板减少；13. 高纤维蛋白血症。杨某太于2020年4月28日出院，住院共计77天，住院期间产生治疗费93034.13元，出院后门诊换药299.7元，共计93333.83元，安某伦为杨某太垫付了81358.6元。2020年10月13日，某义肢康复器材公司对杨某太安装假肢情况进行了诊断："患者年纪较大，建议安装假肢减轻护理依赖，达到生活基本自理。另其左腿的内固定拆除不久，承力受限，安装带锁硅胶套，可缓解冲击力，减少摩擦，增加吸附性，更好地悬吊和控制假肢，辅助患者借助假肢安全行走。"后杨某太委托某司法鉴定所对其伤残等级和后续医疗费进行了司法鉴定，该鉴定所于2020年10月23日出具《司法鉴定意见书》："被鉴定人杨某太左下肢损伤评定为一处七级及一处十级伤残。被鉴定人杨某太后续治疗费评定为拾万元。"杨某太为此支付鉴定费1800元、购买轮椅418元、交通费201元。

【案件焦点】

承揽关系、劳务关系或义务帮工关系的认定。

【法院裁判要旨】

四川省绵阳市安州区人民法院经审理认为：义务帮工关系的帮工人不以追求报酬为目的，出于感情或道义，自愿、无偿临时为被帮工人提供劳务，双方之间一般具有较亲密的亲属、朋友关系。劳务关系中提供劳务方从属于用人一方，提供的是从属性劳动，双方之间是管理与被管理、命令与服从的隶属关系；而承揽关系中，承揽人与定作人之间并无从属关系，承揽人可自行支配工作，具有工作上和人格上的独立性的特征。本案中，首先，杨某太与安某伦之间系普通同村村民，并无与其他同村村民更多、更亲密的联系。杨某太与安某伦以口头的方式约定，由杨某太负责完成安某伦承包土地的耕地任务，虽在事前双方未对价格作出明确约定，但该费用在当地有例可循，且该习惯符合农村使用同组村民自有小型农用机具，事后使用人按照一般行情价格给付一定费用的交易习惯。安某伦所要获得的结果是杨某太完成耕地这一劳动成果，符合承揽关系中标的是完成的工作成果这一法律特征。其次，杨某太以自己的设备、技术、劳力独立完成耕地任务，在工作时间和空间上享有独立性，安某伦不干涉杨某太具体的耕作时间、进度、方式等。

四川省绵阳市安州区人民法院依照《中华人民共和国民法典》第七百七十条、第七百七十二条、第一千一百七十九条、第一千一百九十三条，《最高人民法院关于审理人身损害赔偿案件适用法律若干问题的解释》第十八条、第十九条、第二十条、第二十一条、第二十二条、第二十三条、第二十四条、第二十五条、第二十六条、第二十八条和《中华人民共和国民事诉讼法》第六十四条第一款之规定，作出如下判决：

一、安某伦于本判决生效后十日内赔付杨某太69367.68元；

二、驳回杨某太的其他诉讼请求。

杨某太不服一审判决，提出上诉。

四川省绵阳市中级人民法院经审理认为：本案杨某太与安某伦之间只是同村村民关系，杨某太二审中也未提供与安某伦有比同村村民更为亲密的特殊关系的证据，杨某太用自有的“旋耕机”为安某伦耕地，虽未事先约定价格，但该费用的收取在当地有例可循，符合交易习惯，其表现形式符合承揽关系的法律特征之判断正确。

四川省绵阳市中级人民法院依照《中华人民共和国民事诉讼法》第一百七十条第一款第一项之规定，作出如下判决：

驳回上诉，维持原判。

【法官后语】

本案主要涉及的是在当事人双方无其他特殊关系，事先也没有约定耕地价格，一方以自有的旋耕机等机器设备，通过自身操作技术和劳动力独立完成耕地作业的情况下，双方之间法律关系的认定问题。

在现实生活中，随着农业现代化进程的不断推进，农业机械化程度也不断提升，同村的村民之间，以口头的方式约定，由一方为另一方完成承包土地的耕地任务，事后土地承包人按照一般行情价格给付另一方一定费用的事情并不鲜见，对其中的法律关系的认定，双方当事人往往也并不在意，但当一方在完成耕地作业时发生意外受到人身伤害时，因义务帮工与加工承揽关系中，当事人各方，尤其是提供劳务（或劳动成果）一方的安全注意义务程度不同，当事人双方往往会就法律关系的认定，产生较大的争议。

根据法律规定，义务帮工关系，一般是被帮工人为了满足自身生产生活的需要，由无义务的帮工人不以追求报酬为目的，而是出于感情或道义，自愿、无偿、临时地为被帮工人提供劳务的行为，双方之间一般具有如亲属、朋友等较为亲密的关系。而加工承揽一方，则是以完成工作成果、获取相应对价为目的，其提供劳务的行为仅仅是完成工作成果的手段。承揽人以承揽成果为代价换取定作人支付的报酬，这种报酬给付，一般是一次性支付，支付方式通常也在合同中予以明确，承揽人与定作人之间在人身上并无从属关系，二者之间是平等的合同关系，承揽人可自行支配工作，并以自己的设备、技术负担危险责任，其劳动系独立性的劳动，具有工作上和人格上的独立性的特征。本案中，杨某太和安某伦之间，仅系普通的村民关系，安某伦所要获得的结果是杨某太完成耕地这一劳动成果，符合承揽关系中标的是完成的工作成果这一法律特征。其次，杨某太以自己的设备、技术、劳力独立完成耕地任务，在工作时间和空间上享有独立性，安某伦不干涉杨某太具体的耕作时间、进度、方式等，杨某太完成的工作符合承揽关系独立性的特征。杨某太自身未尽到安全注意义务，应当对自身损害承担主要责任。

编写人：四川省绵阳市中级人民法院　陈江

四川省绵阳市安州区人民法院　敬艳　杨雪

ISBN 978-7-5216-3280-4

图书在版编目（CIP）数据

中国法院2023年度案例．提供劳务者受害责任纠纷/国家法官学院，最高人民法院司法案例研究院编．—北京：中国法制出版社，2023.5

ISBN 978-7-5216-3280-4

Ⅰ．①中… Ⅱ．①国…②最… Ⅲ．①劳动合同-经济纠纷-案例-汇编-中国 Ⅳ．①D920.5

中国国家版本馆CIP数据核字（2023）第026340号

策划编辑：李小草　韩璐玮（hanluwei666@163.com）
责任编辑：韩璐玮　　封面设计：李宁

中国法院2023年度案例．提供劳务者受害责任纠纷

ZHONGGUO FAYUAN 2023 NIANDU ANLI. TIGONG LAOWUZHE SHOUHAI ZEREN JIUFEN

编者/国家法官学院，最高人民法院司法案例研究院
经销/新华书店
印刷/三河市紫恒印装有限公司
开本/730毫米×1030毫米　16开　　印张/15　字数/182千
版次/2023年5月第1版　　2023年5月第1次印刷

中国法制出版社出版
书号ISBN 978-7-5216-3280-4　　定价：69.00元

北京市西城区西便门西里甲16号西便门办公区
邮政编码：100053　　传真：010-63141600
网址：http：//www.zgfzs.com　　**编辑部电话：010-63141784**
市场营销部电话：010-63141612　　**印务部电话：010-63141606**

（如有印装质量问题，请与本社印务部联系。）

中国法院年度案例集成丛书（全 15 册）

国家法官学院　最高人民法院司法案例研究院　编

汇集十年精华　展现裁判思维　促进适法统一

实务性：一本为新型疑难法律适用问题提供解决方案的司法实务参考用书

工具性：一部可以查阅人民法院类型化裁判规则的小全书

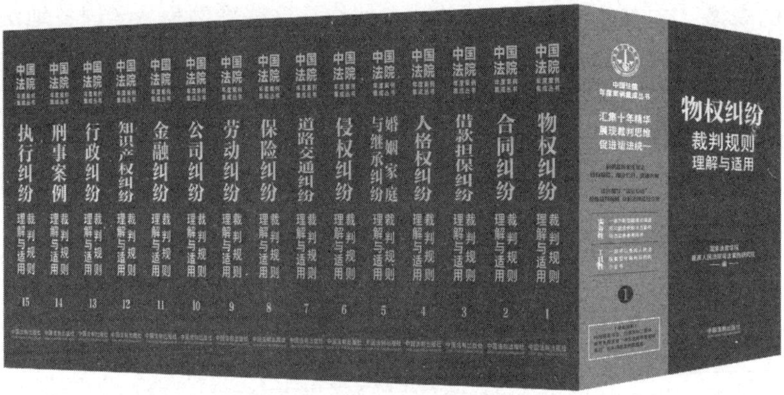

1. 物权纠纷裁判规则理解与适用
2. 合同纠纷裁判规则理解与适用
3. 借款担保纠纷裁判规则理解与适
4. 人格权纠纷裁判规则理解与适用
5. 婚姻家庭与继承纠纷裁判规则理解与适用
6. 侵权纠纷裁判规则理解与适用
7. 道路交通纠纷裁判规则理解与适用
8. 保险纠纷裁判规则理解与适用
9. 劳动纠纷裁判规则理解与适用
10. 公司纠纷裁判规则理解与适用
11. 金融纠纷裁判规则理解与适用
12. 知识产权纠纷裁判规则理解与适用
13. 行政纠纷裁判规则理解与适用
14. 刑事案例裁判规则理解与适用
15. 执行纠纷裁判规则理解与适用